Kohlhammer

In memoriam Carolyn Saarni,
Pionierin der Erforschung emotionaler Kompetenz

Julie Klinkhammer
Maria von Salisch

Emotionale Kompetenz bei Kindern und Jugendlichen

Entwicklung und Folgen

Verlag W. Kohlhammer

Dieses Werk einschließlich aller seiner Teile ist urheberrechtlich geschützt. Jede Verwendung außerhalb der engen Grenzen des Urheberrechts ist ohne Zustimmung des Verlags unzulässig und strafbar. Das gilt insbesondere für Vervielfältigungen, Übersetzungen, Mikroverfilmungen und für die Einspeicherung und Verarbeitung in elektronischen Systemen.

Die Wiedergabe von Warenbezeichnungen, Handelsnamen und sonstigen Kennzeichen in diesem Buch berechtigt nicht zu der Annahme, dass diese von jedermann frei benutzt werden dürfen. Vielmehr kann es sich auch dann um eingetragene Warenzeichen oder sonstige geschützte Kennzeichen handeln, wenn sie nicht eigens als solche gekennzeichnet sind.

Es konnten nicht alle Rechtsinhaber von Abbildungen ermittelt werden. Sollte dem Verlag gegenüber der Nachweis der Rechtsinhaberschaft geführt werden, wird das branchenübliche Honorar nachträglich gezahlt.

1. Auflage 2015

Alle Rechte vorbehalten
© W. Kohlhammer GmbH, Stuttgart
Gesamtherstellung: W. Kohlhammer GmbH, Stuttgart

Print:
ISBN 978-3-17-028392-3

E-Book-Formate:
pdf: ISBN 978-3-17-028393-0
epub: ISBN 978-3-17-028394-7
mobi: ISBN 978-3-17-028395-4

Für den Inhalt abgedruckter oder verlinkter Websites ist ausschließlich der jeweilige Betreiber verantwortlich. Die W. Kohlhammer GmbH hat keinen Einfluss auf die verknüpften Seiten und übernimmt hierfür keinerlei Haftung.

Inhalt

1	Einleitung	9
2	Emotionen und emotionale Kompetenz	12
2.1	Der Begriff »Emotion«	12
2.1.1	Inhaltliche Abgrenzungen	14
2.1.2	Struktur- und Ordnungssysteme von Emotionen	15
2.2	Methoden zur Erfassung von Emotionen	16
2.2.1	Methoden zur Erfassung bei Erwachsenen	16
2.2.2	Methoden zur Erfassung bei Kindern und Jugendlichen	18
2.3	Emotionale Kompetenz: Modelle und Modellvergleich	20
2.3.1	Salovey und Mayers Konzept der emotionalen Intelligenz	21
2.3.2	Saarnis Konzept der emotionalen Kompetenz	25
2.3.3	Rose-Krasnors Konzept der sozialen Kompetenz	27
2.3.4	Halberstadt, Denham und Dunsmores Konzept der Affektiven Sozialen Kompetenz (ASK)	29
2.3.5	Vergleich der vier Modelle	32
3	Entwicklung emotionaler Kompetenz bei Kindern und Jugendlichen	34
3.1	Emotionale Bewusstheit und Ausdrucksverhalten	35
3.2	Erkennen und Benennen von Emotionen	39
3.3	Situationen als emotionsauslösende Ereignisse	42
3.4	Wünsche als Auslöser für Emotionen	45
3.5	Erinnerungen als Auslöser für Emotionen	46
3.6	Emotionale Perspektivenübernahme (Theory of Mind)	46
3.7	Wahre und vorgetäuschte Emotionen	49
3.8	Gemischte und ambivalente Emotionen	52
3.9	Moralische Emotionen	54
3.10	Emotionsregulation	58
3.11	Emotionales Erleben im Jugendalter	63
3.12	Emotionales Ausdrucksverhalten im Jugendalter	64
3.13	Erkennen und Benennen von Emotionen im Jugendalter	65
3.14	Emotionsregulation im Jugendalter	67

4	**Individuelle Einflussfaktoren auf die Entwicklung emotionaler Kompetenz**	69
4.1	Kognitive Einflüsse: Sprache, Exekutive Funktionen und Intelligenz	69
4.1.1	Sprachliche Fähigkeiten	70
4.1.2	Aufmerksamkeit	72
4.1.3	Exekutive Funktionen	74
4.1.4	Nonverbale kognitive Fähigkeiten	75
4.2	Geschlecht	76
4.3	Temperament	78

5	**Erziehungs- und Umwelteinflüsse auf die Entwicklung emotionaler Kompetenz**	83
5.1	Der Einfluss der Erziehung	83
5.1.1	Das Drei-Teile-Modell der Emotionsregulation	83
5.1.2	Erziehungsverhalten: Über Gefühle sprechen	87
5.1.3	Erziehungsverhalten: Eltern-Reaktionen auf die Emotionen der Kinder	89
5.1.4	Emotionales Familienklima: Bindungsqualität	91
5.1.5	Emotionales Familienklima: Qualität von Familienbeziehungen	93
5.2	Der Einfluss der Gleichaltrigen	96
5.2.1	Peer-Akzeptanz und emotionale Kompetenz	96
5.2.2	Freundschaft und emotionale Kompetenz	97
5.3	Der Einfluss des sozioökonomischen Status	100
5.4	Der Einfluss der Kultur	102

6	**Folgen für den Schulerfolg**	106
6.1	Das Pyramidenmodell des sozial-emotionalen Lernens (SEL)	107
6.1.1	Die theoretische Ebene	108
6.1.2	Die Index-Ebene	109
6.1.3	Die Skills-Ebene	109
6.2	Emotionale Kompetenz und Schulerfolg	110
6.2.1	Emotionswissen, Emotionsregulation und Schulerfolg: Empirische Untersuchungen	111
6.2.2	Interventionsstudien: SEL beeinflusst den Schulerfolg	115
6.3	Emotionale Kompetenz und schulische Vorläuferfähigkeiten	116
6.3.1	Emotionswissen, Emotionsregulation und schulische Vorläuferfähigkeiten: Empirische Untersuchungen	117
6.3.2	Emotionswissen, exekutive Funktionen und schulische Vorläuferfähigkeiten: Empirische Untersuchungen	118
6.3.3	Interventionsstudien: Integrierte Förderung von Emotionswissen und schulischen Vorläuferfähigkeiten	120

7	**Prävention: Programme zur Förderung emotionaler Kompetenz**	123
7.1	Prävention vor Schulanfang	124
7.2	Folgen früher Prävention	125

7.3	Drei Präventionsprogramme im Kindergarten	127
7.3.1	Das Präventionsprogramm »Kindergarten *plus*«	127
7.3.2	Das Präventionsprogramm »Papilio«	130
7.3.3	Das Präventionsprogramm »Faustlos«	133
7.4	Vergleich der Inhalte der drei Programme	138
7.5	Evaluation der drei Präventionsprogramme	143
7.5.1	Evaluation des Präventionsprogrammes »Kindergarten *plus*«	143
7.5.2	Evaluation des Präventionsprogrammes »Papilio«	145
7.5.3	Evaluation des Präventionsprogramms »Faustlos«	146
7.5.4	Vergleich der Evaluationsergebnisse der drei Präventionsprogramme	149
7.6	Zusammenfassung	154
8	**Ausblick**	**156**
8.1	Emotionale Kompetenz und psychische Probleme	157
8.2	Folgen emotionaler Kompetenz im Erwachsenenalter	161

Literatur **163**

Stichwortverzeichnis **187**

1   Einleitung

Die beiden fünfjährigen Mädchen Isabell und Antonia und der ebenfalls fünf Jahre alte Philip sitzen nebeneinander auf einer Bank an einem Tisch. Vor ihnen liegen zwei weiße Blätter Papier und ein Mäppchen gefüllt mit bunten Stiften. Antonia sagt: »Ich möchte jetzt was malen«. Sie zieht sich eines der Blätter näher heran. Isabell entgegnet: »Oh ja, ich möchte auch malen! Philip, machst du auch mit? Wir können zusammen was malen«. Antonia wühlt im Stifte-Mäppchen und holt einen rosa Buntstift heraus, mit dem sie anfängt zu malen: »Ich fange hier an zu malen und ihr auf der anderen Seite, ok?«. Die anderen beiden nehmen sich ebenfalls Stifte und beginnen, auf demselben Papier wie Antonia zu zeichnen. Mehrfach wechseln sie die Stifte mit Kommentaren, was sie malen wollen, nämlich einen Garten mit Blumen und Bäumen. Die gebrauchten Stifte legen sie wieder zurück und suchen sich aus dem Federmäppchen andere heraus. Plötzlich fängt Isabell an zu weinen: »Ich wollte auch den roten Stift«, klagt sie unter Tränen. Während Antonia eifrig mit dem roten Stift malt, versucht Philip zu vermitteln: »Du musst doch deswegen nicht heulen! Dann nimmst du eben den orangen Stift. Blumen können doch auch orange sein«. Isabell: »Aber immer darf Antonia aussuchen!«, ruft sie wütend. Nun lenkt auch Antonia ein: »Ich male nur noch diese Blume fertig, dann bekommst du ihn, ok?«. Damit gibt sich Isabell zufrieden und hört auf zu weinen: »Na gut, aber du musst ihn mir dann wirklich geben, ok?«. Nach einem kurzen Moment reicht Antonia Isabell den roten Stift. Isabell lächelt, nimmt den Stift und beginnt, damit zu malen.

Diese Szene, die in einem Kindergarten beobachtet wurde, verdeutlicht, dass Kinder schon vor Schuleintritt in der Lage sind, Gefühle bei anderen Menschen differenziert wahrzunehmen, darüber zu sprechen und Strategien zur Emotionsregulation und zur Problemlösung einzusetzen, gelingt es den drei Kindern doch, am Ende einen Kompromiss zu finden, mit dem alle zufrieden sind. Gemessen an ihren Altersgenossen, die dieses häufig noch nicht schaffen, verhalten sie sich emotional kompetent.

Geringe oder zeitverzögert ausgebildete emotionale Kompetenz birgt für die betroffenen Kinder und Jugendlichen umgekehrt ein Risiko, weil sie die Emotionen ihrer Mitmenschen gar nicht, verzerrt oder nur in Bruchstücken wahrnehmen, oft fehlinterpretieren und daraufhin häufig auch weniger angemessen reagieren als ihre Altersgenossen. Dies wiederum hat oft zur Folge, dass die Heranwachsenden kaum Anschluss an gleichaltrige Spielgefährten, Klassenkameraden und Freundinnen und Freunde finden, die ihnen ihrerseits vielfältige Anregungen und Gelegenheiten zur Weiterentwicklung und zum »fine tuning«

ihrer emotionalen Kompetenz bieten. Damit gehen ihnen motivierende »Anwendungs- und Übungsfelder« verloren, die die Ausbildung und die Verfeinerung der emotionalen Kompetenz bei ihren kompetenteren Altersgenossen unterstützen. Von den Gleichaltrigen dauerhaft ausgeschlossene Heranwachsende geraten auf diese Weise leicht in einen Teufelskreis, der ihnen sozial und emotional immer weiter zum Nachteil gereicht und oft mit geringen schulischen Erfolgen einhergeht.

Nach der bundesweit repräsentativen KiGGS Studie leiden seit mehr als einem Jahrzehnt etwa 20 % der Kinder und Jugendlichen zwischen drei und 17 Jahren (ebenso wie ihr Umfeld) unter verschiedenen Arten von Problemverhalten, also unter Ängstlichkeit und emotionaler Labilität ebenso wie unter Hyperaktivität und Aufmerksamkeitsproblemen oder aggressivem Störverhalten und Schwierigkeiten in Peer-Beziehungen. Hinzu kommen viele Kinder und Jugendliche mit sonderpädagogischem Förderbedarf, die durch den Wechsel zu einem inklusiven Bildungssystem mittlerweile überwiegend an Regelschulen unterrichtet werden und dort vielfach Verhaltensauffälligkeiten an den Tag legen. Pädagogische Fachkräfte in Kita, Schule, Hort und anderen pädagogischen Institutionen stehen insofern vor der Herausforderung, mit zunehmend heterogener zusammengesetzten Gruppen zu arbeiten. Diese beinhaltet zugleich jedoch auch die Chance, bewusst mit der Verschiedenartigkeit der Kinder und Jugendlichen umzugehen. Die Besonderheiten eines jeden Heranwachsenden gilt es zu beobachten, zu analysieren und möglichst gewinnbringend für alle – für die Einzelnen ebenso wie für die gesamte Gruppe – zu nutzen. Dies umfasst selbstredend auch die pädagogisch-psychologische Unterstützung bei der Ausbildung emotionaler Kompetenz und zwar bei den »emotionalen Analphabeten« aller Art ebenso wie bei der gesamten Gruppe. Denn die emotionale Kompetenz der anderen Gruppenmitglieder ist gefragt, wenn sie die Emotionen herausfordernder Klassenkameraden erkennen und jeden Tag mehrere Stunden lang angemessen mit ihnen umgehen sollen. Emotionale Kompetenz ist insofern als ein Fundament für die Weiterentwicklung von Individuum und Gruppe im Sinne der Diversität zu verstehen.

Doch was ist emotionale Kompetenz genau? Wann und wie entsteht sie und welche Folgen hat sie? Gibt es eine Möglichkeit, Kinder und Jugendliche in diesem Entwicklungsprozess effektiv zu unterstützen? Diesen und anderen Fragen geht das vorliegende Buch nach. Um die Grundlagen zu legen, geht Kapitel 2 auf einige Emotionstheorien sowie auf verschiedene Modelle emotionaler Kompetenz ein. Kapitel 3 befasst sich mit dem Erwerb der einzelnen Komponenten einer solchen Kompetenz im Kindes- und Jugendalter, also mit der Ausbildung von emotionalem Ausdrucksverhalten, Emotionswahrnehmung, Emotionsverarbeitung, Emotionsvokabular und Emotionsregulation. Nicht jedes Kind bildet indessen emotionale Kompetenz im gleichen Maße aus, da sowohl individuelle Faktoren als auch Einflüsse aus Erziehung und Umwelt dabei eine Rolle spielen. Diese Faktoren sind Gegenstand von Kapitel 4 und 5. Wie wir seit einigen Jahren wissen, wirkt sich die mehr oder weniger ausgeprägte emotionale Kompetenz verschiedener Heranwachsender nicht nur auf ihre Fähigkeiten zur Perspektivenübernahme und die Qualität ihrer zwischenmenschlichen Beziehungen aus, sondern sie birgt auch Folgen für ihren sozialen und akademischen Erfolg in der Schule. Inwiefern sich Emotionswissen und Emotionsregulation als Kernbestandteile emotionaler Kompetenz auf das Lernen und Leisten in der Schule niederschlagen, wird daher in Kapitel 6 erörtert. Da es nach all diesen Ausführungen ausgesprochen sinnvoll erscheint, die emotionale Kompetenz von Kindern weiterzuentwickeln, wurden verschiedene Präventionsprogramme entworfen und erprobt. Drei dieser Programme werden in Hinblick auf ihre Ziele, ihre Inhalte, ihre didaktische Umsetzung und ihre Evaluation in Kapitel 7 miteinander verglichen. Den Abschluss bildet ein kurzes Kapitel zu den Folgen emotionaler Kompetenz für die Entwicklung in der Lebensspanne. Wir haben uns bemüht, beide Geschlechter in unsere Formulierungen einzubeziehen, aber sollte dies einmal nicht gelungen sein, so ist es doch so gemeint.

Wir danken den Kita-Fachkräften und Kindern, die uns in der Studie »Emotionales Lernen ist fantastisch« (oder kurz »Elefant«) oft bis an die Grenze ihrer Geduld auf unsere Fragen Rede und Antwort gestanden haben und den Projektmitarbeiter/innen und studentischen Hilfskräften, die sie verlässlich gestellt haben, allen voran Martha Hänel. Und natürlich sind wir auch unseren Förderern mit Dank verbunden, hier vor allem dem Niedersächsischen Forschungsverbund für frühkindliche Bildung und Entwicklung, weil sie uns Gelegenheit gegeben haben, uns mit der Entwicklung emotionaler Kompetenz vertieft auseinander zu setzen. Wir danken Katharina Voltmer für die kritische Durchsicht von Kapitel 6. Anita Löffers sind wir für die engagierte Arbeit an Text und Literaturverzeichnis und Edith Schulz für ihr scharfes Auge beim Erkennen von Fehlern aller Arten dankbar.

Wir hoffen, dass wir mit diesem Überblick zur Entwicklung emotionaler Kompetenz bei Kindern und Jugendlichen Studierende der Psychologie, der Bildungswissenschaften und der Lehramtsstudiengänge sowie Praktiker/innen mit Interesse an Entwicklung, Beratung und Pädagogischer Psychologie informieren können. Unser Anliegen ist, die disparat und meist im englischsprachigen Raum veröffentlichten Forschungsergebnisse zu sichten, zu komprimieren und dabei den Praxisbezug nicht aus den Augen zu verlieren. Nachdem das öffentliche Interesse viele Jahre vorrangig auf der Vermittlung von Fakten und Wissen in Kindergarten und Schule lag, scheint sich nun ein umfassenderer Blickwinkel auf die kindlichen Kompetenzen aufzutun, den wir mit diesem Buch unterstützen möchten.

2 Emotionen und emotionale Kompetenz

2.1 Der Begriff »Emotion«

Aus freudiger wie aus leidvoller Erfahrung weiß jeder Mensch, dass Emotionen zentrale und häufig vorkommende Phänomene des Lebens sind (Meyer, Schützwohl & Reisenzein, 2001). Sie beeinflussen unsere Wahrnehmung und unser Handeln und spielen eine wichtige Rolle in unserer Gesundheit und unseren sozialen Interaktionen und Beziehungen zu anderen Menschen. Auf ganz allgemeiner und abstrakter Ebene bezeichnen Emotionen aus transaktionaler Sicht das Verhältnis von Menschen zu ihrer (inneren und äußeren) Umwelt, die sie hervorgerufen haben (Saarni, Campos, Camras & Witherington, 2006). Gleichwohl ist in der Wissenschaft umstritten, was genau Emotionen sind. Die unterschiedlichen Bemühungen um eine Begriffsbestimmung sind unter anderem beeinflusst von den Forschungsinhalten, den angenommenen Hypothesen, den verwendeten Methoden und den psychologischen Schulen der Forschenden. Otto, Euler und Mandl (2000a) unterscheiden in ihrem Lehrbuch »Emotionspsychologie« evolutionstheoretische, psychoanalytische, psychophysiologische, ausdruckstheoretische, kognitionstheoretische, attributionstheoretische, einschätzungstheoretische und sozial-konstruktivistische Ansätze. Eine Übersicht über Theorien zu Emotionen bieten Meyer et al. (2001) in ihrem dreibändigen Lehrbuch »Einführung in die Emotionspsychologie«. Im englischsprachigen Raum gibt das Sammelwerk von Griffin und Mascolo (1998) einen anschaulichen Überblick über verschiedene Perspektiven auf Emotionen.

Im Rahmen dieses Buches ist es unmöglich und auch nicht intendiert, auf alle bestehenden Definitionen von »Emotion« einzugehen. Vielmehr werden im Folgenden zwei Arbeitsdefinitionen beispielhaft vorgestellt, um einen Einblick in die Vielschichtigkeit dieses Begriffs zu vermitteln.

Die Definition von Bettina Janke (2007) zählt die verschiedenen Komponenten von Emotionen auf und lautet:

> »Emotionen sind vorübergehende psychische Vorgänge, die durch äußere und innere Reize ausgelöst werden und durch eine spezifische Qualität und einen zeitlichen Verlauf gekennzeichnet sind. Sie manifestieren sich auf mehreren Ebenen: der des Ausdrucks (Stimme, Mimik, Gestik, Körperhaltung), der des Erlebens, der von Gedanken und Vorstellungen, der des Verhaltens und der der somatischen Vorgänge« (S. 347).

Der Emotionsbegriff von James Gross und Ross Thompson (2007) bettet Emotionen in die Transaktionen zwischen Menschen und ihrer Umwelt ein und beinhaltet zusätzlich Bewertungen sowie Aspekte der Regulation und

Modulation von Emotionen. Nach Gross und Thompson (2007) ist eine Emotion:

> »a person-situation transaction that compels attention, has particular meaning to an individual, and gives rise to a coordinated yet flexible multisystem response to the ongoing person-situation transaction« (S. 5).

Gross und Thompson (2007) nennen hierbei drei Kernelemente von Emotionen: 1) Emotionen entstehen, wenn ein Individuum eine äußere Situation oder sein inneres Erleben (z. B. mentale Repräsentationen) als relevant oder bedeutungsvoll für seine persönlichen Ziele ansieht (Bewertung), 2) Emotionen sind vielschichtig; sie betreffen das subjektive Erleben, das Verhalten (inklusive Ausdrucksverhalten) und die physiologischen Reaktionen und 3) Emotionen sind Reaktionstendenzen, die vom Individuum moduliert werden können. Dieser letzte Aspekt ist grundlegend für die Regulation von Emotionen.

Beide Definitionen stimmen darin überein, dass sich Emotionen aus verschiedenen Komponenten und deren Zusammenspiel zusammensetzen.

Die Fülle der Herangehensweisen an den Emotionsbegriff erscheint unübersichtlich. Dies hatte in der Vergangenheit zur Folge, dass sich die Analysen und Beschreibungen des Emotionskonstrukts in den verschiedenen Emotionstheorien oft jeweils nur auf begrenzte Aspekte konzentrieren und »wesentliche Inhalte der (...) Phänomendefinition nicht zu erklären sind. In vielen Fällen stellen sie lediglich eine der Konstituenten des Emotionskonstrukts in den Mittelpunkt« und sind dadurch nur als »Teiltheorien« anzusehen (Zentner & Scherer, 2000, S. 151). So würden sich zum Beispiel dimensionale Theorien ausschließlich mit subjektiven Gefühlszuständen und ihren verbalen Etikettierungen oder Basisemotions-Modelle hauptsächlich mit dem Handlungssystem und Komponenten des motorischen Ausdrucks befassen. Zentner und Scherer (2000) sehen hierin die Gefahr einer »Zersplitterung des Emotionsvorgangs« (S. 151) und plädieren dafür, die unterschiedlichen multikomponentionalen Ansätze in ein integratives Modell (»Komponentialmodell«, S. 160) einzubeziehen, das »konkrete Vorhersagen über Auslösung und Differenzierung von Emotionsprozesse[n] als auch über die hierbei auftretenden Reaktionsmuster in den verschiedenen Komponenten machen« könnte (S. 157). Die verschiedenen Theorien und Ansätze, die im Laufe der Jahre zum Emotionsbegriff entwickelt wurden, zeichnen sich wie gesagt inhaltlich durch eine unterschiedliche Gewichtung der Emotionskomponenten aus. Nach exemplarischer Durchsicht und Skizzierung verschiedener Emotionstheorien erstellte Wertfein (2006) die in Tabelle 2.1 dargestellte Zuordnung der Emotionskomponenten zu den Erklärungsansätzen.

Forschungen zu einzelnen Komponenten von Emotionen haben ergeben, dass diese untereinander meist nur locker verknüpft sind – auch wenn sie oft gemeinsam auftreten. So kann zum Beispiel ein bestimmtes emotionales Ereignis manchmal mit körperlichen Reaktionen auftreten, ein anderes Mal hingegen nicht (Oatley & Jenkins, 1996). Otto, Euler und Mandl (2000b) schlagen vor, alle bisherigen Definitionsversuche als Arbeitsdefinitionen anzusehen, die »provisorischen und vorläufigen Charakter [haben] und (...) den aktuellen Erkenntnisstand und den theoretischen Ansatz« widerspiegeln. Eine »exakte Bestimmung würde voraussetzen, dass man das zu untersuchende Phänomen bereits in allen seinen Erscheinungsformen und Ausprägungen genau kennt« (S. 11). Letztendlich gibt es daher bis heute keine allgemein anerkannte Theorie der Emotion (Meyer et al., 2001).

Tab. 2.1: Zuordnung der Emotionskomponenten zu den Erklärungsansätzen (Wertfein, 2006, S. 11)

Erklärungsansatz	Emotionskomponente
Evolutionstheoretische Ansätze (z. B. Fridlund, 2014; Izard, 1999; Ekman, 1988)	Emotionsausdruck
Erlebnisphänomenologische Überlegungen (z. B. Pekrun, 1988)	Affektives Erleben
Psychophysiologische Ansätze (z. B. Schachter, 1964)	Körperliche Veränderungen
Behavioristisch-lerntheoretische Ansätze (z. B. Watson, 1930)	Auslösendes Ereignis
Kognitive Bewertungstheorien (z. B. Scherer, 2009)	Kognitive Bewertungsprozesse

2.1.1 Inhaltliche Abgrenzungen

In der Alltagssprache gibt es viele Begriffe, die als Synonyme von »Emotion« verwendet werden. Hierzu zählen zum Beispiel »Gefühl«, »Stimmung« oder »Affekt«. Doch nach welchen Kriterien unterscheiden sich diese Bezeichnungen? Während einige Autoren eine grundsätzliche inhaltliche Unterscheidung zwischen den Begriffen infrage stellen (Otto et al., 2000b), sehen andere die Forschung als hierfür noch nicht weit genug fortgeschritten an. Schönpflug (2000) stellte kritisch fest: »An Versuchen, den Begriffen feste Bedeutungen zuzuschreiben, hat es nicht gefehlt. Doch sind vorgeschlagene Definitionen teilweise auf Ablehnung gestoßen, teilweise nicht zur Kenntnis genommen worden, weshalb sie zu Vergleichen nur begrenzt taugen« (S. 19). Meyer et al. (2001) sind der Ansicht, dass eine Unterscheidung der Begrifflichkeiten »selbst eine zentrale Frage der Emotionspsychologie« (S. 22) ist.

Der Begriff »Affekt« hat nach Merten (2003) den »Beiklang des Heftigen und Unkontrollierbaren« (S. 11) und auch Otto et al. (2000b) verorten diesen Ausdruck »eher in der Psychiatrie zur Kennzeichnung kurzfristiger und besonders intensiver Emotionen, die oft mit einem Verlust der Handlungskontrolle einhergehen« (S. 13). Die Bezeichnung »Gefühl« beschreibe hingegen nur einen Aspekt einer Emotion, namentlich den des Fühlens oder Empfindens und rücke die »subjektive Erlebensqualität als ein Teil der Emotion« (Otto et al., 2000b, S. 13) in den Mittelpunkt. Dabei vernachlässige sie zum Beispiel den emotionalen Ausdruck oder die Handlungstendenzen (Merten, 2003). Der Ausdruck »Stimmung« beschreibe »eher mittel- und langfristige emotionale Veränderungen«, die nicht als Reaktion auf unmittelbare, spezifische Reize verstanden werden kann (Merten, 2003, S. 11). Davidson (1994) stellt die Vermutung auf, dass es einen funktionellen Unterschied gibt: »Emotions bias action, while moods bias cognition« (S. 54). Weitere Unterschiede werden von Ekman und Davidson (1994) diskutiert.

2.1.2 Struktur- und Ordnungssysteme von Emotionen

Aufgrund der Unübersichtlichkeit des Forschungsbereichs und der Schwierigkeit der Begrenzung (»fuzzy boundaries«) hat es viele Versuche gegeben, die verschiedenen Emotionen zu strukturieren und zu systematisieren.

Verschiedene Autoren haben die Idee verfolgt, einige wenige Grundemotionen oder primäre Emotionen festzulegen und aus diesen die anderen komplexen oder sekundären Emotionen herzuleiten. Allerdings unterscheiden sich die Annahmen, welche Emotionen zu den Grundemotionen gezählt werden und welche nicht. Die Ursache hierfür scheint wiederum in der mangelnden Übereinstimmung zu liegen, was generell unter einer Emotion zu verstehen ist (z. B. Ortony & Turner, 1990; Ekman, 1994).

Andere Autoren gehen davon aus, dass die »Basisemotionen« durch jeweils spezifische, über Kulturen hinweg universell vorliegende neurophysiologische Substrate, Ausdrucksmuster und phylogenetisch begründete Funktionen gekennzeichnet sind. Dies entspricht der (evolutions-)biologischen Sichtweise, die beinhaltet, dass angeborene motorische Programme für die Auslösung und Differenzierung einer begrenzten Anzahl diskreter Emotionen verantwortlich sind. Die emotionalen Ausdrucksformen der Basisemotionen sind demnach kulturunspezifisch, treten universell auf und werden auch auf der ganzen Welt wiedererkannt (z. B. Ekman, 1988, 1994). Basisemotionen beruhen weiterhin auf neurobiologischen Grundlagen (z. B. Panksepp, Knutson & Pruitt, 1998; Ackerman, Abe & Izard, 1998; LeDoux, 1998). Umstritten ist, auf welche Weise die biologischen Prädispositionen mit den kulturellen Einflüssen bei Entstehung, Ausdruck und Erleben von Emotionen zusammenwirken (z. B. Friedlmeier & Holodynski, 1999; Gendron, Robertson, van der Vyver & Barrett, 2014).

Fischer, Shaver und Carnochan (1990, S. 90) schlagen vor, Emotionskategorien hierarchisch in fünf »Emotions-Familien« bzw. in verschiedenen Ebenen anzuordnen (▶ Abb. 2.1). Im oberen Teil des Modells werden die Emotionen zunächst nur in »positiv« und »negativ« eingeteilt. Diese Unterscheidung entsteht durch Bewertungsprozesse und im Hinblick auf das Anliegen oder Ziel einer Person. In der darunter liegenden Stufe befinden sich die »basic emotions«. Hierzu zählen die Gefühle, die von fast allen Kulturen geteilt werden: Ärger, Trauer, Angst, Freude und Liebe. Die unteren Ebenen des Schemas werden komplexer und beinhalten auch sozial-konstruierte Emotionen wie zum Beispiel Bewunderung, Verachtung, Einsamkeit und Eifersucht. Diese können sich in ihrer Konstruktion zwischen den Kulturen unterscheiden. Die verschiedenen Komponenten des emotionalen Erlebens können gleichzeitig, aufeinanderfolgend sowie gemischt auftreten oder überlappen. Die Anzahl der existierenden

Gefühle ist daher nicht genau ermittelbar. Ebenso erscheint es unmöglich, eine scharfe Grenze zwischen Gefühlen und Nicht-Gefühlen zu ziehen. Fischer et al. (1990) entnehmen dieser hierarchischen Struktur Hinweise zum Verlauf der emotionalen Entwicklung: »This general organization of emotions is present in rudimentary form at an early age, but all its components develop, becoming more complex and differentiated as well as more regulated« (S. 94). Auf diesen Entwicklungsaspekt geht Kapitel 3 näher ein.

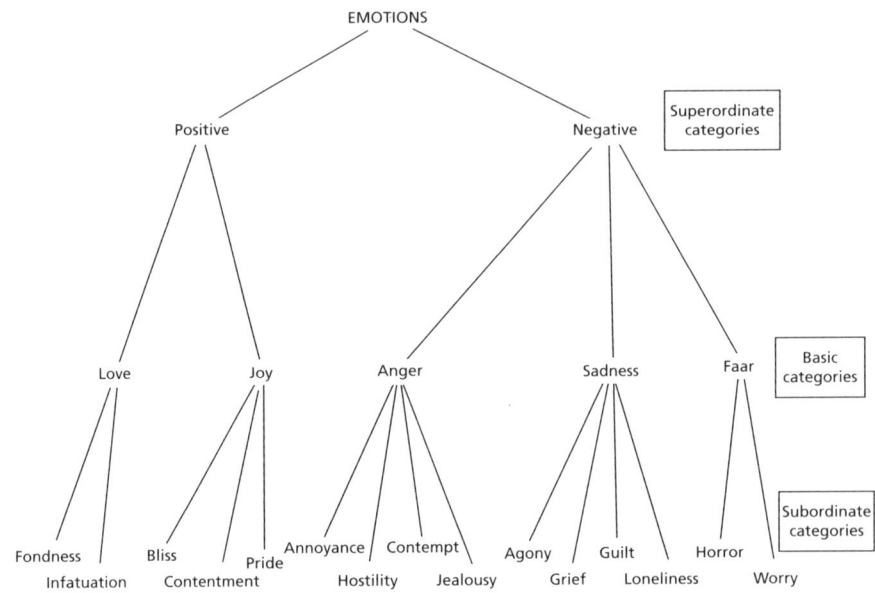

Abb. 2.1: Vereinfachte Darstellung der Emotionshierarchie von Shaver, Schwartz, Kirson und O'Connor (1987; zit. nach Fischer et al., 1990, S. 90)

2.2 Methoden zur Erfassung von Emotionen

2.2.1 Methoden zur Erfassung bei Erwachsenen

Viele Wissenschaftler haben sich mit der Frage nach der Erfassung von Emotionen beschäftigt (zusammenfassend z. B. Schmidt-Atzert, 2000). Da es – wie eben beschrieben – keine einheitliche Definition und keine vergleichbaren objektiven Unterscheidungsmerkmale von Emotionen gibt, gestalten sich diese Versuche als mühevoll. Beispielsweise kann man Emotionen durch den Ausdruck, das eigene Erleben und körperliche Veränderungen beschreiben. Darüber hinaus lassen sich Emotionen anhand von Angaben zu ihrer Qualität, Inten-

2.2 Methoden zur Erfassung von Emotionen

sität oder ihrem zeitlichen Verlauf näher charakterisieren. Insbesondere die Beurteilung der Qualität einer Emotion stellt Forschende vor ein Problem. Die Methode der Erfassung von Emotionen ist daher abhängig vom theoretischen Hintergrund, den der Wissenschaftler seiner Untersuchung zugrunde legt. Plutchik (1989) schreibt hierzu:

> »It is thus evident that emotions are complex, hypothetical states that are inferred on the basis of various kinds of evidence, which may include subjective reports, display behavior, goal-directed behavior, physiological changes, and peer reactions, among other things. In order to be able to use these indicators as measures of emotion we require a fairly explicit theoretical model that describes the relations between the theoretical state called an emotion and the various indicators. Thus, a theory of emotion is a fundamental prerequisite for a rational theory of measurement of emotions« (S. 5).

Eine Vielzahl von Untersuchungen beschäftigt sich mit der Analyse des emotionalen Ausdrucksverhaltens (z. B. Ekman, 1988). Dieses stellt jedoch nur einen kleinen Ausschnitt aus dem gesamten Emotionserleben dar. Die Schwierigkeit bei der Erfassung von Emotionen ergibt sich dadurch, dass erlebte emotionale Zustände nur begrenzt von außen, also etwa in Mimik, Gestik, Körpersprache oder Stimme beobachtbar sind. Zusätzlich werden Auskünfte der Personen benötigt, um erfassen zu können, was sich in ihrem inneren Erleben abspielt. Darin liegt auch begründet, warum »in erster Linie sprachliche Bezeichnungen, also Emotionswörter« (Schmidt-Atzert, 2000, S. 32) zur Erfassung von Emotionen eingesetzt werden. Die Sprache ist ein geeignetes Mittel zur Beschreibung von Gefühlen, da sie eine feine Differenzierung gestattet.

Eine Reihe von Forschenden hat den Versuch unternommen, eine Systematik in das Feld der Emotion zu bringen, indem sie Emotionslisten auf der Basis von Befragungsergebnissen erstellten. Die umfangreichste Sammlung von Emotionswörtern enthielt ursprünglich viele hundert Begriffe (Shaver, Schwartz, Kirson & O'Connor, 1987). Aber auch hier trifft man wiederum auf das Problem, dass das Konstrukt »Emotion« keine scharfen Grenzen hat, sondern dass es viele Graubereiche gibt, in denen unklar ist, ob ein Wort noch eine Emotion bezeichnet oder nicht. Dieses Problem der »fuzzy boundaries« wurde empirisch angegangen, indem Probanden gebeten wurden, Emotionswörter oder Emotionsfotos danach einzustufen, mit welcher subjektiven Sicherheit sie eine Emotion bezeichnen. Ab welchem Skalenwert die Autoren dann einen Ausdruck noch akzeptieren und so die Liste »abschneiden«, hängt allerdings wiederum von deren subjektiven Entscheidungen ab (Schmidt-Atzert, 2000, S. 33).

Ähnlich herausfordernd gestaltet sich die Situation bei der Erfassung möglicher Auslöser von Emotionen, gibt es doch eine Vielzahl von Ereignissen, die im Leben eines Menschen Emotionen hervorrufen können. Da die Auslöser so mannigfaltig sind, ist die Erforschung dieser Ereignisse ebenfalls nicht ohne Aufwand möglich. Dementsprechend variieren auch die Methoden zur Erhebung emotionsauslösender Ereignisse erheblich. Sie reichen von der täglichen Protokollierung aufgetretener Ereignisse und dem dadurch ausgelösten Befinden durch die Versuchsteilnehmer in einem (elektronischen) Tagebuch bis hin zum Versuch, Emotionen in Laborsituationen zu induzieren (z. B. mittels Bildmaterial, Musik o. ä.; siehe Schmidt-Atzert, 1996) und dort mit psychophysiologischen oder neuropsychologischen Methoden zu messen.

Zur Erfassung der Erkennensleistung von Emotionen werden den Versuchsteilnehmern zum Beispiel bildliche Gesichtsausdrücke vorgelegt, die diese einem Begriff zuordnen oder verbal benennen sollen. Hier stellt sich jedoch das Problem, dass sich nicht alle Emotionen in einen charakteristischen mimischen Ausdruck überführen lassen. Gerade komplexere Emotionen wie Liebe oder Schuldgefühle haben kein Äquivalent in Gesicht, Stimme, Körperhaltung oder anderen Ausdruckskanälen (Schmidt-Atzert, 2000).

Gross, Richards und John (2006) haben sich mit Interviews, Umfragedaten und Experimenten als Erfassungsmethoden zur Emotionsregulation beschäftigt. Sie kommen zu dem Schluss, dass möglichst viele verschiedenartige Erhebungsmethoden zum Einsatz kommen sollten, um detaillierte Erkenntnisse zu gewinnen, denn jede Methode hat unterschiedliche Vor- und Nachteile. Im Allgemeinen versuchen Menschen eher, ihre negativen Gefühle als ihre positiven Gefühle zu regulieren und setzen hierbei eher an den Wahrnehmungs- und Verhaltensaspekten und weniger an den körperbezogenen Einflussmöglichkeiten an.

Welche Methode gewählt wird, hängt im Wesentlichen vom Untersuchungsziel ab. Reicht die Erfassung von globalen Gefühlszuständen, könnten Items auf bipolarer Valenzebene der Dimensionsanalysen eingesetzt werden. Hierzu zählen zum Beispiel Rating-Skalen mit einer Abstufung von angenehm bis unangenehm, semantische Differentiale oder emotionale Gesichterskalen. Legt man der Testkonstruktion ein kategoriales Modell zugrunde, können auch die Qualitäten bzw. Unterscheidungen zwischen konkreten Emotionen (z. B. Angst, Ärger, Freude) untersucht werden. Meist bestehen diese Testverfahren aus mehreren Skalen, die verschiedene Emotionskategorien erfassen. Weitere Einzelheiten finden sich bei Schmidt-Atzert, Peper und Stemmler (2014).

2.2.2 Methoden zur Erfassung bei Kindern und Jugendlichen

Bei der Untersuchung des Emotionswissens und der Emotionsregulation von Kindern müssen verschiedene Aspekte beachtet werden, die sich bei der Untersuchung von Erwachsenen nicht ergeben. Gross und Ballif (1991) unterscheiden in ihrem klassischen Übersichtsartikel zur Entwicklung des Emotionswissens Methoden der »Affektzuordnung« von denen der »Affektbeschreibung«. Zu den »Affektzuordnungsmethoden« zählt Janke (1999) Sortieraufgaben (z. B. Fotos nach bestimmten Aspekten oder Situationen zu vorgegebenen Gruppen zuordnen) und Zuordnungen zu einem vorgegebenen Standard (z. B. Aufteilung von Situationen zu Ausdrucksfotos). Diese Methode eignet sich vor allem für junge Kinder, da sich diese sprachlich häufig noch nicht differenziert ausdrücken können. Die »Affektbeschreibungsmethode« kann darin bestehen, dass Kinder direkt nach den Emotionen gefragt werden (z. B. »Wie fühlt sich das Kind auf dem Foto oder in dieser Situation?«) oder dass Kinder gebeten werden, darüber Auskunft zu geben, was zum Beispiel Auslöser oder Konsequenzen von Emotionen sein können bzw. wie man diese regulieren kann. Ein weiteres Verfahren besteht darin, die Kinder zu bitten, Gesichtsausdrücke von bestimmten Gefühlen zu zeigen (unter Vorgabe eines Wortes oder einer Situation) oder einen Gesichtsausdruck zu imitieren. Für Kinder und Jugendliche kann auch die Beobachtung im Labor oder in natürlichen Situationen in der Familie – etwa während der Interaktion mit den Eltern – genutzt werden. Weitere Möglichkeiten der Emotionserfassung liegen in den Einschätzungen oder Befragung von Erziehungspersonen, Lehrkräften oder Peers, die mit den Heranwachsenden täglich zusammen sind.

Um diesen Problemen bei der Untersuchung des Emotionswissens bei jungen Kindern Rechnung zu tragen, wurde die »Skala zur Erfassung des Emotionswissens« entwickelt (SEW; Janke, 2006; deutsche Übersetzung des »Test of Emotion Comprehension« (TEC) von Pons & Harris, 2002). Sie ist eines der wenigen praktikablen Verfahren, das sich mit Bildmaterial direkt an die Kinder richtet und so auf mögliche sprachliche Differenzierungsprobleme Rücksicht nimmt. Mit der SEW kann das Emotionsverständnis von Kindern im Alter zwischen drei und zehn Jahren in insgesamt neun verschiedenen Bereichen erfasst werden.

Ein weiteres, gut erprobtes und etabliertes Verfahren zur Erfassung des Emotionswissens von jüngeren Kindern (bis ca. 5 Jahren) ist der »Affective Knowledge Test« (AKT; Denham, 1986), der seit vielen Jahren in vielen Varianten eingesetzt wurde. Mit Hilfe von Puppen, deren Gesichtsausdrücke ablösbar (und damit veränderbar) sind, wird erfasst, wie gut Kinder emotionale Ausdrucksformen und Situationen verstehen. Zunächst sollen die Kinder die Emotionsausdrücke Freude, Traurigkeit, Ärger und Angst auf den Puppengesichtern erkennen und benennen und anschließend auf die jeweils erfragten Gesichtsausdrücke zeigen (nonverbal). Der AKT beinhaltet zwei Untertests. In einem werden mit der Puppe acht verschiedene emotionsgeladene Situationen mit Gesichtsausdruck und Geräuschen vorgespielt (z. B. Angst während eines Alptraums), und das Kind hat die Aufgabe, der Puppe das passende Gesicht anzukleben. Um zudem zu überprüfen, ob das Kind in der Lage ist, auch die Gefühle anderer Personen zu identifizieren, die nicht den eigenen in der jeweiligen Situation entsprechen, gibt es einen weiteren Untertest, in der die vorgegebenen Situationen mehrdeutig sind (z. B. Freude oder Angst in ein Schwimmbad zu gehen). Ergänzend wird bei dieser Aufgabe die Einschätzung der Eltern über die typische emotionale Reaktion ihrer Kinder benötigt. Vorteile des AKT sind die kurze Durchführungszeit, die geringen sprachlichen Anforderungen sowie das spielerische Vorgehen, das den Kindern meist Freude bereitet. In verschiedenen Weiterentwicklungen dieses Tests für ältere Kinder (z. B. »Puppet Causes Task«, Denham & Zoller, 1991) werden weitere Emotionskomponenten abgefragt (z. B. Ursachen/Auslöser für die Gefühle der Puppen oder gemischte Gefühle).

Bei Schulkindern, die das Lesen beherrschen, kommen vermehrt Fragebögen zum Einsatz. Beispielsweise eignet sich für die Erfassung verschiedener Emotionsregulationsstrategien für die Emotionen Angst, Trauer und Wut bei Kindern und Jugendlichen zwischen zehn und 19 Jahren der »Fragebogen zur Erhebung von Emotionsregulation bei Kindern und Jugendlichen« (FEEL-KJ; Grob & Smolenski, 2005), auf dem die Kinder und Jugendlichen ihre Einschätzungen auf einer fünfstufigen Skala vornehmen sollen. Neben der Erfassung von positiven und negativen Emotionsregulationsstrategien (z. B. problemorientiertes Handeln, Akzeptieren, aggressives Verhalten, Rückzug) werden auch die Strategien Ausdruck, soziale Unterstützung und Emotionskontrolle erfragt. In Hinblick auf die Regulierung der Emotion Ärger unter befreundeten Kindern und Jugendlichen wurde der »Fragebogen zu den kindlichen Ärgerregulierungsstrategien« (KÄRST) entwickelt (von Salisch & Pfeifer, 1998).

Eine ausführliche Übersicht über verschiedene diagnostische Verfahren zur Erhebung emotionaler Fertigkeiten von Kindern findet sich bei Petermann und Wiedebusch (2008). Die Autoren weisen darauf hin, dass es bisher nur wenige Verfahren für Kinder gibt, die umfassende Aussagen über den emotionalen Entwicklungsstand eines Kindes erlauben. Meist kann nur bereichsspezifisch eine Einschätzung vorgenommen werden (Emotionswahrnehmung, Emotionsregulation, Emotionsverständnis, Gebrauch von Emotionen). Bei Säuglingen und Kleinkindern überwiegen Items zum Emotionsausdruck (z. B. positive und negative Emotionalität), wohingegen bei den Kindern im Vorschul- und Schulalter auch einige Verfahren zur Erfassung der Emotionsregulation existieren.

Seit einigen Jahren gibt es eine Reihe von neuen Forschungsansätzen zur Erfassung von Emotionen bei Kindern, die auf der Messung von körperlichen Veränderungen beim Wahrnehmen, Erleben, Ausdrücken und Regulieren von Emotionen beruhen. Sie beschäftigen sich zum Beispiel mit psychophysiologischen Erklärungen des sozial-emotionalen Lernens, und mit neuro-physiologischen, neuro-immunologischen und neuro-endokrinologischen Erhebungsmethoden (Hastings, Kahle & Han, 2014).

2.3 Emotionale Kompetenz: Modelle und Modellvergleich

Nachdem wir jetzt wissen, was Emotionen in etwa sind, wie sie sich von verwandten Phänomenen abheben, wie sie sich ordnen und wissenschaftlich erfassen lassen, geht es im Folgenden um interindividuelle Unterschiede zwischen Menschen bei den verschiedenen Komponenten von Emotionen. Diese Unterschiede werden oft unter dem Oberbegriff der emotionalen Kompetenz oder der emotionalen Intelligenz zusammengefasst. In den Modellen zur emotionalen Kompetenz wurden erstmals die vorher getrennt beforschten Bereiche des Emotionsausdrucks, der Emotionswahrnehmung und der Emotionsregulation zusammen gedacht. Auf den folgenden Seiten vergleichen wir vier Modellvorstellungen, die häufiger zur theoretischen Rahmung von Entwicklungen in Kindheit und Jugend eingesetzt wurden, nämlich Salovey und Mayers Konzept der emotionalen Intelligenz, Saarnis Konzept der emotionalen Kompetenz,

Rose-Krasnors Konzept der sozialen Kompetenz sowie das Konzept von Halberstadt et al. der Affektiven Sozialen Kompetenz.

2.3.1 Salovey und Mayers Konzept der emotionalen Intelligenz

Salovey und Mayers Konzept der emotionalen Intelligenz baut auf Howard Gardners (1993) Vorstellung von multiplen Intelligenzen auf. Über die bisher vor allem erforschten kognitiven Grundfähigkeiten hinaus gibt es nach Gardner (1993) sechs weitere »Intelligenzen«, darunter auch die interpersonale Intelligenz, die als »Fähigkeit, andere Menschen zu verstehen« umrissen wird, sowie die entsprechende nach innen gerichtete Fähigkeit, nämlich die intrapersonale Intelligenz, die als die Fähigkeit verstanden wird, »ein zutreffendes, wahrheitsgemäßes Modell von sich selbst zu bilden und mit Hilfe dieses Modells erfolgreich im Leben aufzutreten« (Gardner, 1993, S. 9). Salovey und Mayer fassen diese beiden »Intelligenzen« zusammen. Der kognitiven Tradition folgend teilten Salovey und Mayer die »Emotionale Intelligenz« in die in Abbildung 2.2 veranschaulichten Bereiche (domains) ein.

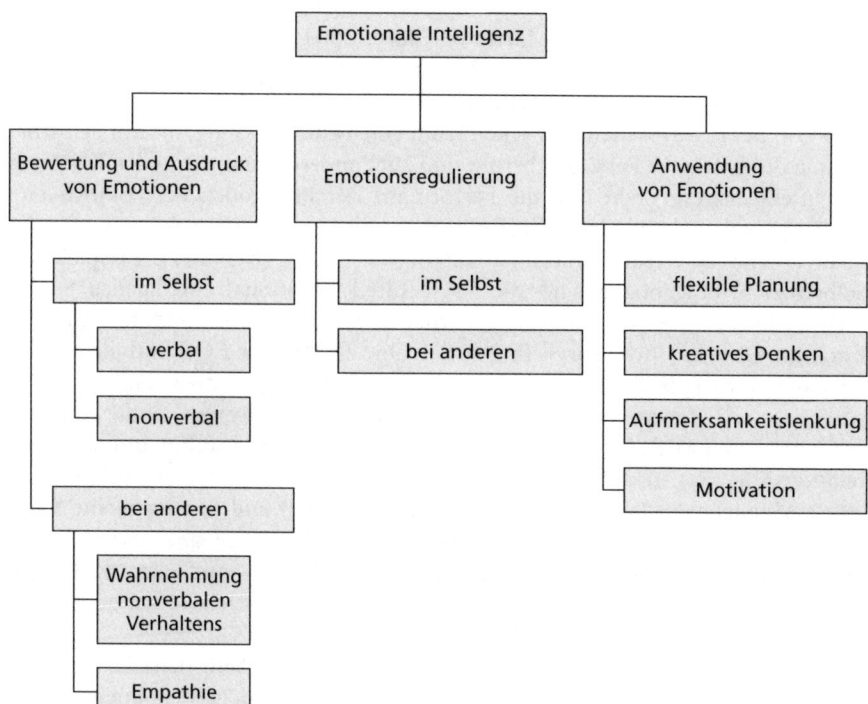

Abb. 2.2: Das Konzept der emotionalen Intelligenz nach Salovey, Hsee und Mayer (1993)

Nach diesem Modell von Salovey, Hsee und Mayer (2001) wäre eine emotional intelligente Person in der Lage, Emotionen bei sich selbst und bei anderen Menschen korrekt wahrzunehmen, sie angemessen verbal und/oder nonverbal auszudrücken und anderen Menschen gegenüber Empathie zu zeigen. Emotional intelligente Menschen sind darüber hinaus imstande, ihre eigenen Emotionen zu regulieren und gegebenenfalls die Gefühlszustände von anderen Personen herauf- oder herunter zu regulieren. Ferner zeichnen sich emotional intelligente Menschen dadurch aus, dass sie ihre Emotionen gezielt einsetzen können, etwa um sich zu motivieren, ihre Aufmerksamkeit zu lenken, sich nicht festzubeißen, sondern bei der Planung flexibel zu bleiben und sich wenn gewünscht in eine kreative Stimmung zu versetzen.

Eine Stärke des Modells von Salovey et al. (2001) besteht darin, bisher getrennt erforschte Bereiche zusammengebracht zu haben. Ausdrucksverhalten, das vorher vor allem in Ethologie (z. B. Hinde, 1988) und Sozialpsychologie (z. B. Ekman, 1988) vermessen wurde, wurde in Zusammenhang gebracht mit der Bewertung von Gefühlen, die vor allem von der kognitiven Emotionsforschung (z. B. Scherer, 2009) untersucht wurde. Ein weiterer Punkt war die Emotionsregulation, die bisher vorrangig unter dem Begriff des »Coping« in allgemeiner und angewandter Psychologie beforscht wurde (z. B. Lazarus, 1991). Hinzugezogen wurden ferner Erkenntnisse zur Anwendung von Emotionen, die in der Stimmungsforschung in der Sozialpsychologie ihren Niederschlag gefunden haben (z. B. Martin & Clore, 2001). Mangel an umfassendem Denken ist diesem Modell sicher nicht vorzuwerfen.

In den letzten 20 Jahren wurden zwei Wege zur Erfassung emotionaler Intelligenz (EI) bei Erwachsenen entwickelt: zum einen eine Messung, die auf Selbstberichten der befragten Personen beruht und zum anderen eine, die in der Tradition der Intelligenztests steht und die Performanz der Probanden bei »objektiven« Testaufgaben zugrunde legt. Ein Beispiel für diese »objektive« Messung ist der »Mayer-Salovey-Caruso Emotional Intelligence Test« (MSCEIT). Beispiele für Selbstbericht-Fragebögen sind die »Self-Rated Emotional Intelligence Scale« (SREIS; Brackett, Rivers, Shiffman, Lerner & Salovey, 2006) und der »Bar-On Emotion Quotient Inventory« (EQ-i; Bar-On, 2002). Der EQ-I enthält 15 Unterskalen, die unter den folgenden fünf Primärskalen angeordnet sind: (1) Intrapersonal (self-regard, emotional self-awareness, assertiveness, independence, self-actualization), 2) Interpersonal (empathy, social responsibility, interpersonal relationship), 3) Adaptability (reality testing, flexibility, problem solving), 4) Stress Management (stress tolerance, impulse control) und 5) Allgemeine Stimmung (general mood, happiness, optimism) (Bar-On, 2002). Daher unterscheidet man zwischen Emotionaler Intelligenz (EI) als »objektiv« mit Testaufgaben zu messender Fähigkeit (ability EI oder performance EI) und EI als selbst berichteter Persönlichkeitseigenschaft (trait EI).

Empirische Studien stellten wiederholt fest, dass die Selbstbericht-Fragebögen und die Fähigkeits-Tests zu EI (MSCEIT) bei Erwachsenen höchstens in moderatem Umfang empirisch zusammenhingen (z. B. Joseph & Newman, 2010; Webb et al., 2013). Beide Arten der Messung weisen Korrelationen in unterschiedlicher Höhe zu Persönlichkeitseigenschaften und kognitiven Fähigkeiten der Probanden auf. Während der MSCEIT im Allgemeinen mit den kognitiven Fähigkeiten der Person einherging (z. B. MacCann, Joseph, Newman & Roberts, 2014), korrelierten die Selbstbericht-Fragebögen mit Persönlichkeitseigenschaften wie Extraversion und zum Teil mit Neurotizismus (EQ-i) oder Offenheit (SREIS). Beide Selbstbericht-Fragebögen wiesen zudem hohe Korrelationen mit depressiven Symptomen auf, die mit dem »Beck's Depression Inventory« gemessen worden waren (Webb et al., 2013).

Vor allem zum MSCEIT liegt inzwischen eine Fülle von Studien vor, die das Konzept und die »objektive« Messung der EI unter die Lupe nehmen. Einige Befunde daraus sind:

- Als schwierig gestaltete es sich, die einzelnen Bereiche der emotionalen Intelligenz psychometrisch überzeugend zu messen. Gegen die Unterskala »Wahrnehmung« des MSCEIT ist einzuwenden, dass Landschaften und Muster als Dinge per se keine Emotionen ausdrücken können. Kontrovers diskutiert wird ferner, ob es zulässig ist, die Werte der Probanden mit den Modalwerten einer »Expertengruppe« zu vergleichen, die der objektiven Messung zugrunde liegt (Maul, 2012; Mayer, Salovey & Caruso, 2012). Eine Analyse der Antworten von N = 729 französisch-sprachigen Probanden des MSCEIT mit Hilfe der Item-Response Theorie erbrachte, dass viele Testitems im psychometrischen Sinne zu einfach waren und kaum zwischen Personen mit hoher und niedriger EI differenzierten (Fiori et al., 2014).
- Eine Meta-Analyse über die acht Unterskalen des MSCEIT bei einer großen Gruppe von Erwachsenen erbrachte Hinweise, dass die Bereiche Wahrnehmung und Anwendung von Emotionen so hoch miteinander korrelierten, dass lediglich die drei Subskalen Wahrnehmung, Verständnis und Regulation von Emotionen als Faktoren in Erscheinung traten (Fan, Jackson, Yang, Tang & Zhang, 2010). Emotionen zum Zwecke von Planung, kreativem Denken oder Motivation anzuwenden, kommt nicht nur aus statistischen, sondern auch aus konzeptuellen Gründen nicht als eigener Faktor in Frage, weil diese Formen der Anwendung von Emotionen Spielarten der Emotionsregulation sind (Gross & Thompson, 2007).
- Die drei Subskalen Wahrnehmung, Verständnis und Regulation des MSCEIT korrelierten in einem Sample von 671 Studierenden mit $r = .48$ relativ hoch untereinander. Zugleich wiesen sie Zusammenhänge zu den klassischen Faktoren der kognitiven Intelligenz auf. Die Zusammenhänge der verschiedenen Indikatoren für EI untereinander waren so eng, dass sie neben den kognitiven Fähigkeiten einen eigenen Faktor der Intelligenz auf der zweiten Ebene (second stratum) gleich unterhalb des Generalfaktors g bildeten (MacCann et al., 2014).
- Eine Meta-Analyse über 62 Korrelationen aus 53 Studien bestätigte die Zusammenhänge zwischen EI (hier gemessen durch alle vier Subskalen von MEIS oder MSCEIT) in Höhe von $r = .26$ mit Verfahren zur überwiegend verbal repräsentierten kristallinen Intelligenz. Diese sind erwartbar, weil EI eine Wissenskomponente hat. Korrelationen in etwa gleicher Höhe traten mit Verfahren zur Messung der fluiden oder nonverbalen Intelligenz auf,

weil zur Beantwortung von manchen Fragen des MSCEIT schlussfolgerndes Denken benötigt wird (Kong, 2014). Daher ist es notwendig, sowohl für die kristallinen als auch für die fluiden Facetten der Intelligenz zu kontrollieren, wenn es in Studien darum geht, den »Mehrwert« von EI bei der Erklärung von wünschenswerten Outcomes wie Erfolg in Schule oder Beruf etc. herauszufinden.
- Manche Studien kommen zu dem Ergebnis, dass Persönlichkeitsmerkmale der Big Five wie Verträglichkeit substantielle Teile des MSCEIT erklären (z. B. Fiori & Antonakis, 2011; Schulte, Ree & Carretta, 2004). Andere Untersuchungen können dies nicht bestätigen (z. B. Webb et al., 2013). Damit ist weiterhin umstritten, ob EI ein Merkmal ist, das sich von bereits bekannten Persönlichkeitsmerkmalen unterscheidet.

Hinzu kommen folgende konzeptuelle Einwände gegen Salovey und Mayers Modell der EI:

- Die Auswahl der Bereiche erscheint willkürlich, denn theoretische oder empirische Gründe, warum gerade diese Bereiche ausgewählt wurden, werden nicht erwähnt.
- Ebenso wie in der kognitiven Intelligenzforschung nehmen Salovey und Mayer an, dass es »richtige« und »falsche« Lösungen der Aufgaben gibt, die sie zur Operationalisierung ihres Konzeptes heranziehen. Dies ist in vielen Fällen im emotionalen Bereich nicht der Fall. Anders gesagt müssen sich Mayer et al. (2012) bei den Aufgaben des MSCEIT auf bestimmte Bereiche beschränken, um psychometrisch überzeugende Werte zu erreichen.

Fragt man nach der Entwicklung von emotionaler Intelligenz bei Kindern und Jugendlichen nach Salovey und Mayer, so kommt man ebenfalls nicht sehr viel weiter. Auch wenn das Modell von Mayer und Salovey (1997) in einem Buch zur emotionalen Entwicklung mit dem Anspruch antritt, die Entwicklung der emotionalen Intelligenz abzubilden, so kann es diesen Anspruch doch nicht einlösen. Denn auch in diesem Modell ist nicht zu verstehen, warum gerade die genannten vier Bereiche ausgewählt wurden, warum also die Bereiche »Wahrnehmung, Bewertung und Ausdruck von Emotionen«, »Emotionale Erleichterung des Denkens«, »Emotionen verstehen und analysieren, Emotionswissen anwenden« und »Reflexive Regulation von Emotionen, um emotionales und intellektuelles Wachstum zu stimulieren« gewählt wurden und nicht andere. Weiterhin sind die postulierten Entwicklungssequenzen zu hinterfragen. Fragwürdig ist ferner, dass Wahrnehmung, Bewertung und Ausdruck von Emotionen von Mayer und Salovey (1997) in einem Bereich zusammengefasst werden, obwohl diese Emotionskomponenten jeweils einer eigenen Entwicklungslogik folgen. So ist das emotionale Ausdrucksverhalten zumindest in rudimentärer Form schon ab der Geburt »einsatzbereit«, während emotionsbezogene Bewertungen sich erst im Laufe der Zeit und im Zusammenhang mit der kognitiven Entwicklung ausbilden und differenzieren (zusammenfassend von Salisch, 2000; ▶ Kap. 3). Nicht zuletzt ist auffällig, dass das gesamte Modell »kognitionslastig« ist.

2.3.2 Saarnis Konzept der emotionalen Kompetenz

Carolyn Saarnis (1999) Modell der emotionalen Kompetenz hat den Vorteil, dass es die emotionale Kompetenz kontextorientierter als Salovey und Mayer konzeptualisiert: Das Individuum ist, vereinfacht ausgedrückt, eingebettet in soziale Beziehungen und kulturelle Kontexte, in denen es die acht in Tabelle 2.2 aufgeführten Fertigkeiten zur Selbstwahrnehmung, zum Gefühlsausdruck, zur Kommunikation über Emotionen (in Beziehungen), zur Regulation von Emotionen sowie zur »emotionalen Selbstwirksamkeit« ausbildet, übt und anwendet. In den Beziehungen zu Familienmitgliedern und Peers lernen Kinder die emotionalen Fertigkeiten, die in ihrer (Sub-)Kultur Gültigkeit haben. Eltern fungieren dabei als »Modellpersonen«, deren emotionale Bewertungen und Verhaltensweisen Kinder imitieren, als »Verstärker«, die mit Lob und Tadel operieren, als »Diskurspartner«, die mit ihren Kindern in einen (non-)verbalen Austausch über Gefühle eintreten sowie als »Manager«, deren eigenes emotionsbezogenes Verhalten mitunter im Widerspruch zu ihren Worten steht. Indem Heranwachsende diese acht emotionsbezogenen Fertigkeiten anwenden, bekräftigen sie sie.

Tab. 2.2: Die acht Fertigkeiten der emotionalen Kompetenz nach Saarni (2002)

1. Bewusstheit über den eigenen emotionalen Zustand. Dies schließt die Möglichkeit ein, dass man mehrere Gefühle gleichzeitig erlebt und auf noch weiter fortgeschrittenem Niveau auch die Bewusstheit, dass man sich aufgrund einer unbewussten Dynamik oder selektiver Aufmerksamkeit seines Gefühlsempfindens nicht immer bewusst ist.

2. Die Fähigkeit, Emotionen anderer Menschen auf der Grundlage von Merkmalen der Situation und des Ausdrucksverhaltens zu erkennen, über die in der Kultur eine gewisse Übereinstimmung im Hinblick auf ihre emotionale Bedeutung besteht.

3. Die Fähigkeit, das Vokabular der Gefühle und die Ausdruckswörter zu benutzen, die in der eigenen (Sub-)Kultur gemeinhin verwendet werden. Auf weiter fortgeschrittenem Niveau bedeutet dies, kulturgebundene Skripte zu erwerben, die Emotionen mit sozialen Rollen verknüpfen.

4. Die Fähigkeit, empathisch auf das emotionale Erleben von anderen Menschen einzugehen.

5. Die Fähigkeit zu merken, dass ein innerlich erlebter emotionaler Zustand nicht notwendigerweise dem nach außen gezeigten Ausdrucksverhalten entspricht, und zwar sowohl bei einem selbst als auch bei anderen Menschen. Auf fortgeschrittenem Niveau kommt die Erkenntnis hinzu, dass das eigene emotionale Ausdrucksverhalten Andere beeinflussen kann, und dies bei der eigenen Selbst-Präsentation zu berücksichtigen.

6. Die Fähigkeit, aversive oder belastende Emotionen und problematische Situationen in adaptiver Weise zu bewältigen, indem man selbstregulative Strategien benutzt, die Intensität oder zeitliche Dauer dieser emotionalen Zustände abmildern (z. B. »stress hardiness«), und indem man effektive Problemlösestrategien einsetzt.

7. Die Bewusstheit, dass die Struktur oder Natur von zwischenmenschlichen Beziehungen zum großen Teil dadurch bestimmt wird, wie Gefühle in ihnen kommuniziert

werden, so zum Beispiel durch das Ausmaß der emotionalen Direktheit oder Echtheit des Ausdrucksverhaltens und durch das Ausmaß an emotionaler Reziprozität oder Symmetrie innerhalb der Beziehung; so ist zum Beispiel reife Intimität zum Teil durch den gegenseitigen Austausch von echten Emotionen gekennzeichnet, während der Austausch von echten Emotionen in der Eltern-Kind-Beziehung auch asymmetrisch verlaufen kann.

8. Die Fähigkeit zur emotionalen Selbstwirksamkeit; die Person ist der Ansicht, dass sie sich im Allgemeinen so fühlt, wie sie sich fühlen möchte. Emotionale Selbstwirksamkeit bedeutet, dass man sein eigenes emotionales Erleben akzeptiert, egal ob es einzigartig und exzentrisch oder in der eigenen Kultur als konventionell gilt. Diese Akzeptanz geht mit den Ansichten der Person darüber einher, was ein erstrebenswertes emotionales »Gleichgewicht« darstellt. Empfindet man emotionale Selbstwirksamkeit, dann lebt man also sowohl in Übereinstimmung mit seiner persönlichen Emotionstheorie* als auch mit seinen eigenen moralischen Werten.

---

* Die persönliche Emotionstheorie leitet sich aus einer konstruktivistischen Position ab. Diese geht davon aus, dass Menschen nach den Überzeugungen und Erwartungen leben, die ihren Erfahrungen Bedeutung geben und sie auf diese Weise formen. Eine persönliche Theorie der Emotionen ist das System eigener Anschauungen und Erklärungen darüber, wie Emotionen »funktionieren«. Man könnte es auch als internales Arbeitsmodell der Emotion ansehen (siehe auch verwandte Literatur zu den Ethnotheorien der Emotion, z. B. Lutz, 1987; Russell, Fernández-Dols, Manstead & Wellenkamp, 1996; Saarni, 1999).

Daher gibt es für Saarni (1999) auch keine richtigen oder falschen Emotionen (in einer bestimmten Situation), sondern nur solche, die im Selbst der Person verankert sind und mit deren Persönlichkeit, insbesondere deren Empfinden von Selbstwirksamkeit übereinstimmen oder eben nicht. Wie emotionales Empfinden und Ausdrucksverhalten bewertet wird, wird damit unter anderem zu einer Frage nach den Zielen eines Menschen. Welche Ziele jemand in einer gegebenen Situation wählt, hängt von seinen Werten ab, seinen (sicherlich kulturell geprägten) Regeln darüber, was eine integre Persönlichkeit ausmacht, und ist damit letztlich eine Frage seiner moralischen Disposition. Emotionale Kompetenz hängt daher nach Saarni (1999) eng mit moralisch positiv bewerteten Fähigkeiten wie Empathie, Selbstkontrolle, Gerechtigkeit und Reziprozität zusammen. Andernfalls könnten Fertigkeiten wie das korrekte Entziffern der Emotionen des Gegenübers auf der Grundlage des Ausdrucksverhaltens oder der Situation auch zu moralisch zweifelhaften Zwecken benutzt werden, etwa um diese Person zu übervorteilen oder um sie besonders heimtückisch zu quälen.

Für psychologisch und pädagogisch Tätige dürfte an Saarnis (1999) Modell besonders reizvoll sein, dass sie die interindividuellen und interkulturellen Unterschiede bei der Ausbildung emotionaler Kompetenz in den Mittelpunkt rückt, die in der Praxis so wichtig sind. Weitere Hinweise zur Erziehung finden sich in Saarni (2002). Für Entwicklungspsychologen ist Saarnis Übersicht über die Entwicklung der acht Fertigkeiten (skills) im Zusammenhang mit der kognitiven und der sozialen Entwicklung eine wahre Fundgrube, die zu weiteren Forschungsarbeiten in diesem Bereich anregt. Kritik an Saarnis (1999) Konzeptualisierung bezieht sich zum einen auf die Tatsache, dass sie die Auswahl der acht Fertigkeiten nicht begründet, sondern diese Sammlung als erweiterbar hinstellt. Zum anderen werden diese Komponenten in einer Liste vorgestellt, die weder nach übergeordneten theoretischen Konzepten noch nach dem empirischen Gesichtspunkt der Überprüfbarkeit geordnet ist.

2.3.3 Rose-Krasnors Konzept der sozialen Kompetenz

Hier setzt Linda Rose-Krasnors (1997) Konzept an. Ausgehend von einer Kritik gängiger Vorstellungen zur sozialen Kompetenz präsentierte Rose-Krasnor (1997) eine Definition, die sich (ähnlich wie Saarnis Beschreibung) an dem Begriff der Effektivität oder Wirksamkeit orientiert. Soziale Kompetenz, so Rose-Krasnor (1997), »is defined as effectiveness in interaction. Effectiveness is broadly conceptualized as the outcome of a system of behaviors, organized to meet short- and long-term developmental needs« both in the self and in others (S. 119). Rose-Krasnors Modell der sozialen Kompetenz (▶ Abb. 2.3) hat die Form einer Pyramide: Das Fundament der Pyramide besteht aus kognitiven und emotionalen Fertigkeiten sowie Werten und Zielen, die im Individuum lokalisiert und zum Teil kontextübergreifend kompetent sind. Ein Beispiel hierfür wäre die direkte konstruktive Kommunikation von Emotionen. Hinzu kommt die Motivation, diese Fertigkeiten auch wirklich im Verhalten einzusetzen. Diese Elemente bilden zusammen die Fertigkeitsebene. Darüber erhebt sich die Indexebene, die diese Fertigkeiten in die verschiedenen Lebenskontexte von Heranwachsenden einbettet, wie etwa in ihre Peer-Beziehungen, ihr Elternhaus oder ihre Schule, weil die gleichen emotionalen Reaktionen auf eine Situation in diesen Kontexten zum Teil unterschiedlich bewertet werden. Dass die Indexebene als sozial oder transaktional verstanden wird, zeigt sich darin, dass hier Urteile über die Qualität von Interaktionen, Beziehungen, Gruppenstatus oder Beurteilungen der eigenen sozialen Selbstwirksamkeit als Indikatoren für die soziale Kompetenz herangezogen werden. Außerdem werden auf der Indexebene »selbstbezogene« und »anderenbezogene« soziale Fertigkeiten voneinander abgegrenzt. Diese Zweiteilung spiegelt die Polarität zwischen »Autonomie« und »Verbundenheit mit Anderen«, die das ganze Leben durchzieht. Eine Folgerung daraus ist, dass effektives (also zielführendes) Verhalten auf unterschiedlichen Wegen realisiert werden kann, nämlich sowohl durch die Veränderung der eigenen Person als auch durch die Veränderung von Anderen.

Die Spitze der Pyramide bildet die theoretische Ebene, die das Konzept der sozialen Kompetenz insgesamt umfasst. Auf dieser Ebene postuliert Rose-Krasnor (1997) (ebenso wie Saarni, 1999), dass soziale Kompetenz transaktional und kontextabhängig ist. Zugleich betont sie, dass sich soziale Kompetenz in Alltagssituationen zeigt und nicht unter Idealbedingungen, wo Fragen der Motivation keine Rolle spielen. Darüber hinaus ist soziale Kompetenz nach Rose-Krasnor (1997) nicht ein vorher zu bestimmendes (richtiges oder falsches) Verhalten, sondern relativ im Hinblick auf die Ziele der Person. Gefühls-Geheimnisse der Freundin anderen Klassenkameraden zu erzählen, mag zwar erfolgreich sein, wenn die Person darauf abzielt, Status in einer bestimmten Peer-Gruppe zu erwerben, aber das gleiche Verhalten dürfte wenig Erfolg versprechen, wenn sie das Ziel hat, die Freundschaft aufrechtzuerhalten.

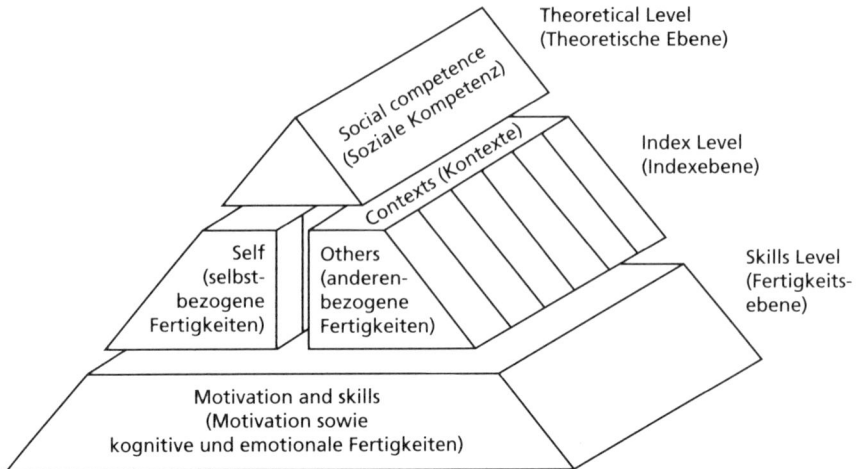

Abb. 2.3: Rose-Krasnors (1997) Pyramidenmodell der sozialen Kompetenz

Die hierarchische Struktur von Rose-Krasnors (1997) Modell ist theoretisch anspruchsvoll und erlaubt differenzierte Hypothesen zur Entwicklung der sozialen Kompetenz. Denn im Verlauf von Kindheit und Jugend bilden sich die einzelnen Fertigkeiten, Werte und Ziele (auf der untersten Ebene) aus, auch im Zusammenhang mit der kognitiven und der sprachlichen Entwicklung. Auf der Indexebene ändert sich im Verlauf der Entwicklung, welche Fertigkeiten für die soziale Kompetenz von Bedeutung sind, denn Beziehungspartner wie Eltern, Peers oder Freunde fordern und fördern im Laufe der Zeit immer differenzierteres und regulierteres (emotionales) Verhalten. So verlangen sich Freundespaare (erst) ab der Präadoleszenz ein emotionsbezogenes Verhalten ab, das nötig ist, um ihre intimen Freundschaften aufrechtzuerhalten, wie etwa gegenseitige emotionale Unterstützung oder Geheimhaltung von vertraulichen Informationen (von Salisch, 2001; Kanevski & von Salisch, 2011). Letztlich verändern sich auf der Indexebene auch die Anzahl und die Wertigkeit der einzelnen Kontexte; diese werden mit dem Alter mehr und sie werden zunehmend selbst gewählt. Auf der obersten Ebene der Theorie ändert sich am wenigsten, denn kompetentes Verhalten bleibt in jedem Alter »der effektive Gebrauch von Ressourcen, um Entwicklungsziele zu erreichen« (Waters & Sroufe, 1983), auch wenn sich Erfolg oder Misserfolg bei diesem Bemühen nur in konkreten, altersangemessenen Aufgaben, Kontexten oder Fertigkeiten messen lässt.

2.3.4 Halberstadt, Denham und Dunsmores Konzept der Affektiven Sozialen Kompetenz (ASK)

Das Modell von Halberstadt, Denham und Dunsmore (2001) zur Affektiven Sozialen Kompetenz (▶ Abb. 2.4), das im Original die Form eines Windrades hat, ist zeitlich gesehen das jüngste Modell. Im Mittelpunkt dieses Modells steht nicht die Person (und ihre interindividuell unterschiedlich ausgeprägten emotionalen Fähigkeiten und Fertigkeiten), sondern die Interaktion zwischen (mindestens) zwei Beteiligten. Der Fokus auf die Kommunikation bedingt, dass das Modell aus drei großen Komponenten (oder Prozessen) besteht, nämlich aus »Senden«, »Empfangen« und »Erleben« von Gefühlen. Innerhalb dieser drei Komponenten sind jeweils vier Fertigkeiten angeordnet, nämlich

1. Bewusstheit (über die »Notwendigkeit«, Gefühle zu senden, zu empfangen oder zu erleben),
2. Identifizierung der beteiligten Emotion(en),
3. Abstimmung mit dem (sozialen) Kontext, sowie
4. die Fähigkeit, den jeweiligen Prozess im Hinblick auf parallele Bedürfnisse und Signale zu regulieren oder zu »managen«, also klare und normativ angemessene (emotionsbezogene) Botschaften zu beachten, irreführende Zeichen zu ignorieren und sich auf empfundene, relevante und in der Situation nützliche (Emotions-)Signale zu konzentrieren.

Im Mittelpunkt dieser drei Komponenten steht ein Selbst, das mit stabilen interindividuell unterschiedlich ausgeprägten Merkmalen wie Temperament, Selbstkonzept oder internalen Arbeitsmodellen ausgestattet ist. Dieses Selbst verfügt zudem über unterschiedliche Wissensbestände (etwa zur Notwendigkeit der emotionalen Ausdrucksmodulation durch Darbietungsregeln) und über ein Mehr oder Weniger an Motivation und Flexibilität in der Interaktion. Die konkrete Interaktion wird weiterhin beeinflusst von einem Kontext, der durch Zeitgeschichte, Kultur, Familie, zwischenmenschliche Beziehungen, körperliche und emotionale Bedürfnisse sowie Bedingungen geprägt ist. Sozial-affektiv kompetentes Verhalten besteht in der angemessenen Übereinstimmung zwischen dem Erleben, dem Senden und dem Empfangen von Emotionen und emotionsbezogenen Botschaften sowie in der Fähigkeit, den Fluss der Interaktion zwischen Sender und Empfänger aufrechtzuerhalten.

Ein Beispiel mag die prozessorientierte Natur dieser Konzeption affektiv-sozialer Kompetenz erhellen: Halberstadt et al. (2001) schildern als Beispiel, dass Kenya zum wiederholten Male von dem Haupt-Störenfried in ihrer 3. Klasse provoziert wird. Wir fassen zusammen: Was das Senden emotionaler Botschaften als erste Komponente betrifft, so muss Kenya – wenn sie sozial-affektiv kompetent ist – bewusst wahrnehmen, dass sie jetzt dem Stänkerer ein klares und deutliches emotionales Signal senden muss. Andernfalls, so weiß sie aus Erfahrung, dauert die Schikane den ganzen Tag an. Dann muss sie identifizieren, welches Gefühl am wirksamsten ist, um die Provokationen dauerhaft zu stoppen (bei anderen Zielen wären andere Emotionen hilfreicher). Nützlich ist, so merkt Kenya bald, Ärger und Zuversicht in dieser Situation zu vermitteln, auch wenn sie diese Gefühle im Moment gar nicht empfindet. Wichtig ist für sie ferner, den Kontext zu beachten, etwa in Gestalt der Schulregeln, die körperliche Auseinandersetzungen unter den Schülerinnen und Schülern bestrafen. Außerdem sollte sie wissen, dass sie sofort reagieren muss, denn jedes Zögern würde ihr Peiniger als Angst auslegen. Daher ist es für sie wichtig, den Ausdruck von Angst komplett zu unterdrücken. Vielleicht könnte sie auch Überraschung simulieren, um etwa vorzuspielen, dass die Lehrkraft gerade die Klasse betritt, denn das würde den Übergriff sofort beenden.

Bei der zweiten Komponente, dem Empfangen von emotionalen Botschaften, ist Kenya ebenfalls gefordert, überhaupt zu bemerken, dass der Störenfried sie provozieren will. Das heißt, sie muss seine Emotionen und seine Ziele korrekt identifizieren. Der Kontext ist auch beim Empfangen relevant: Kenya sollte wissen, dass Sticheleien, die ihr Peiniger in Anwesenheit der Lehrperson nur flüstert, ebenso ernst zu nehmen sind wie seine laut gebrüllten Drohungen auf dem Schulhof. Was das »Managen« des Empfangs angeht, so muss Kenya zwischen relevanten und irrelevanten Botschaften unterscheiden können. Ein Lächeln des Stänkerers darf sie nicht als dauerhaftes Friedensangebot missverstehen.

Im Hinblick auf die dritte Komponente, dem emotionalen Erleben, muss Kenya erkennen, welche Gefühle sie gerade fühlt. Den Hintergrund (Kontext) zu Kenyas momentanen Empfindungen bilden ihre emotionalen Erlebnisse mit anderen Personen früher am Tage, die noch nachwirken, ihre Erfahrungen mit diesem Quälgeist in der Vergangenheit sowie ihre allgemeine (emotionale) Befindlichkeit an diesem Tag. Bei ihren Bemühungen, ihr Gefühlserleben zu regulieren, sollte Kenya darauf achten, empfundene, relevante und nützliche Gefühle, wie etwa ihren Ärger zu verstärken, um ihrem Peiniger Einhalt zu gebieten, auch wenn dies bedeutet, dass sie sich für eine Weile etwas weniger wohlfühlt. Irrelevante Empfindungen, wie ihre Aufregung wegen eines Streits mit ihrer Schwester am Morgen, sollte sie in dieser Situation besser ausblenden, damit sie sich besser auf die Abwehr des Stänkerers konzentrieren kann. Soweit das Beispiel.

Halberstadt et al. (2001) postulieren, dass sich die vier Fertigkeiten Bewusstheit, Identifikation, Kontextabstimmung und »Management« oder Regulierung in jeder der drei Komponenten in eben dieser Reihenfolge entwickeln. Sie argumentieren, dass die Bewusstheit, dass ein Gefühl (zum Senden, Empfangen oder Erleben) vorliegt, der (korrekten) Identifizierung dieses Gefühls entwicklungsmäßig vorgeordnet ist. Damit die nächsthöhere Fertigkeit erworben werden kann, so behaupten die drei Autorinnen, muss die vorausgehende zumindest in rudimentärer Form ausgebildet sein.

Zwischen den Fertigkeiten innerhalb der verschiedenen Komponenten bestehen Wechselbeziehungen: Je besser Menschen die emotionalen Botschaften von Anderen erkennen, desto genauer dürften sie auch ihre eigenen Gefühle wahrnehmen. Quantitative Veränderungen ergeben sich durch Erfahrung und Übung in den einzelnen Fertigkeiten, qualitative Umwälzungen erfolgen im Zusammenhang mit der kognitiven Entwicklung. In der Entwicklung verändert sich insofern auch das Selbst, das ein immer komplexeres Wissen über die Regeln der Modulation von Ausdruck und Erleben von Gefühlen erwirbt. Halberstadt

2.3 Emotionale Kompetenz: Modelle und Modellvergleich

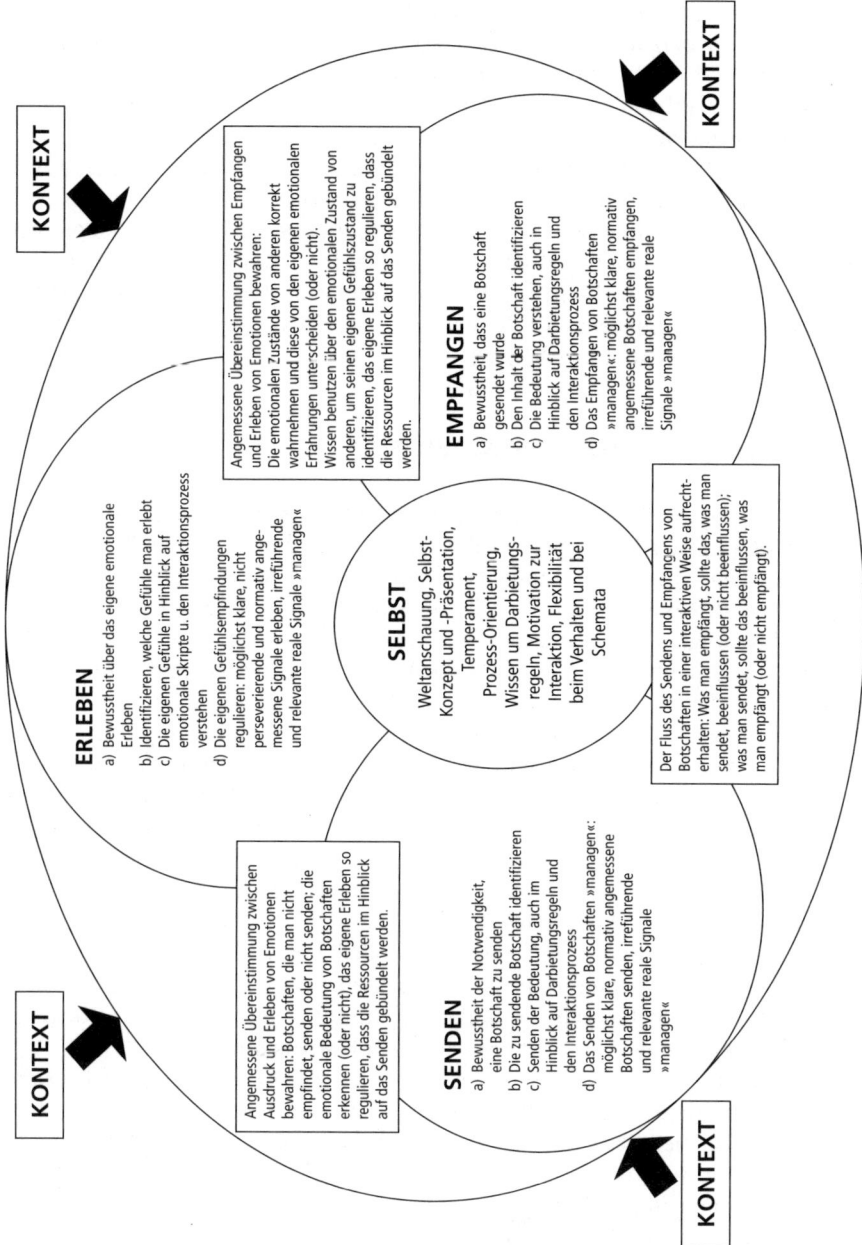

Abb. 2.4: Affektive soziale Kompetenz (nach Halberstadt, Denham & Dunsmore 2001)

et al. (2001) behaupten ferner, dass die Struktur ihres Modells der affektiven sozialen Kompetenz über die ganze Lebensspanne und über alle Kulturen gleich bleibt, während die Erscheinungsformen dieser Fertigkeiten auf der Ebene des Verhaltens in Abhängigkeit von Alter, Kultur und Zielen der Person unterschiedlich ausfallen.

Beim Modell von Halberstadt et al. (2001) drängt sich die Frage auf, inwiefern der Beitrag eines Individuums als sozial-emotional kompetent zu verstehen ist, wenn dieser doch von den Vorgaben des Interaktionspartners abhängt. Sendet das Gegenüber emotional ambivalente, unklare oder irrelevante Botschaften, dann hat das Individuum es schwerer, kompetent darauf zu antworten. Die sozial-affektive Kompetenz, die die Beteiligten von Moment zu Moment zeigen, ist damit eng miteinander verbunden.

2.3.5 Vergleich der vier Modelle

Auf den vorangegangenen Seiten wurden vier Modelle zur Entwicklung emotionaler (und sozialer) Kompetenz in der Reihenfolge ihrer Veröffentlichung vorgestellt: Zuerst wurde das Modell von Salovey und Mayer (1990) publiziert, etwa zeitgleich ein Vorläufer-Modell von Saarni (1990). Gegen Ende der neunziger Jahre folgten das Konzept von Rose-Krasnor (1997) und Anfang des neuen Jahrtausends das Windradmodell von Halberstadt und Kolleginnen (2001). Aus diesem historischen Blickwinkel wird deutlich, dass jedes Modell auf seinen Vorläufern aufbaut, manchmal explizit, manchmal implizit. Auf der Ebene der »Fertigkeiten« (der untersten Ebene in Rose-Krasnors Pyramidenmodell) lassen sich viele Gemeinsamkeiten zwischen ihnen finden. So lassen sich die von Salovey und Mayer (1990) proklamierten Bereiche emotionaler Intelligenz mit geringen Schwierigkeiten in die acht Fertigkeiten von Saarni (1999) überführen. Die »Bewusstheit über den emotionalen Zustand« (erste Fertigkeit bei Saarni) lässt sich beispielsweise als Teilfertigkeit unter »Bewertung (und Ausdruck) von Emotionen im Selbst« im Modell von Salovey et al. (2001) subsumieren etc. Diese Komponente der korrekten Selbstwahrnehmung der eigenen emotionalen Befindlichkeit findet sich unter dem Stichpunkt »Korrekte Identifizierung des eigenen Erlebens« auch bei Halberstadt et al. (2001).

Auch wenn sich die Komponenten in den verschiedenen Modellen überlappen, so ist der theoretische »Überbau« doch unterschiedlich: Salovey und Mayer (1990) orientieren sich an der Intelligenzforschung, Saarni (1999) nimmt eine sozial-konstruktivistische Haltung ein, Rose-Krasnor (1997) gründet ihr Modell auf empirischen Forschungsergebnissen zur sozialen Entwicklung, und Halberstadt et al. (2001) gehen von einem Kommunikationsmodell aus. Betrachtet man diese Unterschiede von einer übergeordneten Warte aus, so treten sie vor allem an folgenden vier Punkten zutage:

1. Unterschiede bei der Begründung der Auswahl: Die historisch ältesten Modelle von Salovey und Mayer (1990) und von Saarni (1990, 1999) präsentieren jeweils Listen von einzelnen Fertigkeiten, deren Auswahl nicht weiter themati-

siert wird. Vielmehr geht Saarni (1999) davon aus, dass sich die Liste der wünschenswerten Fertigkeiten noch verlängern ließe, je nach theoretischer Orientierung oder nach Genauigkeit der Darstellung. Problematisch an solchen Listen ist zum einen, dass die hier benannten »Tugenden« mitunter willkürlich und kulturspezifisch sind, oft vage formuliert und schwierig zu messen sind sowie z. T. empirisch nicht fundiert sind. Zum anderen schreiben solche Listen den Status quo fest, der optimales Verhalten zum Teil gar nicht enthält (Rose-Krasnor, 1997). Denn oft ist es einfacher, emotional inkompetentes Verhalten zu beschreiben als emotional kompetentes! Halberstadt und Kolleginnen (2001) begründen zwar ihre Auswahl mit dem Hinweis auf ihr Kommunikationsmodell, schließen dadurch aber kognitive Repräsentationen, die über das unmittelbare (emotionale) Erleben hinausgehen, weitgehend aus (Saarni, 2001).

2. Unterschiede beim Aufbau: Mehrere theoretisch begründete Gliederungsebenen weisen nur die Modelle von Rose-Krasnor (1997) und von Halberstadt et al. (2001) auf, die dadurch reichhaltiger und anspruchsvoller sind und differenziertere Vorhersagen erlauben.

3. Unterschiede bei der Perspektive: Salovey und Mayer (1990) gehen von einem isolierten Individuum aus. Saarni (1999) und Rose-Krasnor (1997) proklamieren zwar eine transaktionale Perspektive, diese bleibt aber ziemlich abstrakt. Welche Komponenten emotionaler Kompetenz (auf welcher Ebene) auf welche Weise von Transaktionen beeinflusst werden, wird von diesen beiden Autorinnen nicht weiter ausmodelliert. Das Kommunikationsmodell von Halberstadt et al. (2001) hat dagegen den Vorteil, dass die Transaktionsakte selbst im Mittelpunkt dieses Modells stehen: Erleben, Senden und Empfangen von Gefühlen müssen jeweils im Hinblick auf den (sozialen) Kontext und den »Prozess der Interaktion« überprüft werden. Auf dieser Mikro-Ebene wird beispielsweise erfasst, dass ein Zögern beim Ausdruck von Ärger nach einem Übergriff eines Stänkerers ebenso problematisch sein kann wie ein impulsiver Ausbruch der Freude, wenn man gegen den Freund ein Spiel gewonnen hat. Sozialisationseinflüsse auf der Ebene der konkreten Interaktionen lassen sich am genauesten mit Hilfe dieses Modells nachzeichnen, aber wie sich diese momentanen Transaktionen in überdauernde Strukturen und Merkmale kristallisieren, bleibt unklar.

4. Unterschiede in der Sozialisation und Entwicklung der einzelnen Kompetenzen: Mit der Entwicklung kommt eine weitere Dimension in die ohnehin schon recht komplexen Modelle, die meist inhaltlich nicht ausreichend gefüllt wird. Lediglich Saarni (1999) gelingt es, in ihrem Buch einen umfassenden Überblick über die Forschungsarbeiten zur Entwicklung der einzelnen Kompetenzbereiche zu geben.

Trotz aller Unterschiede ist diesen vier Modellen gemeinsam, dass das Verständnis von eigenen und fremden Emotionen und die Regulation dieser Zustände zentrale Komponenten emotionaler Kompetenz oder Intelligenz sind. Gerade das Wissen über Emotionen lässt sich noch aufgliedern. Dies geschieht im nächsten Kapitel, das zugleich der Entwicklung dieser Komponenten im Kindes- und Jugendalter gewidmet ist.

3 Entwicklung emotionaler Kompetenz bei Kindern und Jugendlichen

Im Laufe ihres jungen Lebens sammeln Kinder viele Erfahrungen mit Emotionen – mit ihren eigenen und denen ihrer Mitmenschen. Dies ist eine wichtige Aufgabe für Kinder, damit sie verstehen (und vorhersagen können), welche Emotionen Familienmitglieder, Spielkameraden und Betreuungspersonen empfinden und um das eigene emotionale Ausdrucksverhalten daran auszurichten. Ihr Wohlbefinden hängt von diesen nahen Mitmenschen in vielerlei Hinsicht ab.

Vor dem Eintritt in den Kindergarten beschränken sich die sozialen Interaktionen meist auf Eltern, Geschwister und andere Freunde und Verwandte. Im Kindergarten steht das Kind dann einer Vielzahl von ganz neuen Eindrücken und Erfahrungen gegenüber, die es – auch außerhalb des geschützten familiären Rahmens – vermehrt alleine bewältigen muss (Denham, 1998). Das Kind wird herausgefordert, neue Fähigkeiten und Fertigkeiten aktiv zu entwickeln, um auch zukünftigen Anforderungen und Aufgaben gewachsen zu sein. »Aus dem Kleinkind, das bei jeder Emotionsepisode noch der Unterstützung seiner Bezugsperson bedarf, wird ein Kind, das seine Handlungen mittels seiner Emotionen und Volitionen selbstständig regulieren kann, ebenso wie es auch seine Emotionen bereits willkürlich in gewissen Grenzen beeinflussen kann« (Holodynski, 2006, S. 85). So müssen die Kinder den Umgang mit eigenen und fremden Emotionen im Kontakt mit Gleichaltrigen und Erzieher/innen zunächst noch lernen. Dies bildet wiederum die Voraussetzung dafür, dass sie sich in vielen sozialen Situationen im Kindergarten kompetent verhalten können. »Aufgrund der herausragenden Bedeutung von Emotionen für die soziale Interaktion kann der Erwerb emotionaler Kompetenz als eine der wichtigsten Entwicklungsaufgaben (...) im Kleinkind- und Vorschulalter bezeichnet werden. Sie fördert und bildet eine Grundlage für andere Entwicklungsbereiche« (Mayer, Heim & Scheithauer, 2007, S. 65).

Dieses Kapitel gibt einen Überblick über die verschiedenen Phasen und Teilbereiche der Entwicklung emotionaler Kompetenzen, die Kinder und Jugendliche erwerben. Als gesicherte Erkenntnis gilt, dass bereits Neugeborene über ein »Repertoire an emotionsrelevanten Fähigkeiten«, sogenannten »Vorläuferemotionen« (Holodynski, 2006) verfügen. Das Neugeborene ist darauf angewiesen, mit Hilfe des emotionalen Ausdrucks von Distress oder Zufriedenheit seine Bezugspersonen dazu zu veranlassen, ihm Zuwendung zukommen zu lassen und seine Versorgung zu sichern. Schon in den ersten Lebenswochen sind Säuglinge empfänglich für Emotionsausdrücke im Gesicht und der Stimme ihrer Bezugspersonen. Sie können positive von negativen Emotionen (Wohlbehagen/Missbehagen und Grad der Erregtheit) schon sehr früh unterscheiden (Hoehl, 2014) und beginnen, entsprechend des gezeigten Gefühls zu reagieren (Haviland & Lelwica, 1987; zusammenfassend von Salisch, 2000). Im Laufe des Heranwachsens schränken die Bezugspersonen die Fürsorge für ihre Kinder immer weiter ein, um gleichzeitig eine »stetig wachsende Selbstständigkeit in der Regulation seiner Handlungen und Emotionen zu fordern und seine Handlungen an den kulturellen Normen und Regeln zu bewerten« (Holodynski, 2006, S. 121).

Wesentliche Entwicklungsschritte der emotionalen Kompetenz vollziehen sich in den ersten Lebensjahren (Pons, Harris & de Rosnay, 2004) und interindividuelle Unterschiede im Emotionsverständnis der Kinder werden mit dem Alter zunehmend stabiler (Pons & Harris, 2005; von Salisch, Klinkhammer & Hänel, 2015). Bettina Janke (2002) war eine der ersten, die ein übersichtliches und detailliertes Buch zu diesem Thema (»Entwicklung des Emotionswissens bei Kindern«) im deutschen Sprachraum schrieb. Auf den folgenden Seiten werden die einzelnen Fortschritte nach ihrem ungefähren Erscheinungszeitpunkt geordnet (Pons & Harris, 2002). Dabei wird der Schwerpunkt auf folgende Entwicklungsschritte gelegt:

- Emotionale Bewusstheit und Ausdrucksverhalten,
- Erkennen und Benennen von Emotionen,
- Situationen als emotionsauslösende Ereignisse,
- Wünsche als Auslöser für Emotionen,
- Erinnerungen als Auslöser für Emotionen,
- Emotionale Perspektivenübernahme,
- Wahre und vorgetäuschte Emotionen,
- Gemischte und ambivalente Emotionen,
- Moralische Emotionen,
- Emotionsregulation.

Schon jetzt ist deutlich, dass sich die Entwicklung von Emotionsausdruck und Emotionswissen nur schwer trennen lässt und beide eng mit der sprachlichen und der kognitiven Entwicklung verknüpft sind (von Salisch, Klinkhammer & Hänel, 2015). Kapitel 4 geht auf diese interindividuellen Unterschiede bei Emotionswissen und Emotionsregulation näher ein.

3.1 Emotionale Bewusstheit und Ausdrucksverhalten

Das emotionale Ausdrucksverhalten dient unter anderem zur Herstellung und Aufrechterhaltung des Kontaktes mit der Umwelt sowie zur Kommunikation in zwischenmenschlichen Beziehungen. Es beschränkt sich nicht nur auf den von außen beobachtbaren Gesichtsausdruck bzw. die Mimik, sondern beinhaltet auch den Körperduktus, die Gestik, den Klang der Stimme bzw. Geräusche, das Blickverhalten, das Verhalten im Raum, Berührungen und die Art, wie Spiele oder kreative Materialien verwendet werden (Holodynski, 2006; Hyson, 1994).

Die bereits in den ersten Lebenswochen beobachtbaren emotionalen Gesichtsausdrücke von Neugeborenen nehmen in den darauffolgenden Wochen stetig zu und werden immer einheitlicher und häufiger dargeboten (z. T. auch als Reaktion auf menschliche Gesichter; Malatesta & Haviland, 1982). Alan Sroufe (1996) bezeichnet die Emotionen des Neugeborenen als »Vorläuferemotionen«, weil sie eher Reflexen als später ausgebildeten Emotionen ähneln. Er unterscheidet fünf verschiedene Ausdrucksmuster, die von Neugeborenen gezeigt werden: Distress, Interesse, endogenes Wohlbehagen, Erschrecken/Furcht und Ekel. Aus diesen Vorläuferemotionen differenzieren sich durch die Auseinandersetzung mit der Umwelt (vor allem mit den Bezugspersonen) die folgenden funktionsfähigen Emotionssysteme aus: Wohlbehagen, Freude, Zuneigung und Belustigung, Frustration, Ärger und Trotz, Furcht und Verlegenheit, Überraschung, Kummer und Traurigkeit. Kinder im Alter zwischen zehn Wochen und sechs Monaten reagieren bereits sehr differenziert auf das Gesicht ihrer Mutter, wobei ihr Verhalten mehr als bloße Imitation des mütterlichen Ausdrucks interpretiert werden kann (Haviland & Lelwica, 1987). Die ersten Anzeichen für den Gesichtsausdruck von Stolz, Scham, Schüchternheit, Verlegenheit, Verachtung oder Schuld treten bereits unregelmäßig in einem Alter von ca. sechs Monaten auf und werden später konstanter. Schon mit zwei Jahren zeigen manche Kinder stabile interindividuelle Unterschiede im Hinblick auf den Ausdruck und Verhaltenstendenzen bei verschiedenen Gefühlen (Denham, 1998). Im Alter von drei Jahren gelingt es Kindern bereits bis zu einem gewissen Grad, ihren Emotionsausdruck an die Situation anzupassen. Damit schaffen sie es, ihre Mitmenschen zu täuschen, indem sie zum Beispiel angeben, einen attraktiven (aber verbotenen) Spielzeugzoo nicht angeschaut zu haben (Lewis, Stanger & Sullivan, 1989).

Die Fähigkeit, willkürlich geforderte Gesichtsbewegungen nachzuahmen, entwickelt sich in einer regelmäßigen Weise im Alter von vier bis 14 Jahren (Kwint, 1934, nach Izard, 1999). Zweijährigen gelingt diese Aufgabe noch nicht, während Dreijährige bereits den Gesichtsausdruck von Freude und Überraschung willentlich zeigen können. Bei den vier- und fünfjährigen Kindern bestehen Unterschiede zu den Darbietungs-Fähigkeiten der Erwachsenen nur noch beim Ausdruck von Überraschung und Ärger, den Erwachsene problemlos beherrschen. Alle Altersgruppen haben Schwierigkeiten mit der einwandfreien Wiedergabe des Gesichtsausdrucks von Angst und Ekel. Zu diesen Ergebnissen kamen Lewis, Sullivan und Vasen (1987) in einer Untersuchung mit 37 Kindern im Alter von zwei bis fünf Jahren sowie zehn erwachsenen Versuchsteilnehmern.

Sobald ein Kind einen gewissen Grad erreicht hat, sich seiner selbst bewusst und zur Selbstreflexion fähig zu sein, kann es selbstbezogene und soziale Emotionen wie Stolz, Scham, Schuld, Neid oder Verlegenheit wahrnehmen (Lewis, 2014). Voraussetzung hierfür ist das Wissen, die Akzeptanz und die Anwendung von Verhaltensregeln (Denham, 1998), die meist durch die Eltern oder

3.1 Emotionale Bewusstheit und Ausdrucksverhalten

andere Sozialisationseinflüsse vermittelt werden. Lewis (2014) hat diese Erkenntnis in einem theoretischen Modell integriert. Er sieht die Ausbildung eines Bewusstseins ebenfalls als Voraussetzung für die emotionale Entwicklung an. Sein theoretisches Modell, das in Abbildung 3.1 veranschaulicht ist, beinhaltet, dass sich die Emotionsentwicklung in den ersten drei Lebensjahren in mehreren aufeinander aufbauenden Stufen vollzieht, die in engem Zusammenhang mit kognitiven Reifungsschritten stehen.

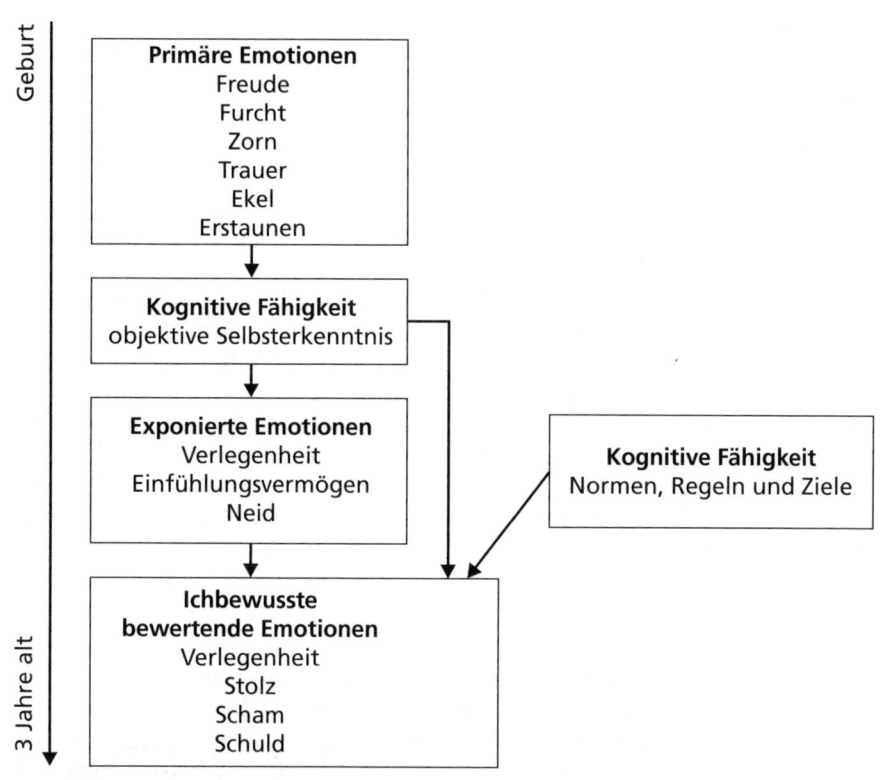

```
Geburt
   │
   ▼
┌─────────────────────┐
│  Primäre Emotionen  │
│       Freude        │
│       Furcht        │
│        Zorn         │
│       Trauer        │
│        Ekel         │
│      Erstaunen      │
└──────────┬──────────┘
           ▼
┌─────────────────────┐
│ Kognitive Fähigkeit │
│ objektive Selbsterkenntnis │
└──────────┬──────────┘
           ▼
┌─────────────────────┐                    ┌─────────────────────┐
│ Exponierte Emotionen│                    │ Kognitive Fähigkeit │
│    Verlegenheit     │                    │ Normen, Regeln und Ziele │
│  Einfühlungsvermögen│                    └──────────┬──────────┘
│        Neid         │                               │
└──────────┬──────────┘                               │
           ▼                                          │
┌─────────────────────┐◄─────────────────────────────┘
│     Ichbewusste     │
│ bewertende Emotionen│
│    Verlegenheit     │
│        Stolz        │
│        Scham        │
│       Schuld        │
└─────────────────────┘
   ▲
3 Jahre alt
```

Abb. 3.1: Schema zur Entwicklung selbstbewusster bewertender Emotionen (Lewis, 2014, S. 19; übersetzt nach Lewis, 1992, S. 121)

Bei der Geburt verfügt der Säugling über ein dreigeteiltes emotionales Ausdrucksvermögen: Er zeigt Distress durch Weinen und Irritabilität, lächelt bei Vergnügen und zeigt Aufmerksamkeit und Interesse an der Umwelt. Spätestens im Alter von drei Monaten tauchen freudvolle Äußerungen auf (Lächeln, Aufregung, Freude), wenn das Kind vertraute Ereignisse erlebt (z. B. bekannte Menschen oder Tiere). In diesem Alter wird auch Kummer oder Traurigkeit sichtbar, vor allem beim Entzug positiver Ereignisse, wenn die Mutter beispielsweise aufhört, mit dem Kind zu interagieren. Auch Ekel zeigt sich schon in diesem Alter durch das Ausspucken unangenehm schmeckender Dinge. Ein regelhafter und unterscheidbarer Ärger bei Frustration bildet sich ab dem zweiten, spätestens aber zwischen dem vierten und dem sechsten Lebensmonat. Furcht ist erst ein wenig später zu beobachten, nämlich ab dem siebten bis achten Lebensmonat, weil es fortgeschrittene kognitive Fähigkeiten voraussetzt, wie etwa verschiedene Situationen miteinander zu vergleichen. Die Emotion Überraschung ist mit sechs Monaten sicher nachweisbar, kann aber auch oft schon vorher wahrgenommen werden, etwa wenn erwartete Ereignisse nicht eintreffen. Lewis (2014) stellt zusammenfassend fest, dass sich in den ersten acht bis neun Lebensmonaten die sechs primären Emotionen in emotionalen Verhaltensmustern (»action patterns«) offenbaren. Diese müssen nicht gelernt werden, werden aber natürlich von der Umwelt, in der das Kind aufwächst, beeinflusst.

In der zweiten Hälfte des zweiten Lebensjahres werden die von Geburt an vorhandenen emotionalen Verhaltensmuster in das sich entwickelnde Ich-Bewusstsein einbezogen. Dieser Entwicklungsschritt zeigt sich zum Beispiel in dem kindlichen Satz »Ich bin glücklich« oder dem eigenen Wiedererkennen auf Fotos oder im Spiegel. Da das Kind nun fähig ist, sich objektiv als eigenständige Person wahrzunehmen (objektive Selbsterkenntnis), hat dies zur Folge, dass sich auf der zweiten Stufe die selbstbewussten (exponierten) Emotionen Verlegenheit, Einfühlungsvermögen und Neid entwickeln. Eine frühe Form der Verlegenheit (»exposure embarrassment«) beginnen einige Kinder im Alter von 15 bis 24 Monaten zu zeigen, wenn sie im Mittelpunkt der Aufmerksamkeit stehen (z. B. ein neues Kleidungsstück vorführen sollen). Sie senken dann den Blick, erröten oder verstecken ihr Gesicht hinter den Händen (Siegler, DeLoache & Eisenberg, 2005). Sie ist von der Verlegenheit mit Bewertung auf der nachfolgenden Stufe abzugrenzen. Die exponierten Emotionen sind »ihrem Wesen nach nicht-bewertend: Sie entstehen nicht aus richtigen oder falschen Gedanken, Handlungen oder Gefühlen« (Lewis, 1992, S. 120). Zur Erhebung der exponierten Emotionen reicht der Gesichtsausdruck nicht mehr aus, sondern es muss nun auch die Körpersprache und der stimmliche Ausdruck der Kinder in die Beobachtungen einbezogen werden.

Sobald das Kind im Verlauf seiner fortschreitenden kognitiven Entwicklung beginnt, sein Verhalten mit den Verhaltenserwartungen, Regeln und Zielen seiner Eltern und Betreuungspersonen sowie den Anforderungen seiner Kultur abzugleichen (was meist irgendwann zwischen dem 30. und 36. Lebensmonat beginnt), wird die Grundlage für die dritte Stufe der emotionalen Entwicklung gelegt: die der ichbewussten bewertenden Emotionen. Sie umfassen die komplexen Emotionen Stolz, Scham und Schuld sowie Verlegenheit (»evaluative embarrassment«), die aus Bewertungen resultiert, wenn etwa eine Aufgabe nicht in der vorgegebenen Zeit erledigt oder eine Anforderung nicht erfüllt wurde. Im Gegensatz zur einfachen Verlegenheit, wenn man unbeabsichtigt in den Mittelpunkt der Aufmerksamkeit geraten ist, ist die bewertungsbasierte Verlegenheit noch belastender für das Kind, da sie aus einer erwarteten negativen Bewertung seiner Person resultiert. Mit drei Jahren besitzt ein Kind nach Lewis (2014) ein komplexes Repertoire aus verschiedenen Emotionen, die sich im Verlauf der darauffolgenden Jahre noch weiter ausdifferenzieren. Diese Entwicklungsprozesse gleichen einem »Transformationsprozess«, in dem sich die Emotionen der frühen Stufen weiterentwickeln, aber trotzdem bestehen bleiben (Lewis, 1992). Neben dem Gesichtsausdruck werden Laute und Stimmqualität ein immer wichtigeres Werkzeug zum Mitteilen von Gefühlen.

3.2 Erkennen und Benennen von Emotionen

Zwischen dem zweiten und dem fünften Lebensjahr machen Kinder schnelle Fortschritte bei der Fähigkeit, das emotionale Ausdrucksverhalten auf den Gesichtern von anderen Menschen oder auf Fotos nicht nur zu erkennen, sondern auch mit Worten zu benennen (Denham, 1998; Pons et al., 2004). Neben der Verbesserung der generellen Erkennensleistung mit zunehmendem Alter spielt auch die Intensität des dargebotenen Gesichtsausdrucks eine Rolle. Je intensiver der Ausdruck dargestellt wird, desto genauer konnten 4- bis 15-Jährige Emotionen in einem emotion-matching-task zuordnen (Herba, Landau, Russell, Ecker & Phillips, 2006). Oatley und Jenkins (1996) geben an, dass Kinder bereits mit ungefähr 18 Monaten beginnen, über innere Zustände zu sprechen. Mit zunehmendem Alter verbringen die Kinder allmählich immer mehr Zeit damit, sich über Emotionen zu unterhalten. Mit zwei bis drei Jahren beginnen Kinder, einfache Emotionswörter wie »glücklich« oder »traurig« in einfachen Zusammenhängen mit Situationen zu verwenden. Die Benennung von Emotionen und anderen mentalen Zuständen nimmt in den darauffolgenden Monaten stetig zu (zusammenfassend von Salisch, 2000). Verschiedene Studien weisen darauf hin, dass »Kinder ab einem Alter von drei Jahren die Ursachen eigener und fremder Emotionen angemessen benennen bzw. zuordnen konnten. Es zeigte sich zudem, dass die Kinder eindeutig zwischen negativen und positiven Emotionen trennten« (Hascher, 1994, S. 33).

Harris, Olthof und Meerum Terwogt (1981) fragten Kinder direkt nach ihrer emotionalen Bewusstheit: »Woher weißt du, dass du glücklich bist?« Dabei stellte sich heraus, dass sich Sechsjährige bei der Beantwortung dieser Frage auf direkt beobachtbare, externe Sachverhalte beziehen. Zum Beispiel antworteten sie, dass sie dies wissen, weil sie dann tanzen und singen würden. Die Autoren konnten überdies darlegen, dass jüngere Kinder die bewusste Erfahrung eines inneren Gefühlszustandes noch nicht als entscheidendes Kriterium für eine Emotion (wie Zehnjährige) erkennen, sondern noch sehr an äußeren Beschreibungen verhaftet sind (nach Stegge & Meerum Terwogt, 2007).

In einer Studie von Bettina Janke (2008) wurden insgesamt 80 Kinder im Alter von drei, fünf, acht und zehn Jahren mit der von ihr übersetzten »Skala zur Erfassung des Emotionswissens« (SEW; deutsche Übersetzung des »Test of Emotion Comprehension«, TEC, Pons & Harris, 2002) befragt. Etwa die Hälfte der Dreijährigen konnte bereits vier von fünf Emotionen anhand von Mimik-Abbildungen richtig erkennen. Diese Fähigkeit scheint sich mit dem Alter schnell zu verbessern, denn bei den Fünfjährigen erkannten 80 % und bei den Achtjährigen 100 % die Emotionen richtig. Hierbei zeigten sich Unterschiede bei den Urteilen für die einzelnen Emotionen. Durchweg fiel es den Kindern schwerer, Angst im Vergleich zu den anderen Emotionen (Freude, Trauer, Ärger, ausdrucksloses Gesicht) zu erkennen (Janke, 2008).

Tracy, Robins und Lagattuta (2005) konnten belegen, dass sich das Erkennen von Stolz genauso wie von Freude und Überraschung im Alter von drei bis sieben Jahren kontinuierlich verbesserte. Im Hinblick auf die Emotion Schuld konnte in der Längsschnittstudie von Kochanska, Gross, Lin und Nichols (2002) ebenfalls eine Zunahme in den ersten Lebensjahren bestätigt werden, wenngleich sich der Emotionsausdruck mit dem Alter veränderte (nach Petermann & Wiedebusch, 2008).

Die Fähigkeit, Ausdrucksformen in der Mimik zu unterscheiden, nimmt zwischen dem zweiten und vierten Lebensjahr deutlich zu, während danach die sprachliche Unterscheidung an Bedeutung gewinnt (Wertfein, 2006, S. 46). Sprache ermöglicht, »die eigenen und fremden Emotionen aus ihren unmittelbaren Erlebniskontexten zu entheben« und auch über »vergangene, hypothetische und antizipierte Emotionen« zu sprechen (Hascher, 1994, S. 41). Es ist naheliegend, dass Angaben zum emotionalen Erleben nicht losgelöst vom Stand der Sprachentwicklung der Kinder zu verstehen sind. In Untersuchungen zur Entwicklung der verbalen Kommunikation über Gefühle (z. B. Dunn, Bretherton & Munn, 1987) wurde festgestellt, dass das Wortverständnis und das Emotionslexikon von Kindern ab dem Alter von etwa zwei Jahren umfassender und komplexer wird. Aus zunächst einfachen werden immer kompliziertere Beschreibungen.

Tina Hascher (1994) führte eine Längsschnittstudie mit 181 Kindern durch, die sich über einen Zeitraum von vier Jahren erstreckte. Die Kinder waren zum ersten Messzeitpunkt vier bis fünf Jahre alt. Ziel dieser Untersuchung war es, quantitative und qualitative Veränderungen des Emotionslexikons von Kindern zu erfassen. Erwartungsgemäß stellte sie fest, dass sich das aktive Lexikon der Emotionswörter mit zunehmendem Alter vergrößerte und ausdifferenzierte. Der Wortschatz für komplexe Emotionen verdoppelte sich vom Vorschulalter bis zum neunten Lebensjahr. Die negativen Emotionsbenennungen waren bei den Kindern in der Altersspanne zwischen vier und neun Jahren differenzierter als die positiven Benennungen. Mit zunehmendem Alter waren die Kinder besser in der Lage, die Emotionswörter flexibler (z. B. im Hinblick auf eine genauere Bezeichnung der Emotionsintensität) und angemessener anzuwenden. Die Entwicklung des aktiven Emotionswortschatzes leistet also einen wichtigen Beitrag zur Differenzierung von Emotionen. Bei Kindern mit sprachlichen Beeinträchtigungen war darüber hinaus das Verständnis der deutschen Sprache ein wichtiger Faktor bei der Vorhersage ihres Emotionswissens (Janke, Teichert & Becker, 2015).

Ridgway, Waters und Kuczaj (1985) sammelten normative Daten zum Verstehen von emotionsbeschreibenden Adjektiven. Sie baten die Eltern von 18 bis 71 Monate alten Kindern das Verständnis und den Gebrauch der Adjektive durch ihre Kinder einzuschätzen. Hierfür händigten sie ihnen Listen mit 125 ausgewählten Emotionswörtern aus. Jede der neun Altersgruppen war mit 30 Kindern besetzt. Die Ergebnisse ergaben, dass es große Unterschiede beim Verständnis der einzelnen Adjektive gab. Am frühesten wurden die Adjektive

»glücklich« und »traurig« verstanden. Begriffe wie »neidisch« (envious) und »hoffnungslos« (hopeless) waren Kindern selbst gegen Ende des Vorschulalters noch unbekannt. Aber auch in dieser Studie war erkennbar, dass sich das Verständnis der Emotionswörter mit zunehmendem Alter kontinuierlich verbesserte. Ein weiteres Ergebnis dieser Studie war, dass die Begriffe für die Gefühlszustände im Allgemeinen früher von den Kindern verstanden als von ihnen aktiv verwendet wurden. Das Verständnis der Emotionswörter geht ihrem aktiven Gebrauch voraus.

Verschiedene Autoren konnten belegen, dass die Fähigkeit, einen Emotionsausdruck zu erkennen und einer vorgegebenen Kategorie zuzuordnen, ebenfalls früher entwickelt ist als die Fähigkeit, ihn auf Fotos verbal zu benennen. Folglich zeigen Vorschulkinder in Befragungen mit der Affektzuordnungsmethode bessere Leistungen beim Erkennen von Emotionen (Denham, 1998). Allerdings hängen die Leistungen bei dieser Art der Untersuchung erheblich vom verwendeten Material ab (siehe Schmidt-Atzert, 1996), denn die vorgegebenen Gesichter können mehr oder weniger typisch für die Emotion sein, die sie ausdrücken sollen. Trotzdem stimmen die meisten Studien darin überein, dass sich die Treffgenauigkeit bei der Lösung dieser Aufgaben mit dem Alter der Kinder verbessert, aber auch von der vorgegebenen Emotion abhängt (zusammenfassend Denham, 1998).

Bullock und Russell (1986) untersuchten anhand der Erkennensleistung von Gesichtsausdrücken, wie sich die Emotionskonzepte der Kinder im Vergleich zu denen der Erwachsenen entwickeln. Sie betrachteten neben richtigen Antworten der Drei- bis Fünfjährigen auch, ob sich eine Systematik in ihren Fehlern erkennen lässt. Bullock und Russell (1986) stellten fest, dass Kinder dazu tendieren, solche Emotionen zu verwechseln, die nach dem Circumplex-Modell untereinander ähnlich sind. Das Circumplex-Modell ist ein kreisförmiges Strukturmodell zur Erkennung von Emotionen, dessen Umfang Ähnlichkeiten und Polaritäten zeigt und das aus verschiedenen Kategorien in einem Kontinuum ohne Anfang und Ende besteht (▶ Abb. 3.2). Der Vorteil eines Circumplex-Modells ist im Vergleich zu beispielsweise Emotionslisten darin zu sehen, dass abgebildet werden kann, welche Emotionen enger beieinander liegen. Eng beieinander liegende Emotionen wie Ärger und Traurigkeit sollten daher von Kindern häufiger verwechselt werden als Ärger und Freude, weil diese Emotionen im Circumplex-Modell auf unterschiedlichen Dimensionen lokalisiert sind. So scheint es Kindern generell leichter zu fallen, Freude zu erkennen, zu benennen und zu differenzieren als andere Emotionen. Bereits mit drei Jahren sind Kinder in der Lage, Gesichtsausdrücke in einer bedeutungsvollen Weise zu kategorisieren – auch wenn sich diese Kategorisierungen noch von denen der Erwachsenen unterscheiden. Die Kategorien der Kinder sind meist weiter gefasst und überlappen sich eher. Die Kinder beurteilen vielmehr die Ähnlichkeit der emotionalen Ausdrucksformen. Mit zunehmendem Alter werden die Kategorien dann enger gefasst und nähern sich im Laufe der Entwicklung denen der Erwachsenen an. Allerdings gelang es selbst Siebenjährigen bei der Zuordnung von Gesichtsausdrücken noch nicht, eine eigenständige Ärger-Kategorie zu bilden. Sie schlossen lediglich das fröhliche Gesicht aus, ordneten aber weiterhin den traurigen, ängstlichen, angeekelten und ärgerlichen Gesichtsausdruck zusammen in eine Gruppe. Für alle drei untersuchten Emotionen (Freude, Ärger und Trauer sowie in früheren Studien auch für Angst und Ekel), konnte ein sog. »Label Superiority Effect« aufgedeckt werden. Dieser beinhaltet, dass die Benennung eines Gefühls zu einer korrekteren Kategorie-Zuordnung durch die zwei- bis siebenjährigen Kinder führte als der dazugehörige Gesichtsausdruck (Russell & Widen, 2002).

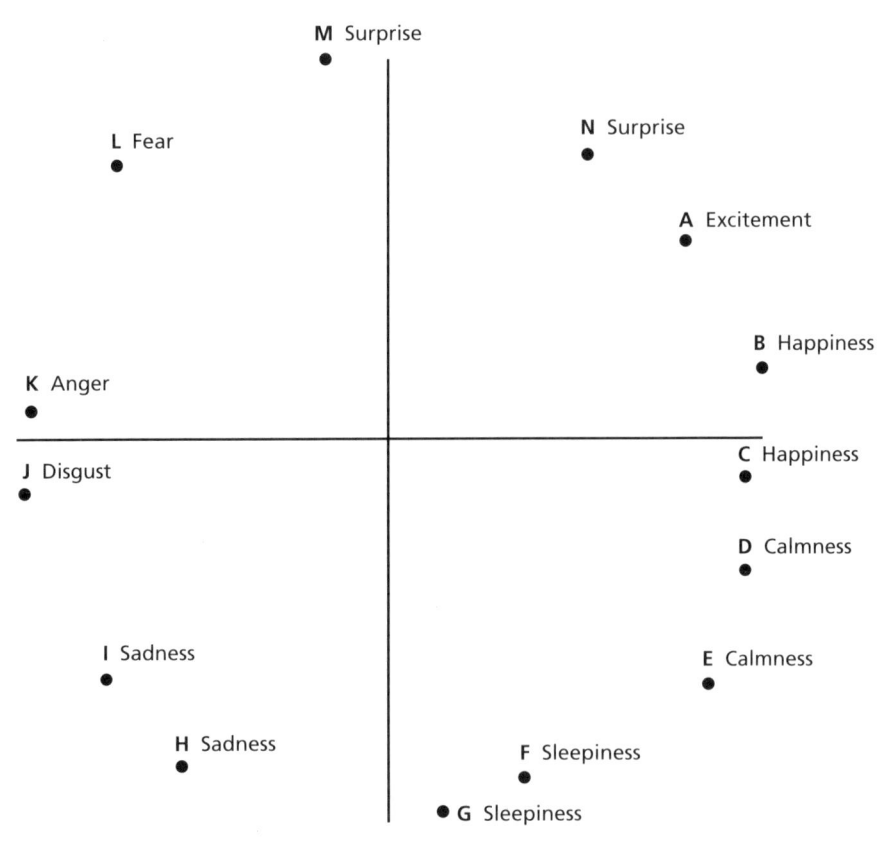

Abb. 3.2: Circumplex-Modell der Erkennensleistung von Gesichtsausdrücken (Bullock & Russell, 1986, S. 208)

3.3 Situationen als emotionsauslösende Ereignisse

Es gibt verschiedene Erklärungsansätze zu der Frage, wie sich emotionale Erfahrungen zu verfügbarem Emotionswissen entwickeln. James Russell (1989) vertritt die Annahme, dass es »Emotionsskripte« sind, in denen das Emotionswissen repräsentiert wird. Emotionsskripte enthalten Informationen über Ereignisse, Ursachen, subjektives Erleben und Konsequenzen und werden von den Kindern dadurch gelernt, dass diese sich wiederkehrende Merkmale emotionaler Ereignisse merken. Dementsprechend ist Russell (1989) der Meinung, dass Emotionszuschreibungen nicht auf der Basis von Mimik erfolgen, sondern aufgrund der Situation. Ulich, Kienbaum und Volland (1999) sind der Ansicht, dass es durch die sprachliche Verarbeitung und Einordnung emotionaler Erfahrungen möglich ist, emotionale Erlebnisse individuell zu verarbeiten und kognitiv zu organisieren, um sie in ähnlichen Situationen als »emotionale Schemata« abzurufen und diesen damit Bedeutung zu verleihen. »Emotionale Schemata stiften Bedeutungsäquivalenzen zwischen verschiedenen Ereignissen und ermöglichen so eine intraindividuelle Konsistenz emotionaler Reaktionen (...) Emotionale Schemata bewirken aber auch interindividuelle Unterschiede, denn sie repräsentieren neben kulturellen Vereinheitlichungen (...) auch persönlichkeitsspezifisch verarbeitete Einflüsse und Erfahrungen« (Ulich et al., 1999, S. 54). Jede Person bildet eine »emotionale Reaktionsbereitschaft«, das heißt eine individuell ausgeprägte Bereitschaft, ein Gefühl in einer bestimmten Situation zu empfinden. Diese Ausbildung von »Emotionsskripten« bzw. »emotionalen Schemata« könnte die Beobachtung erklären, warum in Befragungen nach Ursachen für einzelne Emotionen jüngere Kinder meist von einzelnen konkreten Erfahrungen berichten, während ältere Kinder und Jugendliche zunehmend abstraktere Beispiele nennen (Denham, 1998).

Ab dem Alter von ungefähr drei Jahren beginnen Kinder zu verstehen, dass äußere Gegebenheiten oder Anlässe einen Einfluss auf die Emotionen anderer Menschen haben (Janke, 2008; Pons et al., 2004). Sie können zum Beispiel erkennen, dass ein anderes Kind traurig ist, wenn dessen Haustier gestorben ist. In der zuvor erwähnten Studie stellte Janke (2008) fest, dass es nur 5 % der Dreijährigen gegenüber 60 % der Fünfjährigen gelang, vier von fünf typischen emotionsauslösenden Situationen den richtigen Gesichtsausdruck zuzuordnen. Der Anteil richtiger Antworten bei den Fünfjährigen überstieg bei keinem Anlass 50 %. »Insgesamt scheinen Kindergartenkinder relativ gut und 6-Jährige nahezu perfekt in der Zuordnung von Emotionen zu vorgegebenen Situationen zu sein« (Janke, 2008, S. 130). In früheren Untersuchungen konnten bereits Zweijährige eine Zuordnung von Freude mit dem eigenen Geburtstag vornehmen.

Da die meisten Studien hypothetische Charaktere oder Abbildungen einsetzen, zu denen die Kinder keinen realen Bezug haben, interessierten sich Dunn und Hughes (1998) dafür, welche Anlässe für Emotionen Kinder bei ihren Freunden und Müttern im wirklichen Leben vermuteten. Den meisten Vierjährigen gelang es, schlüssige und plausible Erklärungen für die Hintergründe ihrer eigenen Emotionen zu geben. Sie konnten auch Situationen benennen, die ihre Mütter fröhlich und ärgerlich und ihre Freundinnen und Freunde fröhlich, ängstlich oder traurig machen konnten. Siebenjährige zeigten im Vergleich zu den Vierjährigen ein breiteres und differenzierteres Wissen über Anlässe und Ursachen von Emotionen. Vier Jahre später führten Hughes und Dunn (2002) eine weitere Studie mit der gleichen Methode durch, befragten aber eine größere Stichprobe. In dieser Studie gingen sie der Frage nach, inwiefern sich emotionale Ursachenzuschreibungen längsschnittlich zwischen dem vierten und siebten Lebensjahr verändern. Die Ergebnisse zeigten, dass Kinder mit sieben Jahren seltener die Eltern als Anlass für ihren Ärger und ihre Trauer nannten. Hingegen nahmen die Nennungen von Gleichaltrigen und Geschwistern insbesondere als »Auslöser« für Ärger deutlich zu. Ärger wurde (häufiger als Trauer) sozialen Ursachen zugeschrieben. Janet Strayer (1986) befragte Vier- und Fünfjährige und Sieben- und Achtjährige nach Auslösesituationen für Freude, Trauer, Ärger, Angst und Überraschung bei ihnen selber, bei anderen Kindern und bei Erwachsenen. Bereits Vierjährigen gelang es, passende Situationen zu benennen. Je nach Emotion gab es Unterschiede zwischen den genannten Ursachen. Als Anlass für Ärger und Trauer wurden besonders häufig soziale Situationen genannt und für Freude, Furcht und Überraschung eher äußere Ereignisse. Signifikante Alterseffekte ergaben sich im Hinblick auf die Nennung von Leistungsthemen und sozialen Anlässen für Emotionen. Diese sozialen Gegebenheiten gaben die Achtjährigen signifikant häufiger zu Protokoll als die Fünfjährigen. Zugleich stellte Strayer (1986) fest, dass Mädchen häufiger soziale Ursachen als Jungen zur Erklärung von Emotionen heranzogen (ähnlich Hughes & Dunn, 2002). Hoffner und Badzinski (1989) führten eine Studie mit Kindern in verschiedenen Altersstufen zwischen drei und zwölf Jahren durch, bei der sie den Kindern Gesichtsausdrücke und Situationen gleichzeitig in verschiedenen Kombinationen (übereinstimmend, widersprüchlich und einzeln) darboten. Die Kinder hatten die Aufgabe, jeweils den Typ der Emotion (fröhlich, traurig) und die Intensität einzuschätzen. Die Ergebnisse zeigten, dass sich die Kinder mit zunehmendem Alter immer mehr an der Situation orientierten. Den älteren Kindern gelang es besser, Gesichtsausdrücke und Situationen zu integrieren und mögliche Erklärungen auch für solche Anlässe zu finden, in denen die Emotionsdarbietungen der Situation widersprachen. Diese Fähigkeit korrespondiert mit der Tendenz von Schulkindern und Jugendlichen, ihr emotionales Ausdrucksverhalten in der Öffentlichkeit immer geschickter zu maskieren, sodass zutreffende Hinweise zunehmend nur in der Situation zu finden sind.

»Im Laufe der Entwicklung vollziehen sich primär qualitative Veränderungen bei der Bildung von Urteilsrelationen. Die Ursachenanalyse wird detaillierter, das heißt ähnliche Situationen und Emotionen mit gleicher Valenz (positiv oder negativ) werden genauer unterschieden und zugleich komplexer, das heißt die Urteile beziehen sich auf vielschichtigere Kontexte und integrieren zunehmend mehr Faktoren. Oft ändern sich die inhaltlichen Schwerpunkte auch insofern, als sie in ein erweitertes soziales Umfeld eingebettet werden. Dieser Entwicklungsverlauf scheint sich bei negativen Emotionen früher zu vollziehen als bei positiven. Die Entwicklung des kindlichen Wissens über die Gründe von Emotionen besteht somit weniger in der Ausbildung globaler Fähigkeiten zum Emotionsverstehen, sondern in der weiteren Ausdifferenzierung bereits bestehender Fähigkeiten« (Hascher, 1994, S. 35).

3.4 Wünsche als Auslöser für Emotionen

Schon früh beginnen Kinder, über eine direkte Eins-zu-Eins-Verbindung zwischen Situation und Emotion hinauszugehen und innere mentale Prozesse einzubeziehen, wenn sie Anlässe für Emotionen erklären. Das beginnt damit, dass sie die Nahrungsmittelvorlieben und allgemeinen Wünsche dieser Person berücksichtigen (Siegler et al., 2005). Die meisten Kinder verstehen ab etwa vier bis fünf Jahren, dass die Erfüllung eines Wunsches in der Regel zu Freude und seine Nichterfüllung meist zu Enttäuschung führen. Sie fangen an, »den Zusammenhang zwischen primären Gefühlen wie Freude und Traurigkeit und den psychologischen Gegebenheiten – Überzeugungen und Wünschen –, die zu diesen Gefühlen geführt haben, zu verstehen« (Harris, 1992, S. 87). »Wenn Kinder verstehen, dass Emotionen an Wünsche und Erwartungen der Person gekoppelt sind, wird das Emotionswissen Teil eines komplexeren psychischen Geschehens, der sogenannten ›Theory of mind‹« (Janke, 2008, S. 130). Mit fünf Jahren erkannten in der Studie von Janke (2008) 40 % der Kinder, dass sich zwei Menschen beim Erhalt der gleichen Speise unterschiedlich fühlen können, weil es einen Einfluss hat, ob sie diese Speise mochten oder nicht.

Carolyn Schult (2002) kritisierte, dass bei den Untersuchungen oft keine klare Trennung zwischen Wünschen und Absichten vorgenommen wurde. Obwohl Absichten und Wünsche beide Zielzustände beinhalten, können Wünsche auf vielfältige Weise erfüllt werden, wohingegen Absichten auf eine bestimmte Weise ausgeführt werden müssen und somit bereits das Mittel und den Weg bis zum Ziel beinhalten. Schult untersuchte unter dieser Fragestellung drei bis sieben Jahre alte Kinder, indem sie ihnen verschiedene Situationen präsentierte, in denen Absichten der Protagonisten erfüllt werden, ihre Wünsche jedoch nicht und umgekehrt. Dabei zeigte sich, dass Drei- und Vierjährige noch nicht imstande waren, durchgängig richtige Unterscheidungen zwischen Absicht und Wunsch vorzunehmen. Im Gegensatz dazu hatten die Fünf- und Siebenjährigen bei dieser Aufgabe keine Probleme mehr.

In einer Studie zur Entwicklung von kindlichem Bedauern und Erleichterung fanden Weisberg und Beck (2012) heraus, dass bereits Vier- bis Fünfjährige nach einem Gewinn Bedauern empfinden und anhand einer Smiley-Rating-Skala benennen können, wenn sie bemerken, dass die Alternative besser für sie gewesen wäre. Dabei wurden die Kinder aufgefordert, verschiedene Karten zu ziehen, für die sie ggf. Token erhielten. Bei den Fünf- bis Sechsjährigen konnte Bedauern nach dem Verlust und Erleichterung nach dem Gewinn von Belohnungen beobachtet werden. Erleichterung nach einem Verlust (»Es hätte noch schlimmer kommen können!«) ließ sich erst bei den Kindern im Alter von sechs bis sieben Jahren belegen. Bedauern und Erleichterung fielen stärker aus, wenn die Kinder Einfluss auf die entscheidende Kartenwahl nehmen konnten. Wenn sie weniger entscheiden konnten, waren ihre Gefühle auch weniger intensiv ausgeprägt.

3.5 Erinnerungen als Auslöser für Emotionen

Dass die Erinnerung an ein emotional belastendes Ereignis erneut zu einer ähnlichen Emotion führen kann, lernen Kinder zwischen drei und sechs Jahren. Ein Viertel der Dreijährigen und 40 % der Achtjährigen erkannten diesen Zusammenhang von Erinnerung und Gefühl in der Studie von Janke (2008). Bei den Zehnjährigen waren es bereits fast alle (95 %). Lagatutta, Wellman und Flavell (1997) präsentierten Vier- bis Sechsjährigen verschiedene illustrierte Geschichten, in denen der Hauptperson etwas Trauriges widerfährt. Anschließend wurden die Kinder gebeten zu erklären, warum diese fiktive Person traurig wird als sie etwas erblickt, das mit dem vorherigen trauererregenden Ereignis zusammenhängt. Darüber hinaus wurden einige Kinder in einer weiteren Versuchsbedingung zusätzlich gebeten, die Gefühle von Personen zu beschreiben, die das traurige Erlebnis zuvor nicht erlebt hatten. Die Ergebnisse unterstreichen die beachtliche Ausweitung des Verständnisses von mentalen Aktivitäten auf das emotionale Erleben, die sich bei Kindern zwischen vier und sechs Jahren vollzieht. Mit etwa sechs Jahren können Kinder neben den Wünschen auch die Erinnerungen als innerpsychische Auslöser von Emotionen einbeziehen.

3.6 Emotionale Perspektivenübernahme (Theory of Mind)

Mit der »Theory of Mind« gewinnen Kinder in der Regel im Alter zwischen vier und sechs Jahren grundlegende Einsichten darüber, wie der Geist (mind) von Menschen funktioniert und wie er deren Verhalten beeinflusst. Neben der Erkundung von Bewusstseinszuständen wie Denken, Vergessen, Träumen oder Schlafen, geht es bei der Theory of Mind auch um eine Theorie der Emotionen. Hierbei spielen die psychologischen Konstrukte Wünsche, Überzeugungen, Wahrnehmungen und Gefühle eine bedeutende Rolle (Siegler et al., 2005). Der erste Schritt zur Entwicklung einer Theory of Mind ist das eben bereits erwähnte Verständnis der Verbindung zwischen den Wünschen anderer Menschen und ihren Handlungen bzw. Emotionen. Eine nächste Erkenntnis besteht darin, dass die Verbindung auch vorhanden ist, wenn sich Wünsche oder Vorlieben der anderen Personen von denen der befragten Kinder unterscheiden. Noch einige Zeit später beginnen die Kinder zu verstehen, dass zusätzlich zu den Wünschen auch die Überzeugungen und Einschätzungen einer Person für deren Emotionen von Bedeutung sind. So erkennen erst Vier- und Fünfjährige in der Geschichte von Ellie dem Elefanten, dass nicht nur ihre Erwartung, nach ihrem Spaziergang ihr Lieblingsgetränk Cola in der Blechdose vorzufinden, wichtig ist, sondern auch die Tatsache, dass ein frecher Affe zwischenzeitlich ihr »Hassgetränk« Milch in die undurchsichtige Dose gefüllt hat (Harris, 1992). Gibt man Dreijährigen Aufgaben wie diese vor, in denen Personen in einer Geschichte »falsche Überzeugungen« entwickeln, dann wird deutlich, dass das Verstehen der Beziehung zwischen den Überzeugungen anderer Menschen und ihren eigenen Annahmen (Perspektivendifferenzierung) in diesem Alter noch begrenzt ist und sie den Personen unzutreffende Emotionen zuschreiben. So würden die meisten Dreijährigen bei der Elefantendame Ellie Ärger oder Trauer über die Milch in der Getränkedose vermuten. Dreijährigen fällt es offenbar noch schwer zu verstehen, dass in einer Situation, in der sie wissen, dass ihre eigene Überzeugung zutrifft und eine alternative Überzeugung falsch ist, andere Menschen dennoch die alternative Annahme für zutreffend halten können (Siegler et al., 2005; Wimmer & Perner, 1983). In sozialen Aktivitäten, in denen ein Konflikt zwischen mehreren Beteiligten entsteht, zeigen Dreijährige eine Art von »sozialem Opportunismus« (Nguyen & Frye, 1999, S. 88). Sie ignorieren die vorher benannten Wünsche des abwesenden Konfliktpartners und unterstellen diesem, dass er automatisch mit den anderen Beteiligten übereinstimmen wird. Die Fähigkeit zur Theory of Mind und zur emotionalen Perspektivenübernahme verbessert sich deutlich zwischen dem dritten und fünften Lebensjahr (Hughes & Dunn, 1998; Nguyen & Frye, 1999).

Harris, Johnson, Hutton, Andrews und Cooke (1989; Harris, de Rosnay & Ronford, 2014) führten drei Varianten eines Experiments mit drei bis sieben Jahre alten Kindern durch. Sie untersuchten, in welchem Alter Kinder beginnen, sowohl den Einfluss von Wünschen als auch von Überzeugungen bei der Vorhersage von Emotionen von Anderen zu berücksichtigen. Die Kinder beobachten, wie verschiedenen Tier-Charakteren unterschiedliche Schachteln mit Süßigkeiten oder Getränken dargeboten werden und schätzen die emotionalen Reaktionen der Tiere ein. Die Hauptrolle spielt dabei der Affe Mickey, der den anderen Tieren Streiche spielt. Im ersten Experiment leert er die Schokolinsen-Schachtel des hungrigen Bären Bertie (in dessen Abwesenheit) und füllt diese mit Steinen. Die Kinder erhalten die Information, dass der Bär Schokolinsen liebt und sollen daraufhin die emotionale Reaktion des Bären Bertie nach dessen Rückkehr beim Anblick der Schokolinsen-Schachtel beurteilen. Diese Frage bezieht sich lediglich auf die falsche Überzeugung. Beim zweiten, etwas komplizierteren Experiment, sollen die Kinder sowohl die falsche Überzeugung als auch den Wunsch des hereingelegten Tieres (z. B. von Harry dem Pferd) in ihre Überlegungen einbeziehen, die systematisch variiert werden. Nachdem den Kindern zunächst wieder die Präferenzen für bestimmte Süßigkeiten von Harry beschrieben werden, tauscht der Affe den Inhalt der Schachtel aus, und legt zum Beispiel Kaugummi in eine Erdnussschachtel. Die Kinder müssen nun zur Identifizierung der richtigen emotionalen Reaktion des Pferdes zunächst die falsche Überzeugung (Anblick der Erdnussschachtel) und in einem zweiten Schritt die Präferenz des Pferdes beachten. Mag Harry Kaugummi noch lieber als Erdnüsse, wird seine Reaktion beim Anblick des Inhalts positiv sein und umgekehrt. Das dritte Experiment ist abstrakter gestaltet. Den Tier-Charakteren werden neutral gestaltete Schachteln vorgelegt, deren Inhalt unbekannt ist. Den Kindern werden jeweils verschiedene mögliche Überzeugungen der Tiere dargeboten, auf Basis derer sie die emotionalen Reaktionen einschätzen sollen (z. B. »What if Harry thinks there's lemonade inside – will he be happy or sad if he thinks we've given him lemonade?«). Nach dem Öffnen der Schachteln und dem Anblick des realen Inhalts werden die Kinder erneut um eine Einschätzung gebeten. Die Gesamtauswertung der Ergebnisse der drei Experimente ergab, dass es bereits einigen dreijährigen Kindern gelang, die Wünsche des Tier-Protagonisten bei der Vorhersage seiner emotionalen Reaktion zu berücksichtigen. Mit zunehmendem Alter bezogen die Kinder dann auch die (oft fehlgeleiteten) Überzeugungen des Tieres und schließlich auch die Beziehung dieser beiden Komponenten in ihre Überlegungen ein. In dem untersuchten Altersbereich von drei bis sieben Jahren zeigte sich bei den Kindern ein klarer Erkenntnisfortschritt, dass Gefühle nicht nur durch die objektiven Eigenschaften einer Situation bzw. die Beziehung von Wünschen und Realität bestimmt werden, sondern auch von dem Verhältnis von Wünschen und der erwarteten Realität der anderen Person (auch wenn die Überzeugung dieser Person falsch ist).

Ina Bovenschen (2006) führte zwei Querschnittstudien mit insgesamt 157 Kindern im Alter von drei bis fünf Jahren zur Perspektivenübernahme in bindungsrelevanten Situationen durch. Hierbei erfasste sie fünf Informationsverarbeitungskomponenten, die die Fähigkeit zur Perspektivenübernahme innerhalb der Bindungsbeziehung repräsentieren, nämlich die kindlichen Fähigkeiten, 1) die Gedanken, Ziele und Pläne der Bindungsperson wahrzunehmen, 2) zwischen der Perspektive der Bindungsperson und der eigenen zu differenzieren, 3) das Ausmaß des Konflikts zwischen diesen beiden Perspektiven zu erfassen, 4) zu erschließen, welche Faktoren die Handlungen und Pläne der Bindungsperson beeinflussen und 5) die Ziele und Pläne der Bindungsperson zielkorrigiert zu beeinflussen. Die Befunde von Bovenschen (2006) weisen darauf hin, dass sich nicht alle Komponenten parallel entwickelten. Erst im Alter von fünf Jahren verfügten die Kinder unabhängig vom spezifischen Kontext über alle Teilfähigkeiten. Erst mit fünf Jahren war die bindungsspezifische Fähigkeit zur Perspektivenübernahme auf repräsentationaler Ebene voll entwickelt.

Bengtsson und Arvidsson (2011) fanden eine stärkere Verbesserung der Fähigkeit zur emotionalen Perspektivenübernahme (in dargestellten interpersonalen und sozialen Konfliktsituationen, in denen die Vertrautheit der Beteiligten variiert wurde) bei Kindern im Alter zwischen acht bis zehn Jahren im Vergleich zu Kindern im Alter von zehn bis zwölf Jahren. Dabei schließen sie Deckeneffekte in den Daten aus und schlussfolgern, dass sich die Perspektivenübernahme vermutlich kurvenförmig entwickelt und in der späten Kindheit wieder abschwächt.

Nach Sichtung verschiedener Untersuchungen weisen Harris et al. (2014) auf eine Diskrepanz in den Ergebnissen hin: obwohl manche drei- bis achtjährige Kinder sehr wohl die Perspektive eines Protagonisten in der Geschichte benennen können (z. B. dass Rotkäppchen nicht weiß, dass der Wolf anstatt der Großmutter im Bett liegt), fällt es ungefähr der Hälfte von ihnen dennoch schwer, die passenden Emotionen zu benennen, eben jene, die auf den Annahmen des Protagonisten basieren. So geben sie zum Beispiel an, dass Rotkäppchen vor dem Besuch bei der Großmutter Angst hatte, auch wenn sie nichts von dem Wolf wusste. Die umgekehrte Beobachtung wurde nicht gemacht. Damit ist die richtige Beantwortung der Frage zu Rotkäppchens falscher Überzeugung zwar eine notwendige, aber noch keine hinreichende Voraussetzung, um die Frage nach ihren Emotionen richtig zu beantworten. Dieses Antwortmuster erwies sich über verschiedene Aufgaben hinweg als stabil und wurde weder vom Geschlecht noch vom Alter der Kinder beeinflusst. Zugleich ließen sich beachtliche interindividuelle Unterschiede feststellen: Es gab Dreijährige, die sowohl die Überzeugungs- als auch die Emotions-Frage richtig beantworten konnten, aber auch Fünfjährige, denen beides noch nicht gelang. Der wichtigste Einflussfaktor auf dieses Befundmuster war die Sprache: zum einen die sprachlichen Fähigkeiten der Kinder selber und zum anderen die von ihren Müttern erfassten Angaben zu ihrer Persönlichkeit, die Rückschlüsse auf ihre Sichtweise und ihren Interaktionsstil mit ihrem Kind erlauben. Wenn Mütter ihre Sprösslinge mit mehr Hinweisen auf deren Gedanken und Gefühle beschrieben (statt nur von ihren Verhaltensweisen und körperlichen Merkmalen zu berichten), beantworteten ihre Kinder beide Fragen häufiger richtig (Harris et al., 2014).

Harris et al. (2014) vermuten, dass zwei Prozesse bei der Zuordnung von Emotionen ablaufen: 1) ein schneller, empathischer Prozess (der die emotionale Bedeutung eines bevorstehenden Ereignisses näher bestimmt und in Verbindung steht mit den Wünschen des Protagonisten in einer Geschichte), 2) ein langsamerer, gedanklich aufwändigerer Prozess, in dem zunächst die Erwartung der Hauptfigur präzisiert und dann erst die emotionale Bedeutsamkeit dieses erwarteten Ergebnisses für den Protagonisten bestimmt wird. Die Kinder, denen der zweite langsame Prozess noch nicht gelingt, verfügen somit noch nicht über einen effektiven hemmenden Prozess, der gebraucht wird, um die Wunsch-basierte Emotion zu unterdrücken. Sie nehmen stattdessen lediglich eine schnelle Einschätzung der Situation vor, ob die Erwartung oder der Wunsch der Hauptfigur erfüllt wird oder nicht. Die Emotionsvorhersagen der Kinder sind somit nicht als feste und direkte Folge ihres Verständnisses falscher Überzeugungen zu interpretieren (Harris et al., 2014), sondern scheinen sich bei Vier- bis Fünfjährigen vielmehr in einem dynamischen Prozess zu entwickeln, der (z. B. bei unerwarteten Ereignissen in einer Geschichte) noch störanfällig und nicht starr festgelegt ist. Obwohl die grundlegenden Erkenntnisse zur Theory of Mind bereits vorhanden sind, unterlaufen ihnen weiterhin Fehler bei der Zuordnung von Emotionen, deren genaue Ursache noch ungeklärt ist.

3.7 Wahre und vorgetäuschte Emotionen

Jüngere Kinder können noch nicht verstehen, dass es möglich ist, dass sich das wahre Gefühl und das im Ausdruck gezeigte Gefühl unterscheiden. Systematisch scheint dies erst Sechsjährigen zu gelingen (Janke, 2008). Bereits im Alter von drei Jahren schaffen es Kinder unter bestimmten Bedingungen gleichwohl ihre Gefühle nicht offen zu zeigen, also zum Beispiel zu verbergen, dass sie einen Spielzeug-Zoo angeschaut haben, der sich hinter ihrem Rücken auf der anderen Seite des Raumes befand (Lewis et al., 1989). Sie haben in diesem Alter aber noch kein explizites (also verbalisierbares) Verständnis für den Unterschied zwischen wahren und gezeigten Gefühlen und begreifen nicht, dass ein bewusstes Kundtun bestimmter Gefühle dazu eingesetzt werden kann, andere Menschen in die Irre zu führen oder glattweg zu täuschen (Sidera, Serrat, Rostan & Sanz-Torrent, 2011). Die Wirkungen vorgetäuschter Gefühle beginnen Kinder ab dem Alter von fünf bis sechs Jahren zu verstehen (Josephs, 1993; Ketelaars, van Weerdenburg, Verhoeven, Cuperus & Jansonius, 2010).

Darbietungsregeln (oder display rules) beinhalten Kenntnisse sozialer Regeln, die vorgeben, welches Ausdrucksverhalten in welchen Situationen erwartet wird und angemessen ist. Darbietungsregeln können einen Menschen dazu veranlassen, seinen Emotionsausdruck zu neutralisieren (Pokergesicht), zu intensivieren oder abzuschwächen oder durch einen anderen Gesichtsausdruck (oft durch ein Lächeln) zu maskieren. Zudem gibt es die Umsetzung in Form einer Simulation, das heisst dem Vortäuschen eines Gefühls, das im Moment nicht erlebt wird (von Salisch & Kunzmann, 2005). Die Entscheidung darüber, welche Art von Darbietungsregel angewandt wird, hängt vom Status, der Rolle, dem Alter und dem Geschlecht des Senders ab. Zudem haben auch die Eigenschaften der anwesenden Personen sowie der soziale und kulturelle Kontext einen Einfluss. Zeman und Garber (1996) stellten fest, dass Darbietungsregeln vor allem in Bezug auf Ärger oder Trauer erwähnt wurden, während Schmerz als ein eher von anderen Menschen akzeptiertes Gefühl betrachtet wird. Harris, Donnelly, Guz und Pitt-Watson (1986) untersuchten vier, sechs und zehn Jahre alte Kinder im Hinblick auf ihre Fähigkeit, wahre von vorgetäuschten Emotionen zu unterscheiden. Die Ergebnisse verdeutlichen, dass dieses ansatzweise bereits Vierjährigen gelingt. Für Sechs- und Zehnjährige stellt diese Differenzierung kein Problem mehr dar.

Pamela Cole (1986) untersuchte die Kontrolle über den spontanen Gesichtsausdruck von Kindern in verschiedenen Altersbereichen (vier bis sechs Jahren, sechs bis acht Jahren und von acht bis zehn Jahren). Sie fand heraus, dass es bereits Vierjährigen in einer milden Enttäuschungssituation gelingt, die Darbietung von negativen Emotionen zu kontrollieren, wenn eine andere Person anwesend war. Überdies gelang ihnen die Maskierung, indem als positiver Gesichtsausdruck ein Lächeln »aufgesetzt« wurde, obwohl sie entgegen ihrer Erwartung eine unattraktive Belohnung erhielten. Dabei konnten Geschlechtseffekte aufgezeigt werden: die Mädchen zeigten in der experimentell geschaffenen Enttäuschungssituation nach außen genauso viel Freude (Lächeln) wie beim Erhalt des attraktiven Geschenks. In der klassischen Studie mit sehr ähnlicher Versuchsanordnung hatte Saarni (1984) bereits bei sechs bis elf Jahren alten Kindern einen Alter×Geschlechts-Interaktionseffekt aufgedeckt, der in die gleiche Richtung weist. Die jüngeren Kinder (vor allem Jungen) legten mehr negative Ausdrucksformen bei Erhalt des unattraktiven Geschenks an den Tag, wohingegen die älteren Kinder (vor allem die Mädchen) trotz der Enttäuschung eher ihr positives Ausdrucksverhalten beibehielten.

Ingrid Josephs (1993) beobachtete die Fähigkeit von 71 Kindern im Alter von 45 bis 85 Monaten, positive Emotionen (nämlich Schadenfreude) zu verbergen, wenn den Versuchsleitern ein Missgeschick passiert und er oder sie versehentlich beginnt, Zitronensaft statt Apfelsaft zu trinken. Josephs (1993) stellte fest, dass die jüngeren Kinder mit weniger intensiven positiven Emotionen reagierten, nachdem der Versuchsleiter den falschen Saft getrunken hatte als die Älteren, wenn die Kinder, die den Entwicklungsschritt der Theory of Mind noch nicht bewältigt hatten, aus den Analysen ausgeschlossen worden waren. Geschlechtseffekte wurden weder vor noch nach dem Missgeschick gefunden.

Im Alter von vier bis sechs Jahren ist es für Kinder leichter nachvollziehbar, dass jemand negative Emotionen verbirgt als positive (Banerjee, 1997). Als Ursache wird hierfür neben den vermutlich weitreichenderen sozialen Auswirkungen beim Ausdruck von negativen Emotionen (Harris et al., 1986) von Bennett und Knight (1996) die Vermutung aufgestellt, dass jüngere Kinder nicht begreifen, aus welchem Grund jemand positive Gefühle verbergen sollte. Dieses Ergebnis konnten Sidera et al. (2011) in ihrer Studie nicht bestätigen. Sollten die Sechsjährigen eine Differenzierung zwischen den inneren und den nach außen gezeigten Emotionen von Protagonisten in einer Geschichte vornehmen, konnten sie keine Unterschiede bezüglich der emotionalen Valenz beobachten. Das heißt, es zeigten sich keine besseren bzw. schlechteren Erkennensleistungen bei verborgenen positiven oder negativen Emotionen. Im Gegensatz zu den Sechsjährigen waren die befragten vierjährigen Kinder generell noch nicht in der Lage zu verstehen, dass die in einem Rollenspiel vorgegebenen Emotionen nicht den wirklichen, inneren Gefühlen der Charaktere entsprechen. Sidera et al. (2011) vermuten, dass die Ursachen der divergierenden wissenschaftlichen Befunde in diesem Bereich in unterschiedlichen methodischen Faktoren liegen, wie etwa differierenden Versuchsinstruktionen (z. B. dass den Kindern mitgeteilt wurde, dass der Protagonist seine Emotion verbergen möchte) oder unterschiedlichen Erhebungsverfahren (z. B. Beobachtung). Sie erwägen, dass Vierjährige möglicherweise ein »implizites Wissen« darüber haben, dass vorgegebene Emotionen nicht real sind. Dies ist ihnen allerdings noch nicht bewusst und sie können es noch nicht verbal ausdrücken.

Betrachtet man die verschiedenen Studien zur Ausdruckskontrolle, dann ergibt sich ein widersprüchliches Bild: einerseits sind Kinder im Vorschulalter (und z. T. schon im Alter von drei Jahren) bereits in der Lage, willentlich bestimmte Gesichtsausdrücke zu produzieren (oder zu unterdrücken) und tun dies auch in einzelnen Situationen. Andererseits scheinen sie aber erst ab dem Schulalter wirklich imstande zu verstehen, was nonverbale Täuschung für Andere bedeutet. In diesem Zusammenhang weist Harris (1992) darauf hin, dass daraus nicht geschlossen werden könne, dass die Kinder die Unterscheidung zwischen innerem und äußerem Ausdruck verstehen, sondern dass eine Ursache auch in der Erziehung liegen könnte (wenn die Eltern den Kindern zum Beispiel beigebracht haben, auch bei unattraktiven Geschenken aus Höflichkeit zu lächeln und sich zu bedanken). »Thus, the ability to control emotional displays is already there but is probably not yet triggered by children's own evaluation of the situation« (Stegge & Meerum Terwogt, 2007, S. 276). Ebenso bemerkt

Schmidt-Atzert (1996), dass das Verhalten dem Verstehen in der Entwicklung offenbar vorausgeht. Auch er ist der Ansicht, dass eine Erklärung für den Widerspruch darin liegen könnte, »daß die Mimik nicht nur unter dem Einfluß von inneren Zuständen steht, sondern auch von situativen Reizen gesteuert wird. Kinder lernen möglicherweise schon früh, in bestimmten sozialen Situationen zu lächeln. Die Bedeutung dieses Verhaltens braucht ihnen dabei gar nicht bewußt zu sein. Obwohl ihr Verhalten die Funktion einer Täuschung hat, erfolgt es nicht aus der Überlegung heraus, den wahren Gefühlszustand verbergen zu wollen« (Schmidt-Atzert, 1996, S. 231). Wichtig ist neben dem Verständnis auch die Motivation, einen Gefühlszustand vor anderen Menschen zu verbergen. Kromm, Färber und Holodynski (2015) stellten fest, dass es Kinder zwischen vier und acht Jahren immer besser schaffen, Freude über ein attraktives Geschenk vorzutäuschen und Enttäuschung über ein unattraktives oder gar keins zu maskieren. Dies gelang umso überzeugender, je mehr sie sich über den Unterschied zwischen wahrer und vorgetäuschter Emotion und der Möglichkeit, andere Menschen damit hinters Licht zu führen, bewusst waren. Emotionsverständnis und die willentliche Steuerung des emotionalen Ausdrucksverhaltens entwickeln sich demnach Hand in Hand.

3.8 Gemischte und ambivalente Emotionen

Zu der Erkenntnis, dass Menschen mehrere Emotionen (auch sich widersprechende) gleichzeitig erleben können, gelangen Kinder vergleichsweise spät. Dieser Entwicklungsschritt scheint erst zwischen dem sechsten und siebten Lebensjahr einzusetzen und mehrere Jahre zu dauern (Ketelaars et al., 2010). Mit sechs bis acht Jahren berichten die Kinder in der Regel noch, nur ein Gefühl pro Situation zu erleben. »They stop the monitoring process as soon as they have detected this one feeling« (Stegge & Meerum Terwogt, 2007, S. 275). Erst mit etwa zehn Jahren ist ihnen offenbar klar, dass es möglich ist, zwei oder mehrere Gefühle gleichzeitig zu spüren (Janke, 2008). Dass verschiedene Gefühlen einander beeinflussen können und negative Gefühle etwa durch positive Gefühle abgeschwächt werden können, verstehen Kinder in der Regel erst mit elf bis zwölf Jahren (Janke, 2008). Kinder benennen emotionale Ambivalenzen erst gegen Beginn des Jugendalters, obwohl sie sie im Verhalten schon im Kleinkindalter zeigen (Harris, 1992). »Um diese Diskrepanz zu erklären, diskutieren entwicklungspsychologische Arbeiten das Verstehen von Ambivalenz [unter anderem] unter kognitiven Aspekten« (Hascher, 1994, S. 136). Dies beinhaltet, dass ambivalente Emotionen als Ausdruck ambivalenter Situationsbeurteilungen verstanden werden.

Susan Harter (1986) konzipierte ein fünfstufiges Entwicklungsmodell zum kindlichen Verstehen von Ambivalenzen (von fünf bis zwölf Jahren). Sie bezieht sich auf die kognitive Entwicklung und beschreibt eine stufenweise Zunahme der Differenzierungs- und Integrationsfähigkeit von verschiedenen Emotionen. Harris (1992) legte Kindern in seiner Untersuchung jeweils Geschichten vor, die gleichzeitig ein negatives und ein positives Ereignis enthielten, die beide auch für sich stehen konnten. Eine Geschichte handelte vom eigenen entlaufenen Hund, den das Kind schon den ganzen Tag gesucht hat. Dieser steht nachts dann plötzlich vor der Tür und ist am Ohr durch einen Kampf verletzt. Wurde den Kindern nur jeweils ein Aspekt der Situation erzählt (und etwa das verletzte Ohr ausgelassen), konnten sowohl die Sechs- als auch die Zehnjährigen sagen, dass die Person in der Geschichte mit Freude auf das positive Ereignis (nämlich die Heimkehr des vermissten Hundes) reagieren würde. Wenn beide Ereignisse in einer Geschichte vereint wurden, traten Unterschiede zwischen den beiden Altersgruppen auf. Die Sechsjährigen konzentrierten sich fast immer auf eines der beiden Vorkommnisse. Bei den älteren Kindern hingegen kam es dreimal so häufig vor, dass der Figur eine Mischung aus positiven und negativen Gefühlen zugeschrieben wurde. Harris formuliert zusammenfassend, dass es Kindern, bis sie etwa acht bis zehn Jahre alt sind, schwerfällt zu begreifen, dass man gleichzeitig zwei Gefühle haben kann, insbesondere, wenn diese Gefühle miteinander im Widerstreit liegen, weil das eine positiv und das andere negativ gefärbt ist. Erschwert wird das Verständnis ambivalenter Gefühle auch dann, wenn sie durch eine einzelne Situation oder Person hervorgerufen wurden (Harris, 1992). Hascher (1994, S. 149) macht auf einen wesentlichen Unterschied zwischen der Interpretation der Ergebnisse von Harter und Harris aufmerksam: »Harris (et al.) interpretiert diese Altersunterschiede im Gegensatz zu Harter aber nicht als einen Mangel bestimmter kognitiver Fähigkeiten sensu Piaget (1972). Kinder verschiedener Alters- und Entwicklungsstufen unterscheiden sich nach Harris weniger in der grundsätzlichen Fähigkeit, gemischte Gefühle zu verstehen, sondern in der Art der Beziehungen, welche sie zwischen der emotionsverursachenden Situation und der jeweiligen Emotion herstellen«. Erst wenn Kinder erkennen, dass Emotionen nicht ausschließlich an externe Aspekte einer Situation gebunden sind, sondern auch von inneren Faktoren (z. B. Einstellungen) beeinflusst werden, können sie auch Ambivalenz verstehen. Dies wird auch als eine Entwicklung von einem extrinsischen zu einem intrinsischen Emotionskonzept bezeichnet, die einige Jahre dauert und erst nach dem Ende der Grundschulzeit abgeschlossen ist (Donaldson & Westerman, 1986).

Tina Hascher (1994) führte eine eigene Querschnittstudie zum Ambivalenzverstehen durch. Hierfür befragte sie insgesamt 96 Kinder zwischen vier und elf Jahren in einem teilstrukturierten Interview sowohl zu vier vorgegebenen Geschichten als auch zu eigenen Ambivalenzerfahrungen. Ergebnis dieser Untersuchung war, dass die Anzahl der verstandenen Ambivalenzen im Laufe der Entwicklung deutlich anstieg. Dabei verstand die jüngste Altersgruppe (vier bis fünf Jahre) seltener Ambivalenz in den Geschichten als die Gruppe der Kinder im Alter von sechs bis sieben Jahren. Die Sechs- bis Siebenjährigen wiederum verstanden weniger Ambivalenzen als die Kinder ab acht Jahren. Zwischen den beiden ältesten Kindergruppen (acht bis neun versus zehn bis elf Jahre) gab es keine Unterschiede im Emotionsverständnis mehr. Hascher (1994) schlussfolgert aus diesen Befunden, dass sich im Altersbereich von ca. acht Jahren

»nicht die Fähigkeit zum Ambivalenzverstehen ausbildet, sondern die Fähigkeit, ambivalente Emotionen in mehreren verschiedenen Kontexten zu verstehen« (S. 244). Damit erweitert und konsolidiert sich das Verständnis von gemischten Gefühlen. Die aktive Beschreibung der eigenen Ambivalenzerfahrungen fiel den älteren Kindern ebenfalls leichter als den jüngeren.

Zur Entwicklung des Verstehens mehrdeutiger Situationen bei Kindern fanden Gnepp, McKee und Domanic (1987) heraus, dass es Kindern mit zunehmendem Alter leichter fällt, zu erkennen, dass andere Menschen in einer zweideutigen Situation unterschiedliche (eben positive und negative) Gefühle empfinden können. Hingegen ist es in einer eindeutigen Situation wahrscheinlicher, nur ein Gefühl zu spüren. Gnepp et al. (1987) stellten fest, dass selbst Achtjährige bei dieser Aufgabe zur Differenzierung der emotionalen Reaktionen in Abhängigkeit von der Eindeutigkeit der jeweiligen Situation noch Schwierigkeiten hatten. »Young children have only a partial understanding of the uncertainty inherent in equivocal situations« (Gnepp et al., 1987, S. 122).

Zur Aufklärung einer möglichen Diskrepanz zwischen dem Verstehen von gemischten Emotionen bei anderen Menschen und dem eigenen Erleben, wurden Kindern kurze Filmausschnitte gezeigt, in denen sie die Emotionen der Protagonisten und die eigenen benennen sollten (Larsen, To & Fireman, 2007; Zajdel, Bloom, Fireman & Larsen, 2013). Diese Studien ergaben, dass die Kinder gemischte Gefühle bei den Darstellern im Film früher benennen konnten als bei sich selbst. Zajdel und Mitarbeitende (2013) vermuten, dass es sich bei der Fähigkeit, gemischte Emotionen bei Anderen zu verstehen und von eigenen gemischten Gefühle zu berichten, um zwei unabhängige Entwicklungsschritte handelt (im Sinne kognitiv-emotionaler Fähigkeiten), die sich nacheinander ausbilden. Mit ihren Befunden, dass sich das Verstehen von gemischten Emotionen vor dem Berichten eigener Erlebnisse ausbildet, unterstellen sie somit eine zeitlich umgekehrte Reihenfolge als in früheren Studien angenommen wurde (z. B. Harter, 1986).

3.9 Moralische Emotionen

Derzeit gibt es keine allgemein verbindliche Definition von moralischen Emotionen (Rudolph, Schulz & Tscharaktschiew, 2013). Gesammelte exemplarische Auflistungen (z. B. Weiner, 2006) verdeutlichen, dass eine Vielzahl von Emotionen zu den moralischen Emotionen gezählt werden können. Moralische Emotionen können angenehm oder unangenehm sein. Das Besondere an ihnen ist, dass sie ein Abwägen zwischen richtig und falsch, gut und schlecht sowie zwischen Müssen und Sollen erfordern (Weiner, 2006, S. 87). Positive moralische Gefühle entstehen im Zusammenhang mit moralischen Entscheidungen gegen die eigenen (egoistischen) Wünsche (z. B. Stolz). Die unangenehmen moralischen Gefühle entstehen bei der Verletzung von Verpflichtungen und Verantwortung gegenüber Anderen und umfassen unter anderem Scham und Schuld. Empathische moralische Empfindungen entstehen, wenn man sieht, wie Andere leiden oder mitfühlt, wenn Andere ungerecht behandelt werden. Empörung oder moralischer Ärger gelten denjenigen, die für das Leid der Anderen verantwortlich gemacht werden. Diese komplexen Gefühle beinhalten also immer eine Bewertung anhand moralischer Maßstäbe (Keller, Brandt & Sigurdardottir, 2010).

Rudolph et al. (2013) erstellten eine empirische Klassifikation der moralischen Emotionen, indem sie Erwachsene im Alter von 18-46 Jahren befragten (▶ Tab. 3.1). Dabei unterscheiden die Autoren zwischen einer Gruppe von »positiven moralischen Emotionen«, die in Reaktion auf positive moralische Ziele und hohe Anstrengung auftreten, wie etwa Bewunderung, Respekt, Stolz und Mitleid und einer zweiten Gruppe von negativen moralischen Emotionen, die durch negative moralische Ziele, wie etwa mangelnde Anstrengung und durch die Verfehlung positiver Ziele aktiviert wird. Beispiele hierfür sind Ärger, Empörung, Verachtung, Schadenfreude, Peinlichkeit, Reue, Scham und Schuld. Das Autorentrio beachtet zudem die Perspektive bei der moralischen Bewertung von Handlungen und unterscheidet zwischen den moralischen Emotionen des Beobachters und denen des Handelnden. Dabei werden die Handlungen der eigenen Person eher bezüglich ihrer Konsequenzen beurteilt, wohingegen die Handlungen der Anderen eher hinsichtlich ihrer Übereinstimmung mit übergeordneten und normativ handlungsleitenden Grundsätzen eingeschätzt werden.

Tab. 3.1: Empirische Klassifikation der moralischen Emotionen (nach Schulz, 2011, S.13)

	Positive moralische Emotionen	Negative moralische Emotionen
Moralische Emotionen des Beobachters	Bewunderung Respekt Stolz Mitleid	Ärger Empörung Verachtung Schadenfreude
Moralische Emotionen des Handelnden	Stolz	Scham Schuld Peinlichkeit Reue

Wohl am bekanntesten im Zusammenhang mit der Erforschung der moralischen Emotionen sind die Untersuchungen von Lawrence Kohlberg (1984), der ein Modell mit sechs qualitativ unterschiedlichen Stufen zur Entwicklung des moralischen Urteils erarbeitete. Diese Stufen werden nacheinander durchlaufen und im Hinblick auf die Begründungen der moralischen Handlungen zunehmend komplexer. Während es bei jüngeren Kindern bei moralischen Handlungen meist darum geht, Bestrafungen zu vermeiden oder Belohnungen zu erhalten, sind Triebfedern in den höheren Stufen eher das Bedürfnis nach Anerkennung oder das Anliegen, sich für das Wohl der Gesellschaft und für moralische Prinzipien einzusetzen.

Kinder beginnen erst ab dem Alter von acht Jahren (Pons et al., 2004) nachzuvollziehen, dass aufgrund einer moralisch bedenklichen Handlung (z. B. Lügen) negative Gefühle und nach einer moralisch lobenswerten Handlung positive Gefühle entstehen. Vorher verhalten sich die Kinder vormoralisch wie »happy victimizer« (Nunner-Winkler & Sodian, 1988). Die Hälfte der Achtjährigen war in der Untersuchung von Janke (2008) in der Lage, zu erkennen, dass sich das Kind in der Geschichte traurig fühlt, weil es seine Mutter angelogen hat. Nunner-Winkler und Sodian (1988) führten eine dreiteilige Studie zum Verständnis moralischer Gefühle mit vier bis acht Jahre alten Kindern durch. Sie fanden heraus, dass die meisten Vierjährigen einem Täter, der ein anderes Kind schädigt (z. B. etwas gestohlen oder jemanden verletzt hat), positive Emotionen zuschrieben, da derjenige das Ziel seiner Handlung erreicht habe. Hingegen nahmen die Achtjährigen bereits eine moralische Sichtweise ein und erkannten, dass der Täter sich schlecht fühlt und Schuld empfindet, wenn er jemanden absichtlich geschädigt hat. Im Alter zwischen vier und acht Jahren lässt sich also ein deutlicher Wechsel von einer ergebnisorientierten (Zielerreichung) zu einer moralisch orientierten Emotionsattribuierung feststellen. Arsenio und Kramer (1992) wiederholten diese Untersuchung mit Vier-, Sechs- und Achtjährigen und kamen zu ähnlichen Ergebnissen. Trotz der Darstellung der Figuren in der dargebotenen Geschichte als gute Freunde der Kinder waren 30 (der 32) befragten Vier- und Sechsjährigen und die Hälfte der Achtjährigen zunächst der Überzeugung, dass der Täter (der Süßigkeiten gestohlen hatte) in der beschriebenen Situation ausschließlich positive Emotionen empfindet. Hingegen vermuteten alle Kinder beim Opfer negative Gefühle. Nach expliziter direkter Nachfrage nach möglichen weiteren anderen Gefühlen ergänzten fast alle Achtjährigen und drei Viertel der Sechsjährigen ihre Aussagen um negative Empfindungen beim Täter. Im Gegensatz dazu blieben zwei Drittel der Vierjährigen bei ihrer Annahme rein positiver Gefühle auf Seiten des Täters. Sie scheinen somit noch keine Verbindung zwischen den emotionalen Reaktionen der Täter und der Opfer zu erkennen.

Kristin Hansen Lagattuta (2005) bestätigte, dass vier- bis fünfjährige Kinder die Emotionen vorrangig an den Zielen der Person ausrichteten, wohingegen Siebenjährige und Erwachsene Regeln und Konsequenzen in ihre Überlegungen einbezogen. In einer späteren Studie konnte Lagattuta (2008) diese Ergebnisse ausdifferenzieren: Wurden den vier- bis fünfjährigen Kindern auch die gedanklichen Überlegungen von Figuren in Bildergeschichten bei einer (Nicht-)Regelübertretung mitgeteilt, waren sie durchaus in der Lage, die Emotionen der Protagonisten flexibel anzupassen und richtig zu benennen. Die Kinder bezogen sich dabei nicht nur auf die Handlungen an sich (also ob eine Figur ihren Wunsch unterdrückt und Willensstärke zeigt oder eine Regel übertritt), sondern bezogen die abwägenden Gedanken ein, die mit der Benennung der Gefühle verbunden waren. Mögliche Ursachen sieht Lagattuta (2008) darin, dass Kinder in diesem Altersbereich ohne Vorgabe der Gedanken den Wünschen noch sehr viel Gewicht beimessen, die bei Erfüllung natürlich positiv ausfallen. Im Sinne einer kognitiven Einschränkung der exekutiven Kontrolle (executive control) müssen sie erst lernen, die direkte Verbindung zwischen Wünschen und Gefühlen zu unterdrücken. Dies scheint ihnen durch die Verdeutlichung möglicher Gedanken des Opfers besser zu gelingen (siehe auch Keller et al., 2010).

Nunner-Winkler und Sodian (1988) und Arsenio (2006) vermuten ebenfalls, dass sich in diesem Altersbereich ein Entwicklungsschritt beim Verständnis moralischer Konflikte vollzieht. Allerdings unterstellen sie eine Verzögerung zwischen dem moralischen Wissen der Kinder und ihrer moralischen Motivation. Denn obwohl die jungen Kinder die moralischen Normen schon benennen können, gelingt es ihnen in ihren Studien noch nicht, sie mit den angemessenen Emotionen zu verbinden (Nunner-Winkler, 2007). Nach dem frühen Erwerb eines angemessenen Wissens über die Verbindlichkeit moralischer Regeln, scheint sich die moralische Motivation erst in einem zweiten und zeitlich verzögerten Lernprozess zu entwickeln, der von den Kindern unterschiedlich schnell und unterschiedlich erfolgreich durchlaufen wird. »Wer aber Moralische Motivation aufgebaut hat, will die Normen befolgen, weil er das Rechte um seiner selbst Willen tun will« (Nunner-Winkler, 2007, S. 188). Nunner-Winkler spricht von »freiwilliger Selbstbindung aus Einsicht« (2007, S. 188), da Wissen und Wollen unabhängige Dimensionen der Moral sind. Gelingt dieser Entwicklungsschritt insofern nicht, als dass ein Kind auch später in Konflikten und Auseinandersetzungen mit Gleichaltrigen noch Fröhlichkeit oder Schadenfreude (im Sinne einer »proaktiven Aggression«, Arsenio, 2006) zeigt, dann wird es als aggressiver wahrgenommen, von den Gleichaltrigen weniger geschätzt und von ihnen und den Lehrkräften als weniger sozial kompetent eingeschätzt (Arsenio, Cooperman & Lover, 2000; Miller & Olson, 2000). Interindividuelle Unterschiede zwischen den Kindern in punkto »happy victimizer« hängen insofern eng mit ihrem aggressivem Verhalten gegenüber Gleichaltrigen und ihrer sozialen Kompetenz zusammen (Arsenio, 2006).

Trotz der stetigen Zunahme moralischer Motivation mit dem Alter scheint es erhebliche interindividuelle Unterschiede zu geben. Im Alter zwischen acht und 17 Jahren sind z.T. sogar Rückschritte zu beobachten. Diese erklärt Nunner-Winkler (2007) mit einem möglichen Hinterfragen und affektiven Umbesetzung von bisher gelernten Werten im Verlauf des Heranwachsens in der Adoleszenz.

Ein weiteres Drei-Stufenmodell zur Beschreibung der Entstehung von Stolz, Scham und Schuld stammt von Harter und Whitesell (1989, nach Wertfein, 2006). Kinder im Alter von vier bis fünf Jahren geben bei Ereignissen, die Stolz, Schuld oder Scham verursachen können, andere Gefühle gleicher Valenz an (z.B. sprechen sie davon, sich schlecht zu fühlen statt von Schuld). Diese Kinder befinden sich auf der ersten Stufe (»Zuordnung von Basisemotionen«). Auf der Stufe zwei (»Reaktion auf erfahrenes Lob oder Missbilligung«) befinden sich Kinder im Alter von sechs bis sieben Jahren. Sie sind stolz, wenn sie von Anderen gelobt werden und fühlen sich beschämt oder schuldig, wenn sie von Anderen getadelt werden.

Dabei sind die Anwesenheit bzw. die unmittelbaren Reaktionen vor allem der Eltern von entscheidender Bedeutung. Ab dem achten Lebensjahr treten die Kinder schließlich in die dritte Stufe ein. Sie können dann eigene Gründe nennen, um stolz auf sich selbst zu sein, sich zu schämen oder schuldig zu fühlen (auch ohne die Anwesenheit der Eltern oder anderer Personen). Allerdings ist das elterliche Urteil auch später noch von Bedeutung. Dies zeigt sich daran, dass die älteren Kinder einen (fiktiven) Diebstahl ihren Eltern später gestehen würden, um ihre unangenehmen Scham-/Schuldgefühle zu regulieren (▶ Kap. 5). Aus Angst vor elterlicher Bestrafung waren dagegen nur 10 % der Vorschulkinder auf Stufe eins zu diesem Schritt bereit. Lewis, Alessandri und Sullivan (1992) ließen Dreijährige im Beisein eines Elternteils schwierige und leichte Aufgaben durchführen (z. B. 25-teiliges und vierteiliges Puzzle) und beobachteten dabei ihre Reaktionen und Verhaltensweisen von Scham und Stolz. Beim Lösen der Aufgaben wurde keine Scham und beim Verfehlen kein Stolz bei den Kindern beobachtet. Es zeigte sich bei den Kindern mehr Scham beim Verfehlen der leichten Aufgabe als bei der schwierigeren und mehr Stolz beim Lösen der schwierigen Aufgabe. Somit konnten sie belegen, dass bereits Dreijährige in der Lage sind, den eigenen (Miss-)Erfolg anhand einer Aufgabe zu beurteilen und zur objektiven Selbstwahrnehmung fähig zu sein, was wiederum ihre emotionale Reaktion beeinflusste.

In einer italienischen Studie, die das Erleben von Scham und Schuld differenziert erfasste (Bafunno & Camodeca, 2013), gab es bei den untersuchten Drei- bis Fünfjährigen einige Kinder, die eher mit Scham und andere, die eher mit Schuld reagierten. Eine mögliche Erklärung sehen die Autoren in Temperamentsmerkmalen, dem Einfluss der Familie oder dem individuellen Attributionsstil der Kinder. Eine Neigung zu Scham war charakterisiert durch hohe eigene Ansprüche und Selbstaufmerksamkeit, körperliche Anspannung, Verschlossenheit und Meiden des Blickkontakts, was möglicherweise dazu dienen kann, sich zu verstecken und den Vergleich mit Anderen zu vermeiden. Schuld hingegen scheint eher mit einer besonderen Aufmerksamkeit auf die Beziehung zu Anderen zusammenzuhängen und zeigt sich durch Fehler-Eingeständnisse, Entschuldigungen und Wiedergutmachungen. Der Gruppe, die mehr Schuld zeigte, gehörten eher die älteren Kinder an. Bei den verschiedenen Kategorien von Scham wurden keine Alterseffekte gefunden, was mit unterschiedlichen Entwicklungsprozessen von Scham und Schuld in diesem Altersbereich zusammenhängen könnte. Deutlicher und häufiger konnten Scham und Schuld in der Gegenwart von Erwachsenen beobachtet werden (Bafunno & Camodeca, 2013), bevor sie sich zu einer »internalisierten Selbstbewertung« im Grundschulalter entwickeln (Holodynski, 2006, S.130).

3.10 Emotionsregulation

In den letzten Jahren ist die Emotionsregulation in den Mittelpunkt vielfältiger Forschungsbemühungen gerückt, sodass sich mittlerweile eine unüberschaubare Anzahl an Veröffentlichungen, Stellungnahmen, Vermutungen und Erkenntnissen mit diesem Thema beschäftigen (z. B. Cole, Martin & Dennis, 2004).

Die Emotionsregulation ist ein bedeutender Bestandteil der emotionalen Kompetenz, den Kinder im Laufe ihrer Entwicklung lernen. Die Fähigkeit,

3.10 Emotionsregulation

Emotionen regulieren zu können, stellt eine Grundvoraussetzung für das soziale Zusammenleben dar: »civilization is defined by coordinated social interchanges that require us to regulate how emotions are experienced and expressed« (Gross & Thompson, 2007, S. 3). Um mit seinen Mitmenschen zurechtzukommen, muss man in der Lage sein, seine Gefühle wahrzunehmen, auszudrücken und zu regulieren. Um Einblick in den komplexen Vorgang der Emotionsregulation zu geben, soll zunächst das Erklärungsmodell zur Emotionsentstehung und -regulation von Gross und Thompson (2007) vorgestellt werden, die in den Abbildungen 3.3 und 3.4 enthalten sind.

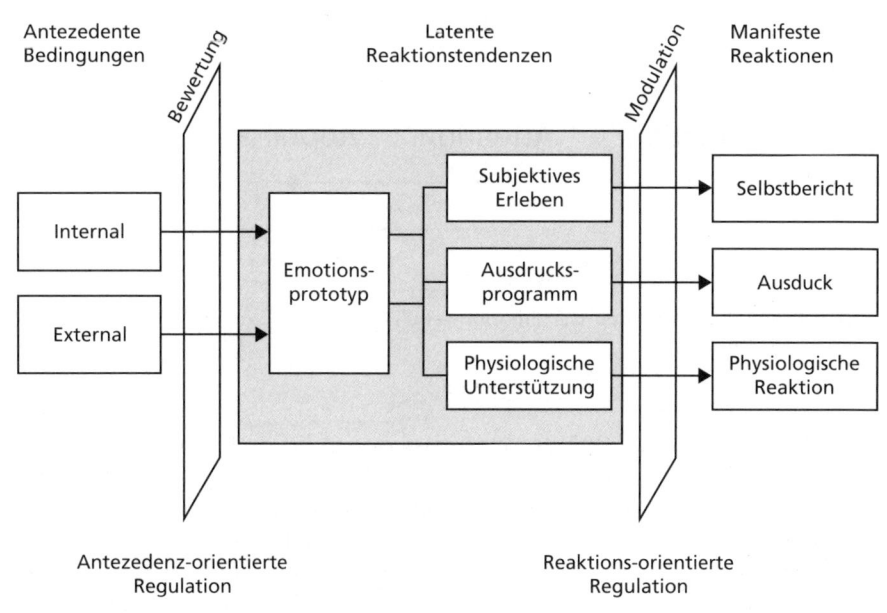

Abb. 3.3: Emotionsentstehung nach Gross (1998; zit. nach von Salisch & Kunzmann, 2005, S. 3)

Thompson (1994) postuliert in seiner vielzitierten Begriffsbestimmung: »Emotion regulation consists of internal and external processes involved in initiating, maintaining, and modulating the occurrence, intensity, and expression of emotions«. Das Modell von Gross und Thompson (2007) spezifiziert diese allgemeine Definition: Emotionen entstehen in psychologisch relevanten (intern oder extern hervorgerufenen) Situationen (»situation«), die sich auswählen (»selection«) und oft gestalten (»modification«) lassen. In der nicht direkt beobachtbaren »Black-Box« zwischen der Situation und der Reaktion (»response«) befinden sich Aufmerksamkeits- (»attention«) und Bewertungsprozesse (»appraisal«), die Emotionen ebenfalls verändern können. Die Bewertungsprozesse rufen eine emotionale Reaktion hervor, die in der Regel Veränderungen in den Bereichen des Erlebens, des Verhaltens und in den neurobiologischen Systemen beinhalten können. Die Bewertungsprozesse verändern sich im Laufe

59

der Entwicklung. Die Emotionsregulation kann an den fünf in Abbildung 3.4 bezeichneten Punkten des Prozesses der Emotionsentstehung ansetzen: Auswahl der Situation, Modifikation der Situation, Aufmerksamkeitslenkung, kognitive Veränderung der Bewertungen (z. B. durch Neubewertung) sowie an der direkten Modulation der emotionalen Reaktion, etwa durch Entspannungsübungen, Drogen oder Darbietungsregeln im Ausdrucksverhalten.

```
Situation     Situation      Attentional    Cognitive    Response
Selection     Modification   Deployment     Change       Modulation
   │             │              │              │            │
   ▼             ▼              ▼              ▼            ▼

        Situation       Attention     Appraisal      Response
   ●────────────●────────────●────────────●────────────●
                             ▲
                             └──────────────────────────┘
```

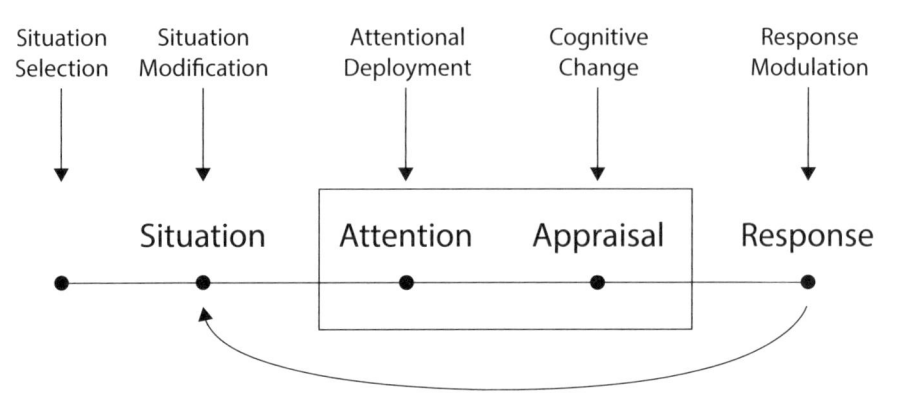

Abb. 3.4: Ein Prozess-Modell der Emotionsregulation (nach Gross & Thompson, 2007, S. 10)

Gross und Thompson (2007) betonen, dass es sich bei diesem Modell um eine sehr vereinfachte Darstellung handelt. Ungeklärt ist bei dieser Vereinfachung, was passiert, wenn ein Prozess der Emotionsentstehung im Verlauf einer besonders intensiven Gefühlsepisode mehrmals durchlaufen wird. Im Sinne einer Neubewertung nach Lazarus (1991) könnte dies zu veränderten emotionalen Reaktionen führen. Weiterhin bleibt offen, ob die Emotionsregulierung manchmal an mehreren Punkten zugleich ansetzt und ob sich Bewertungen, Ausdrucksformen, Erlebensweisen und physiologischen Abläufe gegenseitig beeinflussen. Emotionsregulation zu messen oder nachzuweisen stellt sich als schwieriges Unterfangen dar, weil sie kaum von »unregulierten« Emotionen zu unterscheiden ist. Meist bestehen die Versuche darin, diese unter experimentellen Bedingungen oder durch Selbstauskünfte zu erbringen (von Salisch & Kunzmann, 2005).

Gross et al. (2006) weisen – trotz einiger inhaltlicher Überschneidungen – auf eine Abgrenzung der Begrifflichkeiten Coping, mood regulation und psychological defenses von der Emotionsregulation hin. So beinhaltet »Coping« auch nicht-emotionale Handlungen, um ein nicht-emotionales Ziel zu erreichen, zum Beispiel intensives Lernen, um eine wichtige Prüfung zu bestehen. Emotionsregulation hingegen ist unabhängig vom Kontext. Mood regulation (Regulierung der Stimmung) zeichnet sich durch eine längere Dauer von geringerer Intensität aus und resultiert meist nicht aus bestimmten Situationen. Die Forschung zur mood regulation bezieht sich typischerweise auf Aktivitäten, denen Menschen nachgehen, um ihre schlechte Stimmung zu verbessern (z. B. Laufen gehen, gut schlafen). Die psychologische Abwehrreaktion (psychological defense), die aus der psychodynamischen Forschung stammt, umfasst eher stabile Merkmale von Einzelpersonen und findet außerhalb des Bewusstseins statt. Prozesse der Emotionsregulation verlaufen auf einem Kontinuum zwischen automatisch und kontrolliert und einem Kontinuum zwischen bewusst oder unbewusst (Gross & Thompson, 2007; Gross et al., 2006). Im Gegensatz dazu behandeln Forschungen zur Emotionsregulation alle Emotionen und umfassen stabile individuelle Unterschiede sowie grundlegende Prozesse, die bei allen Menschen stattfinden.

Bei der Regulierung von Emotionen sind junge Kinder selten auf sich allein gestellt, sondern bekommen meist Unterstützung durch vertraute Mitmenschen, wie Familienmitglieder oder Freunde. Das Phänomen der sozialen Bezugnahme (»social referencing«) ist in vielen Studien bereits ab der zweiten Hälfte des ersten Lebensjahres gut belegt worden. Walden (1991) beschreibt »social referencing« als aktiven Suchprozess des Kindes: »seeking input from other persons and subsequently using (or not using) that information to regulate one's own behavior. (...) The ability to reference others' emotional reactions is one way in which emotional responses are learned and affective regulation is maintained« (S. 70). Mit dem ersten Geburtstag wird das Ausdrucksverhalten der Eltern für das Kind zu einer wichtigen Informationsquelle. Obwohl später auch der verbale Ausdruck hinzukommt und diese Entwicklung bis ins späte Vorschulalter fortschreitet, bleibt der Einfluss des Gesichtsausdrucks der Mitmenschen für das Kind unverändert wichtig. Soziale Bezugnahme ist ein multidimensionales Phänomen, das über das bloße Imitieren von Verhalten hinausgeht. Es tritt vor allem in Unsicherheit erzeugenden Situationen auf und beeinflusst den Gesichtsausdruck des Kindes und sein Verhalten, etwa gegenüber fremden Personen. Kinder unterscheiden sich darin, wie oft und wie viel soziale Bezugnahme sie vornehmen.

Schon Babys neigen dazu, bei Überstimulation den Kopf zur Seite zu drehen. Aufmerksamkeitslenkung dieser Art ist schon im zarten Alter von vier Monaten zu beobachten und wird in den nächsten Jahren zunehmend häufiger (Braungart-Rieker, Hill-Soderlung & Karrass, 2010). Später kommen kognitive Formen der Aufmerksamkeitslenkung hinzu, sodass ab dem dritten Geburtstag die Fähigkeit des Kindes zur Ablenkung seine längere Wartezeit in einer frustrierenden Situation vorhersagt (Cole et al., 2011).

Ross Thompson (1990) unterscheidet weitere Strategien, über die die Bezugspersonen den Kindern Regulationsstrategien vermitteln: direkte (sprachliche) Anweisungen, Angebote zur Umdeutung des Anlasses, Modell sein und Unterhaltungen über Emotionen. Holodynski (2006) ergänzt diese Aufzählung noch um »Spielen von Emotionen während gemeinsamer Rollenspiele« (S. 143; auch Hyson, 1994). Rollenspiele stellen eine anschauliche und geeignete Methode dar, mit der Kinder emotionale Inhalte und Sprache spielerisch ausprobieren können. Auch Situationen, in denen zum Beispiel eine Mutter ihr Kind in den Arm nimmt, um es zu trösten, wenn es weint, stellt eine Form der Emotionsregulation dar.

Nach Sichtung verschiedener Studien schlussfolgern von Salisch und Kunzmann (2005), dass sich die Emotionsregulierung von der inter- zur intrapersonalen Regulierung verschiebt. »Während der Einfluss der Bezugspersonen auf die Regulierung am Anfang des Lebens noch relativ groß ist, werden im Laufe der Entwicklung immer mehr Situationen und Emotionen eigenständig gemeistert« (S. 56). Das Kind wird herausgefordert zu lernen, »die Befriedigung seiner Motive mit seinem sozialen Umfeld zu koordinieren, sie gegebenenfalls zu hierarchisieren und ihre Befriedigung aufzuschieben oder ganz zu unterlassen (...) und seine Handlungen an kulturellen Normen und Regeln zu bewerten« (Holodynski, 2006, S. 121). Mit zunehmendem Alter wird immer häufiger von den Kindern erwartet, drängende Handlungsimpulse zu hemmen oder zu verschieben und sich mit dem sozialen Umfeld abzustimmen. »Emotion regulation is a complex balancing act between the extremes of unbridled expressiveness and rigid repression of feelings« (Hyson, 1994, S. 50). So müssen Kinder zum Beispiel warten, bis sie an der Reihe sind oder nur nach Erlaubnis ein bestimmtes Spielzeug erhalten. Dies stellt für junge Kinder eine große Herausforderung dar, da sie dazu neigen, ihre inneren Zustände meist sofort und direkt mit ihrem ganzen Gesicht, ihrer Stimme und ihrem Körper auszudrücken.

In diesem Zusammenhang erhält der Bedeutungsgehalt der Sprache eine wichtige Funktion: Die Kinder nutzen das Sprechen vermehrt zur inneren Selbstinstruktion oder werden von den Eltern aufgefordert, ihre Anliegen, die sie bisher nur im Ausdrucksverhalten zeigten, in Worten zu formulieren (z. B. die Bitte um einen Keks; Holodynski, 2006). Durch Sprache werden Emotionen kommunizierbar und reflektierbar. Es wird möglich, über aktuelle und vergangene, hypothetische und antizipierte Emotionen zu sprechen und diese aus ihrem unmittelbaren Erlebniskontext zu entheben (von Salisch, 2000).

Mit zunehmendem Alter entwickeln Kinder weitere Strategien zur Kontrolle und Modulation ihrer Emotionen. Die Fähigkeit, den eigenen mimischen Emotionsausdruck vollständig zu regulieren und flexibler und differenzierter einzusetzen, bildet sich während der Vorschulzeit mit voranschreitender Entwicklung der kognitiven Kompetenzen heraus. Dies geschieht häufig im Zusammenhang mit dem Versuch, den sozialen Erwartungen zu entsprechen. Mit der Möglichkeit, die Mimik zu kontrollieren, gewinnt das Kind an Sicherheit in sozialen Situationen und kann sich angemessener im Umgang mit Anderen verhalten (Denham, 1998). Auch hier kommt es – wie im Bereich des Sprechens und Handelns – etwa ab dem sechsten Lebensjahr zu einer »Internalisierung«. »Sprechzeichen und auch Ausdruckszeichen verschwinden nicht, sondern sie werden internalisiert und existieren auf einer mentalen Ebene als mentale Ausdruckszeichen weiter« (Holodynski, 2006, S. 145).

In den Grundschuljahren erkennen Kinder, dass psychologische Möglichkeiten der Emotionsregulation oft weniger aufwändig und effektiver sind. Distanzierung wird zur beliebtesten Strategie zur Regulierung von Ärger in der Freundschaft (von Salisch, 2000), die auch zum Aufbau und Erhalt von neuen Freundschaften beiträgt (von Salisch, Zeman, Lüpschen & Kanevski, 2014). »Im Alter von sechs bis sieben Jahren beziehen sich Kinder noch auf handlungsorientierte Strategien, wohingegen Kinder ab dem achten Lebensjahr vermehrt erkennen, dass sich psychologische Strategien zur Emotionsregulation als sinnvoller erweisen. (...) Mit zunehmendem Alter [und damit einhergehender kognitiver Entwicklung] findet demnach ein Wechsel von aktionalen Regulationsversuchen zur mentalen Kontrolle von Emotionen statt« (Janke, 2008, S. 131). In einer Interview-Studie von Harris et al. (1981; nach Stegge & Meerum Terwogt, 2007) gaben Kinder im Alter von sechs Jahren hauptsächlich Veränderungen der Situationen oder Veränderungen auf der Verhaltensebene an (Vermeidung eines unangenehmen Zustandes), wenn sie danach gefragt wurden, wie sie negative Gefühlszustände regulieren würden. Die Zehnjährigen erkannten hingegen schon, dass es in manchen Situationen effektiver zur Regulation von negativen Emotionen ist, wenn man versucht, seine subjektive Sichtweise der Begebenheiten zu verändern im Sinne einer kognitiven Veränderung (oder Neubewertung). Freundschaften scheinen ein besonders stimulierender Kontext für das Erlernen der Regulation von Ärger zu sein (von Salisch, 2000; von Salisch, Lüpschen & Kanevski, 2013; von Salisch, Zeman et al., 2014). Darüber hinaus ist es wichtig, das Alter und Geschlecht der Kinder einzubeziehen. In einer Studie von Waters und Thompson (2014) gaben sechs- und neunjährige Kinder an, Problemlöse-Strategien bei Ärgerregulation als effektiv zu erachten. Bei der Regulation von Traurigkeit war es das zum Ausdruckbringen und die Suche nach sozialer Unterstützung von Erwachsenen, die Kinder als besonders wirksam einschätzten. In einer Studie zur Effektivität verschiedener Strategien der Furchtregulation präsentierte Janke (2010) Kindergartenkindern sechs Geschichten über Kinder, die sich in einer furchtauslösenden Situation befanden und gab ihnen verhaltensbasierte und mentale Strategien zur Bewältigung dieser Furcht vor. Anschließend wurden sie gebeten, die vorgeschlagenen Strategien als (in-)effektiv zu beurteilen, um die Angst zu vermindern. Dabei stellte Janke (2010) fest, dass alle 64 Kindergartenkinder im Alter zwischen drei und sechs Jahren effektive von ineffektiven Strategien unterscheiden konnten. Dies unterstützt Forschungen zur Theory of Mind nach der schon junge Kinder in der Lage sind, Bewusstseinszustände zu repräsentieren (und zu manipulieren). Mit dem Alter wuchs die Urteilskraft und ab dem Alter von vier Jahren gelang den Kindern die Beurteilung der Wirksamkeit von mentalen Strategien besser als der von behavioralen Strategien. Damit sind schon jungen Kindern die Strategien und ihre Wirkungsweise bekannt, die Emotionen wie Trauer, Ärger oder Furcht regulieren.

3.11 Emotionales Erleben im Jugendalter

Mit dem Übergang ins Jugendalter verändert sich in der Regel auch das emotionale Erleben. Deutliche Hinweise darauf geben die Tagebuchstudie von Larson, Moneta, Richards und Wilson (2002), die Jugendliche über die Experience Sampling-Methode eine Woche lang täglich mehrmals über Handy (oder Pieper) nach ihrer aktuellen Befindlichkeit befragten. 220 Jugendliche aus Familien der nordamerikanischen Mittel- und Arbeiterschicht, die auf diese Weise zwei Mal um Auskunft gebeten worden waren, gaben als Gruppe zum zweiten Messzeitpunkt im mittleren Jugendalter (9.–12. Klasse) mehr negative Emotionen zu Protokoll als bei ihrer ersten Befragung vier Jahre zuvor. Gleichwohl lag ihre Gestimmtheit auch im mittleren Jugendalter in über 70 % der Situationen im positiven Bereich. Die durchschnittliche Absenkung in der Stimmung geht vor allem auf jenes Drittel der Jugendlichen zurück, dessen Affektbalance sich gegenüber dem Ausgangsniveau deutlich verschlechtert hatte. Dass die negativen und die positiven Gefühle, die die Jugendlichen auf das elektronische Signal hin notierten mit gleichzeitig erlebten belastenden Lebensereignissen und depressiven Symptomen zusammenhingen, wurde ebenfalls von Larson et al. (2002) bestätigt.

Jugendliche erleben häufiger als Kinder und als junge Erwachsene intensive negative und positive Emotionen und zwar im schnellen Wechsel. Die Längsschnittstudie von Larson und Kollegen (2002) weist darüber hinaus nach, dass sich die Bandbreite der positiven und negativen Emotionen mit dem Alter vergrößerte, und zwar vor allem bei den weiblichen Jugendlichen. Weibliche Teenager erlebten im mittleren Jugendalter mehr Schwankungen zwischen himmelhochjauchzenden und zu Tode betrübten emotionalen Zuständen als in den Jahren zuvor. Diese Schwankungen hängen mäßig mit depressiven Verstimmungen zusammen: Je höher die Fluktuationsrate zwischen positiven und negativen Emotionen ausfiel, desto mehr depressive Symptome nannten Siebt- und Zehntklässler in einer weiteren Tagebuchstudie (Silk, Steinberg & Morris, 2003). Über die vier Jahre von der frühen zur mittleren Adoleszenz verringerten sich die Unterschiede zwischen den einzelnen Jugendlichen, die zu Beginn der Adoleszenz besonders ausgeprägt waren. Insofern waren die älteren Jugendlichen sich untereinander in ihrer emotionalen Gestimmtheit ähnlicher als in früheren Jahren (Larson et al., 2002). Hier lässt sich also ein Ausgleich der Stimmungsunterschiede zwischen den Jugendlichen feststellen, in gewisser Weise also eine »Tendenz zur Gruppenmitte«.

3.12 Emotionales Ausdrucksverhalten im Jugendalter

Auch wenn Jugendliche mehrheitlich mehr negative (als positive) Emotionen zu Protokoll geben, so bedeutet dies noch lange nicht, dass sie diese auch lautstark äußern. Im Gegenteil: Im Allgemeinen reduzieren Heranwachsende ihren Emotionsausdruck bis ins Jugendalter (Sallquist et al., 2009). Die »Ausdruckskontrolle« erstreckt sich auch auf positive Emotionen (Sallquist et al., 2009) und gelingt zunehmend auch unter schwierigen Bedingungen wie etwa Versagen bei einer Aufgabe (Holodynski, 2004), Provokationen durch einen Peer (Underwood, Hurley, Johanson & Mosley, 1999) oder Ärger auf den besten Freund oder die beste Freundin (von Salisch, 2000). Vor allem wird jedoch der Ausdruck der Verletzlichkeit (Trauer, Schmerz, Angst) mit steigendem Alter immer vollständiger verborgen, besonders von den Jungen. Für den Fall, dass Angst, Trauer oder Ärger in ihrem Verhalten bemerkbar wird, erwarteten Schulkinder in hypothetischen Geschichten negative Reaktionen der Gleichaltrigen (Zeman & Garber, 1996; Zeman & Shipman, 1997). Lernziel in der Peer-Welt scheint es nach diesen Befunden zu sein, seine (negativen) Emotionen in den Griff zu bekommen, also in der Sprache der Jugendlichen »cool« zu werden – oder zumindest so zu wirken. Den Ausdruck der eigenen Gefühle zu beherrschen, lässt sich als Errungenschaft verstehen, die den Handlungsraum der Heranwachsenden erweitert, weil sie nun flexibler sind und ihr Ausdrucksverhalten der Situation anpassen können. Hilfe bei der Anpassung des eigenen emotionalen Ausdrucksverhaltens an die Erfordernisse der Situation oder der Beziehung (Saarni, 2002) leistet ihnen ihr vertieftes Verständnis von den Folgen, den ihr unbedachter Ausdruck haben kann (Larson & Brown, 2007).

3.13 Erkennen und Benennen von Emotionen im Jugendalter

Im Verlauf des Jugendalters gelingt es Jugendlichen immer umfassender, Gefühle bei sich selbst wahrzunehmen und mit Worten »dingfest« zu machen, weil sich die Bewertungen der vorausgehenden Bedingungen verfeinern und sich die sprachlichen Möglichkeiten verbessern. Mit den sich entwickelnden Fähigkeiten zur Meta-Kognition weiten sich die Möglichkeiten, durch (Neu-)Bewertungen zu einem veränderten Erleben emotionsrelevanter Sachverhalte zu kommen, noch einmal erheblich aus. Heranwachsende können nun systematisch reflektieren, welche vorausgehenden Bedingungen in welcher Weise zu ihrem emotionalen Erleben beigetragen haben. Sie können ihr jetziges Erleben mit vorangegangenen Gefühlsepisoden in Beziehung setzen oder es mit den emotionalen Empfindungen anderer Menschen in der gleichen Situation vergleichen. Auf diese Weise können sie etwa herausfinden, was genau es ist, was sie (und nicht ihre Freunde oder Peers) an einer Situation so traurig, wütend oder ängstlich macht. Dadurch, dass Jugendlichen in komplexen interagierenden Systemen denken können (Fischer et al.,1990), erweitert sich ihr Reflexionsraum um die Dimensionen der persönlichen, der situativen und der kulturellen Bedingungen, die das Erleben (und den Ausdruck) bestimmter Emotionen begünstigen oder behindern können.

Mit dem Jugendalter vergrößert sich weiterhin die Spannbreite der Emotionen, die die Jugendlichen benennen können. Heranwachsenden gelingt es nun immer korrekter, auch komplexe Gefühle wie Scham, Schuld, Eifersucht oder Neid zu erkennen, die kein direktes Äquivalent im Ausdrucksverhalten haben, sondern aufgrund von Situationen oder Beziehungskonstellationen erschlossen werden müssen (Harris, 1992). Jugendliche verstehen nun zum Beispiel, dass Schuldgefühle nicht nur durch (verbotene) Handlungen entstehen können, sondern auch durch deren Unterlassen, wie etwa bei der unterlassenen Hilfeleistung (Williams & Bybee, 1994). Zugleich weisen Jugendliche ein vollständiges Verständnis auf für das gleichzeitige Empfinden von mehreren Gefühlen gegenüber einem einzigen Sachverhalt oder Beziehungspartner. Und was vielleicht noch wichtiger ist: Nun gelingt es ihnen immer besser, ihre zwiespältigen Gefühle auch in Worte zu fassen (Harris, 1992). Jugendliche benennen bevorzugt gemischte Gefühle, wenn sie nach ihrem Gefühlsleben gefragt werden (O'Kearney & Dadds, 2004). Diese Einsicht öffnet Jugendlichen weitere Räume zur Reflexion der Gefühle, die sie in wichtigen zwischenmenschlichen Beziehungen erleben.

Eine der wenigen empirischen Untersuchungen zum Emotionsverständnis bestätigte, dass sich das Verständnis für die Emotionen Trauer, Ärger, Angst und Glück oder Freude bei nordamerikanischen Jugendlichen zwischen 10 und 19 Jahren deutlich vertiefte. Jugendliche orientierten sich in ihrem Emotionsverständnis zunehmend weniger an den konventionsorientierten Emotions-Beschreibungen ihrer Peer-Gruppe und immer stärker an ihrem persönlichen Empfinden. Ihr Emotionsverständnis wurde demnach vor allem im Jugendalter reichhaltiger, differenzierter und an ihre persönliche Erfahrungswelt gekoppelt (Labouvie-Vief, DeVoe & Bulka, 1989; Labouvie-Vief, Hakim-Larson, DeVoe & Schoeberlein, 1989). O'Kearney und Dadds (2004) bestätigten, dass der verbale Bericht über Gefühle bei älteren Jugendlichen differenzierter und komplexer ausfällt. Zugleich stellten sie fest, dass sich ältere Jugendliche häufiger auf externale oder situative Anlässe konzentrierten und subjektive Erfahrungen seltener als Auslöser für das emotionale Erleben bei zwei emotionsauslösenden Geschichten erwähnten (O'Kearney & Dadds, 2004). Mit den Meta-Kognitionen über das eigene Gefühlsleben, der größeren Bandbreite an benennbaren Emotionen und der Erkenntnis der Ambivalenz in den Gefühlen gegenüber vielen vorausgehenden Bedingungen erweitert sich das Verständnis, das Jugendliche für ihr eigenes Gefühlsleben haben, in entscheidender Weise. Dies gilt natürlich nicht für alle Jugendlichen in gleichem Ausmaß – erhebliche Unterschiede sind bei allen diesen Punkten zwischen den Jugendlichen zu erwarten.

Zu einem verbesserten Emotionsverständnis gehört darüber hinaus die Fähigkeit, bei Anderen zu erkennen, welche (emotionsrelevanten) Bewertungen sie vornehmen, welche Gefühle sie (wahrscheinlich) empfinden und wie sie ihren Emotionsausdruck modulieren. Jugendlichen gelingt es schneller und zutreffender als Kindern, im Gesicht gezeigte Emotionen zu benennen. Dieser Alterstrend gilt ebenso für Emotionen, die durch die Modulationen der Stimme oder durch Augenbewegungen offenbart werden (Tonks, Williams, Frampton, Yates & Slater, 2007).

Dass sich Menschen in ihrem emotionalen Erleben und ihrem Ausdruck unterscheiden, und dass dies an ihrer Persönlichkeit, an ihren Vorerfahrungen, an situativen Bedingungen und vielen anderen Faktoren liegt, gehört zu den Einsichten des Jugendalters (Larson & Brown, 2007).

Jugendliche sind zunehmend in der Lage, neben Ausdrucksverhalten und Situation auch personenspezifische emotionsrelevante Vorerfahrungen einzubeziehen, wenn es darum geht, deren emotionalen Reaktionen vorherzusagen. Ein Beispiel hierfür wäre, dass ein Kind, das unlängst von einem Hamster gebissen wurde, nicht Freude, sondern Angst (oder Sorge) empfindet, wenn es den kleinen Nager das nächste Mal streicheln darf (Gnepp & Gould, 1985). Jugendlichen gelingt es besser als Kindern, diese meist nur implizit erkennbaren Hinweise auf die »emotionalen Voreinstellungen« bei anderen Personen zu entziffern und sie bei der Vorhersage von deren wahrscheinlichen emotionalen Empfindungen heranzuziehen (Gnepp & Chilamkurti, 1988).

3.14 Emotionsregulation im Jugendalter

In dem in Abbildung 3.3 beschriebenen Modell von Gross (1998) setzt die Regulation von Emotionen zum einen an der Wahrnehmung und Bewertung der vorausgehenden Bedingungen (antezedenz-orientierte Regulation) und zum anderen bei der Modulation der verschiedenen Output-Systeme (reaktions-orientierte Regulation) an. Die wachsende Fähigkeit zur Modulation emotionaler Reaktionen zeigt sich an der zunehmenden Fähigkeit, den Ausdruck der eigenen Emotionen »in den Griff« zu bekommen, die oben beschrieben wurde. Ein weiterer Beleg kommt aus einer Längsschnittstudie zur Ärgerregulierung in der Freundschaft. Körperlich oder verbal aggressive Reaktionen gegenüber dem Freund, die ohnehin selten sind, gehen während des Jugendalters noch weiter zurück, während Gespräche über die Hintergründe des Ärgers häufiger werden (von Salisch & Vogelgesang, 2005). Jugendliche bilden Strategien aus, so eine qualitative Beobachtungsstudie über das emotionale Lernen von Jugendlichen, die die Aufführung eines Musicals vorbereiteten, wie sie ihren Ärger nicht sichtbar werden lassen, sodass sie Andere nicht damit ansteckten. Andere wiederum gaben zu Protokoll, dass sie den Ärger auf ein Teammitglied nicht in sich anstauen ließen, sondern lieber gleich ansprachen (Larson & Brown, 2007).

Zu einer verbesserten Regulation im Jugendalter dürfte das erweiterte Spektrum der emotionsbezogenen Bewertungen (und Neubewertungen) beitragen, das den Jugendlichen aufgrund ihres verfeinerten Verständnisses für ihre eigenen Emotionen und die anderer Menschen zur Verfügung steht. Allerdings scheinen die Neubewertungen auf kurze Sicht nur bei wenigen Emotionen effektiv zu sein: Wenn die Jugendlichen in einer Tagebuchstudie kognitive Umdeutungen eingesetzt hatten, reduzierte sich die Intensität ihres Ärgers nur im Trend (gegenüber ihrem intensivsten Emotionserleben in der vergangenen Stunde). Beim Erleben von Trauer und beim Erleben von Angst war kognitives Umdeuten gar nicht wirksam darin, die Emotion »herunter zu regulieren« (Silk et al., 2003). Vor allem bei Ärger scheint die kognitive Neubewertung zu wirken, denn Jugendliche berichteten, dass sie durch die Vorbereitung der Musiktheater-Aufführung Strategien gelernt haben, anderen Jugendlichen, die sie frustriert haben, mit Respekt zu begegnen und deren Lebensumstände zu berücksichtigen (Larson & Brown, 2007).

Das Jugendalter ist eine Zeit beschleunigten körperlichen Wachstums – auch im Hinblick auf das Zentralnervensystem. Bis ins frühe Erwachsenenalter verändern sich Schaltstellen und Vernetzungen, die mit der Regulation von Emotionen zu tun haben. Damit verändern sich auch die neurobiologischen Begleiterscheinungen von Emotionen. Neuere Forschungen zeigen, dass mit dem Alter die Fähigkeit zur Verhaltenshemmung ansteigt; die entsprechenden Hirnzentren (N2 und P3) schlagen bei Jugendlichen schneller und weniger stark an, weil die Verhaltenshemmung automatisiert wird. Schlechter funktioniert die Verhaltenshemmung, wenn sich die Heranwachsenden in Gefahr sehen, ein attraktives Geschenk zu verlieren und entsprechend eher Ärger, Trauer oder Angst verspüren. Während Kinder unter dieser emotionalen Belastung eher impulsiv reagieren und sich ihre Trefferquote (in einem Spiel) verringert, schaffen es Jugendliche, ihre Trefferquote in etwa gleich zu halten. Ihre Belastung wird ausgeglichen durch ein erhöhtes Maß an Selbstkontrolle, vor allem durch corticale Aktivität. Ab 13 Jahren zeichnen sich Jugendliche durch vermehrte Aktivität im Präfrontalen Cortex aus, der für Planen, Denken und Selbstregulierung zuständig ist (Lewis, Lamm, Segalowitz, Stieben & Zelazo, 2006).

Die Ergebnisse aus einer Vielzahl an Studien im Bereich der sozial-emotionalen Entwicklung belegen, dass sich das Wissen der Kinder über Emotionen mit zunehmendem Alter vergrößert und ausdifferenziert. Die Bandbreite an Emotionen, die verstanden und beurteilt werden können, erweitert sich und umfasst zunehmend auch komplexe und gemischte Gefühlszustände. Kindern und Jugendlichen gelingt es immer besser, ihre Erkenntnisse in immer weitläufigere Zusammenhänge zu stellen und die Perspektive ihrer Mitmenschen zu übernehmen. Damit sind zugleich wichtige Grundlagen für ihre Emotionsregulation durch Neubewertung gelegt.

4 Individuelle Einflussfaktoren auf die Entwicklung emotionaler Kompetenz

Welche großen Fortschritte Kinder und Jugendliche bei der Entwicklung ihrer emotionalen Kompetenz im Allgemeinen machen, wurde im letzten Kapitel dargelegt. Wie Heranwachsende diese neuen Wissensbestände und Fertigkeiten erwerben, wird durch eine Reihe von Faktoren beeinflusst, die in diesem Kapitel beschrieben werden. Auf den folgenden Seiten werden die Faktoren behandelt, die die Einzelnen mitbringen und die ihre Entwicklung emotionaler Kompetenz beeinflussen, so etwa ihr kognitiver und sprachlicher Entwicklungsstand, ihr Geschlecht und ihr Temperament im Sinne ihrer biologisch bedingten körperlichen und psychischen Konstitution. Gerade in den ersten Lebensjahren schreitet die kognitive und sprachliche Entwicklung schnell voran und kann zum Teil die im letzten Kapitel dargestellten Alterseffekte erklären. Daneben ist es unabdingbar, die Entwicklung emotionaler Kompetenz im Zusammenhang mit den sozialen Bezügen zu sehen, in denen alle jungen Menschen aufwachsen. Dazu zählen ihre Beziehungen zu Eltern und Peers sowie der sozioökonomische Status und der kulturelle Hintergrund ihrer Familien. Diese sozialen Einflussfaktoren werden in Kapitel 5 erläutert. Die individuellen und die sozialen Faktoren tragen gemeinsam zur Erklärung der interindividuellen Unterschiede zwischen den Heranwachsenden bei, die sich zu einem bestimmten Zeitpunkt in punkto emotionaler Kompetenz zeigen.

4.1 Kognitive Einflüsse: Sprache, Exekutive Funktionen und Intelligenz

In den ersten Lebensjahren verläuft die kognitive Entwicklung in rasantem Tempo. Wie alle Eltern wissen, machen Kinder jeden Monat neue Fortschritte hinsichtlich ihrer Fähigkeit, ihre Aufmerksamkeit mit dem Willen zu lenken, sich Sachverhalte zu merken und sie sprachlich zu benennen, um nur einige Entwicklungsbereiche zu nennen. Gegen Ende der Vorschulzeit stabilisieren sich die interindividuellen Unterschiede bei der Fähigkeit zur mentalen Repräsentation. Inwiefern all diese Fähigkeiten Einfluss auf die Ausbildung von Emotionsverständnis und Emotionsregulation nehmen, wird in diesem Abschnitt ausbuchstabiert.

4.1.1 Sprachliche Fähigkeiten

Im Verlauf ihrer ersten sechs Lebensjahre machen Kinder beim Spracherwerb erstaunliche Fortschritte. Beginnend mit Prosodie und Phonologie im ersten Lebensjahr bauen Kinder bis etwa zum Schuleintritt einen Wortschatz von über 5 000 Stammwörtern auf und meistern auch nahezu alle Herausforderungen von Morphologie (z. B. Pluralbildung) und Syntax (z. B. Wortstellung von Fragen und Verneinungen). Die für die Kommunikation wichtigen Fähigkeiten der sprachlichen Pragmatik, also der Angemessenheit der Äußerungen, finden ihren Anfang in den Eltern-Kind-Dialogen in den ersten Lebensmonaten und werden ein Leben lang verfeinert. Gerade im Vorschulalter unterscheiden sich Kinder in ihren Sprachkenntnissen recht deutlich (Weinert, 2007).

Dass die interindividuellen Unterschiede in den sprachlichen Fähigkeiten der jungen Kinder recht eng mit dem Stand ihres Emotionswissens zusammenhängen, wurde vielfach bestätigt (z. B. Cole, Dennis, Smith-Simon & Cohen, 2008; Cutting & Dunn, 1999; Downs, Strand & Cerna, 2007; Ketelaars et al. 2010; Ornaghi & Grazzani, 2013). Diese enge Verknüpfung lässt sich unter anderem darauf zurückführen, dass das Emotionsverständnis von Eltern und anderen Bezugspersonen ganz überwiegend über das Medium der Sprache vermittelt wird (▶ Kap. 5). Außerdem wird es in den meisten diagnostischen Verfahren zum Emotionsverständnis (▶ Kap. 2) auch sprachlich abgefragt. Darüber hinaus ist die Sprache ein Mittel zur Repräsentation von emotionalen Sachverhalten im Gedächtnis. Wenn es gelingt, das emotionale Erleben in Worte zu fassen, dann fällt es leichter, diese Erfahrungen mental zu organisieren, zu reflektieren und im Nachhinein zu bewerten (Nelson & Fivush, 2004). Sprachlich repräsentierte emotionale Erfahrungen scheinen im Gedächtnis leichter zugänglich zu sein. So können vergangene Erfahrungen besser dazu herangezogen werden, sich emotionale Erlebnisse zu erklären und zukünftige emotionale Situationen einzuschätzen. Dies schließt auch Ratschläge zur Emotionsregulation ein, die wenn sprachlich repräsentiert, besser erinnert werden können (von Salisch, 2000). Sprache verschafft zudem Zugang zum Innenleben von anderen Menschen, das man nur eingeschränkt beobachten, wohl aber erfragen kann. Durch Gespräche über eigene und fremde Befindlichkeiten (mental state talk) gewinnen Kinder Einblick in das psychische Funktionieren und erweitern ihr Verständnis von Emotionen (Harris, 1989).

Empirische Ergebnisse bestätigen viele dieser theoretischen Formulierungen. In Querschnittstudien lassen sich recht hohe Korrelationen zwischen den sprachlichen Fähigkeiten und den verschiedenen Komponenten des Emotionswissens nachweisen, etwa zwischen dem Wortschatz und dem Erkennen von Gesichtern und Situationen (z. B. Trentacosta & Izard, 2007; Blankson et al., 2012) oder zwischen dem Gesamtwert des TEC (▶ Kap. 2) und dem Verständnis von semantischen (de Rosnay, Pons, Harris & Morrell, 2004), syntaktischen (Pons, Lawson, Harris & de Rosnay, 2003) und pragmatischen Aspekten der Sprache (Farina, Albanese & Pons, 2007). Die pragmatischen Sprachaspekte beinhalten zum Beispiel die Fähigkeit der Kinder, Schlussfolgerungen bzw. Rückschlüsse auf die Absichten des Sprechers ziehen zu können. Dies ist vor allem im Hinblick auf gemischte oder moralische Emotionen wichtig. Bemerkenswert ist, dass diese Korrelationen auch dann Bestand haben, wenn Alter und Geschlecht der Kinder statistisch kontrolliert wurden (Farina et al., 2007). In mehreren deutschen Studien hing insbesondere das Verstehen von Sätzen mit dem gleichzeitig gemessenen Emotionswissen auf dem TEC zusammen, ebenfalls bei Kontrolle von Alter und Geschlecht (z. B. Janke, 2008; von Salisch, Hänel & Denham, 2015a). Ornaghi und Grazzani (2013) untersuchten Schulkinder im Alter von sieben bis zehn Jahren hinsichtlich ihres Verständnisses von Emotionswörtern und der Häufigkeit ihres Gebrauchs von Wörtern über Gemütszustände, die sich nicht beobachten lassen (mental state talk). Dabei zeigten sich in beiden Fällen signifikante Korrelationen mit dem Emotionswissen der Kinder. Zusätzlich durchgeführte Regressionsanalysen belegten, dass das Verstehen der Emotionsbezeichnungen – noch mehr als deren Verwendung – eine entscheidende Rolle bei der Erklärung des Emotionsverständnisses der Kinder spielt. Beck, Kumschick, Eid und Klann-Delius (2012) konnten bei Grundschulkindern ebenfalls enge Verbindungen zwischen den sprachlichen Fähigkeiten und verschiedenen Komponenten emotionaler Kompetenz nachweisen.

Darüber hinaus scheinen Sprachkenntnisse für den Erwerb von weiterem Emotionswissen von Vorteil zu sein. Nach der Längsschnittstudie von Ketelaars et al. (2010) trug ein vergleichsweise großer Umfang des rezeptiven Wortschatzes von Fünfjährigen dazu bei, positive Veränderungen ihres Verständnisses von ambivalenten Gefühlen über die nächsten zwei Jahre vorherzusagen. Weitere Evidenz stammt von Kindern mit verzögerter Sprachentwicklung, die im Allgemeinen ein geringeres Emotionswissen als ihre sprachlich unauffälligen Altersgenossen aufweisen. Auch wenn ihr Emotionswissen auf niedrigerem Niveau beginnt, so verläuft ihre Lernkurve beim Erwerb des Emotionswissens doch ebenso steil wie die ihrer Kameraden mit typischer Sprachentwicklung (z. B. Downs et al., 2007). Fine, Izard und Trentacosta (2006) stellten in ihrer Growth Curve Analyse des Emotionswissens von Kindern der nordamerikanischen Unterschicht fest, dass der mit vier Jahren gemessene Wortschatz der Kinder lediglich interindividuelle Unterschiede beim Niveau ihres Wissens zu typischen Auslösebedingungen der Basisemotionen Freude, Ärger, Angst und Trauer mit sechs Jahren erklärte, nicht aber Unterschiede bei den Wissenszuwächsen der Kinder. Dies mag auch damit zu tun haben, dass die Schulanfänger die typischen Situationen für diese Basisemotionen bereits gemeistert hatten. Lernfortschritte beim Verständnis der situativen Auslöser in den Grundschuljahren wurden durch den anfänglichen Wortschatz nur bei der komplexen Emotion Scham vorhergesagt, die gewöhnlich erst in den ersten Grundschuljahren von den Kindern verstanden wird (▶ Kap. 3). Befunde aus der deutschen Elefant-Studie legen nahe, dass das Sprachverständnis in einem großen Sample von Vier- bis Sechsjährigen ihr Lerntempo bei der Ausweitung und Verfeinerung ihres Emotionswissens beeinflusste. Kindergartenkinder mit einem besseren rezeptiven Verständnis der deutschen Sprache zu Beginn der Untersuchung machten größere Fortschritte beim Emotionswissen über das Jahr bis zur Wiederholungsmessung, auch wenn ihr Alter und ihre exekutiven

Funktionen (▶ Kap. 4.1.3) in die Auswertung einbezogen waren, die ebenfalls den Lernzuwachs beim Emotionswissen beeinflussen können (von Salisch, Klinkhammer & Hänel, 2015). Dieser Befund geht konform mit Ergebnissen der Studie von Ketelaars et al. (2010) und unterstreicht, welch große Bedeutung den sprachlichen Fähigkeiten zukommt, nicht nur bei der Vorhersage des Emotionswissens von Vorschulkindern zu einem Zeitpunkt, sondern auch bei Lernzuwächsen in diesem Bereich.

Sprachliche Fähigkeiten sind ebenfalls von Bedeutung für die Emotionsregulation, vor allem wenn es darum geht, Strategien zu benennen, die sich in einer frustrierenden Situation als verhaltenswirksam erweisen (Cole et al., 2008). Je besser Kinder Sprache verstehen und sich mit Worten ausdrücken können, desto eher können sie Frustrationen und Missverständnisse mit anderen Menschen vermeiden und auf diese Weise schon im Vorwege negative Emotionen gar nicht erst entstehen lassen oder schnell klären. Sprachliche Repräsentationen von emotionalen Sachverhalten können weiterhin dazu beitragen, sich in Perspektivenübernahme zu üben und auf diesem Wege zu einer emotionsmindernden Neubewertung zu kommen (Cole, Armstrong & Pemberton, 2010; von Salisch, 2000). Weiterhin kann Sprache ein Weg sein, um sich in emotional aufgeladenen Situationen selbst zu beruhigen oder sich abzulenken. »Pfeifen im dunklen Wald« oder Selbstgespräche bei sehr herausfordernden Aufgaben wären Beispiele für sprachbasierte Formen der Emotionsregulation. Roben, Cole und Armstrong (2013) untersuchten in einer Längsschnittstudie 120 Kinder, die zu Beginn 18 Monate und am Ende 48 Monate alt waren. Kleinkinder, die fortgeschrittene sprachliche Fähigkeiten aufwiesen bzw. Sprachkenntnisse schnell erwarben, schienen am Ende mit etwa vier Jahren weniger ärgerlich zu werden oder schneller wieder von ihrem Ärger »herunterzukommen«, wenn sie warten mussten, bis sie ein attraktives Geschenk auspacken durften (Roben et al., 2013). Sprachliche Fähigkeiten sind demnach vor allem bei jungen Kindern von Bedeutung, nicht nur wenn es darum geht, eigene und fremde Emotionen zu verstehen und mehr über sie zu lernen, sondern auch, um die eigenen Gefühle »in den Griff zu bekommen«. Ob dies für andere Emotionen in gleicher Weise gilt, müsste weiter erforscht werden.

4.1.2 Aufmerksamkeit

Aufbauend auf ersten Bemühungen im Säuglingsalter entwickelt sich die bewusste Steuerung der Aufmerksamkeit durch die Kinder zwischen etwa zwei und fünf Jahren (Cole et al., 2011). Ebenso wie in ihren sprachlichen Fähigkeiten, unterscheiden sich Kinder auch in ihrer Fähigkeit, ihre Aufmerksamkeit auf eine Aufgabe zu lenken und sich nicht davon ablenken zu lassen (selektive Aufmerksamkeit), sowie diesen Fokus eine Weile aufrechtzuerhalten (Daueraufmerksamkeit). Über die Vorschuljahre stabilisieren sich diese interindividuellen Unterschiede, die für das Lernen von zentraler Bedeutung sind (Martin, Razza & Brooks-Gunn, 2012). Wie gut es Kindergartenkindern gelingt, ihre Aufmerksamkeit zu steuern, spiegelt sich in ihrem Wissensstand, der vergangene Lernprozesse abbildet, wider, ebenso wie es gegenwärtige Lernprozesse, also Lernzuwächse in einem Bereich, beeinflusst (Blair & Dennis, 2010; Duncan et al., 2007). Damit ist die Aufmerksamkeit der Kinder ein weiterer kognitiver Faktor, der Stand und Fortschritte beim Emotionswissen erklären kann, während Unaufmerksamkeit in lernrelevanten Situationen umgekehrt den Erwerb des Emotionswissens behindern kann.

Forschungsergebnisse belegen die Zusammenhänge zwischen (mangelnder) Aufmerksamkeit und Emotionswissen. In unserer deutschen Elefant-Studie korrelierten Testwerte der Daueraufmerksamkeit im Querschnitt beispielsweise positiv mit dem Gesamtwert des TEC (von Salisch, Hänel & Freund, 2013). Zwei nordamerikanische Längsschnittstudien bestätigten, dass Fähigkeiten zur Aufmerksamkeitssteuerung von Kindergartenkindern deren Emotionswissen ein Jahr später vorhersagten, als sie die erste Grundschulklasse besuchten (Schultz, Izard, Ackermann & Youngstrom, 2001; Trentacosta & Izard, 2007). Belege dafür, dass Aufmerksamkeitsprobleme umgekehrt den Erwerb von Emotionswissen behindern können, stammen aus Stichproben von Kindern, die Aufmerksamkeitsprobleme und Hyperaktivität (ADHS) im (sub-) klinischen Bereich zeigen. Demnach gehen Aufmerksamkeitsprobleme oft mit geringerem Emotionswissen einher. Dies lässt sich nicht auf die (mangelnden) kognitiven Fähigkeiten der jungen Probanden oder den Bildungsstand ihrer Eltern (Kats-Gold & Priel, 2009) zurückführen. Insbesondere bei der emotionalen Perspektivenübernahme scheinen Kinder mit ADHS beeinträchtigt zu sein (Schwenck et al., 2011). Demnach scheinen gut ausgebildete Fähigkeiten der Aufmerksamkeitssteuerung mit einem fortgeschrittenen Emotionswissen und Aufmerksamkeitsprobleme (und Hyperaktivität) mit Schwierigkeiten beim Emotionsverständnis einherzugehen.

Kinder mit ADHS scheinen ebenfalls Schwierigkeiten mit einer adaptiven Emotionsregulation zu haben (Schmitt, Gold & Ruch, 2012). Besonders Strategien, die mit Aufmerksamkeitslenkung zu tun haben, werden von ihnen seltener gewählt (Bonekamp & von Salisch, 2007). Nach der längsschnittlich angelegten Beobachtungsstudie von Cole et al. (2011) wächst die Fähigkeit, sich in einer frustrierenden Wartesituation abzulenken, im Kleinkindalter zunächst langsam und nimmt ab dem dritten Geburtstag Fahrt auf. Die jungen Kinder schafften es immer schneller, ihre Aufmerksamkeit von einem attraktiven Geschenk wegzulenken, das zu ihrem Leidwesen eingepackt war. Sich mit einer anderen Tätigkeit zu beschäftigen, die ihre Aufmerksamkeit ablenkte, gelang immer mehr Kindern ab ihrem dritten Geburtstag. Die Fähigkeit der Kinder, ihre Aufmerksamkeit von der frustrierenden Warte-Situation abzulenken, verlängerte die Zeit bis zu einem Ärgerausbruch (Cole et al., 2011). Zugleich sagten früh ausgebildete Fähigkeiten zur Aufmerksamkeitslenkung auch weniger intensive Ärgerbekundungen vorher (Roben et al., 2013). Interindividuelle Unterschiede bei der willentlichen Steuerung der eigenen Aufmerksamkeit hängen daher nicht nur mit Stand und Lernzuwächsen beim Wissen über Emotionen von jungen Kindern zusammen, sondern auch mit deren Regulation.

4.1.3 Exekutive Funktionen

Die Fähigkeit zur Aufmerksamkeitslenkung ist eine von einer Reihe von kognitiven Fähigkeiten, die zusammen exekutive Funktionen (EF) genannt werden. Auch wenn Aufbau, Struktur und Entwicklung der EF noch nicht ganz geklärt sind (z. B. Devine & Hughes, 2014), so umfassen sie in den meisten Definitionen vor allem Fähigkeiten, die zum Lernen wichtig sind, wie etwa die Verarbeitung von Wissen im Arbeitsgedächtnis und Fähigkeiten zur Inhibition von Interferenzen, die die korrekte Abspeicherung von neuem Wissen sicherstellt (z. B. Willoughby, Kupersmidt, Voegler-Lee & Bryant, 2011). EF werden oft mit motorischen Aufgaben gemessen, bei denen sich die Inhibition interferierender Impulse gut am Verhalten ablesen lässt (z. B. McClelland & Cameron, 2012). Interindividuelle Unterschiede bei der Ausprägung der verschiedenen EF ist daher ein weiterer Faktor, der Unterschiede zwischen Kindern bei Lernprozessen aller Art erklären kann. Anzunehmen ist, dass die EF gerade beim Auf- und Ausbau des Wissens über Emotionen mitwirken, weil sie in emotional bewegenden Situationen, die zum Lernen genutzt werden können, dazu beitragen können, interferierende Impulse der emotionalen Ansteckung abzuschwächen. Die Inhibition dieser »Störfaktoren« würde die korrekte Abspeicherung von neuen Wissensbeständen zu eigenen Emotionen und denen von anderen Menschen fördern. EF wirken kurz gesagt darauf hin, ein »optimales Gleichgewicht« zu schaffen, das dem Erwerb von neuem Wissen in allen Bereichen zuträglich ist (Blair & Dennis, 2010).

Empirische Befunde bestätigen, dass Unterschiede zwischen Kindern in punkto EF mit Unterschieden in Hinblick auf ihr Emotionswissen einhergehen. In Querschnittstudien wurden Zusammenhänge zwischen verschiedenen Komponenten des Emotionswissens und einer Aufgabe zur motorischen Inhibition (Blair, Granger & Razza, 2005) sowie einer Aufgabe zur Inhibition des Ausdrucks positiver und negativer Emotionen (Carlson & Wang, 2007) nachgewiesen. Eine Längsschnittstudie von Denham, Bassett, Way et al. (2012) belegte, dass die EF von Drei- und Vierjährigen ihr späteres Verständnis von negativen Ausdrucksformen und von situativen Auslösern von Emotionen vorhersagten, auch wenn Alter, Geschlecht und sozialer Risikostatus (Head Start gegenüber privaten Kitas) der Kinder kontrolliert worden waren. Dieses Ergebnis untermauert den Befund des Längsschnitts von Schultz et al. (2001), der darauf hinweist, dass neben der Aufmerksamkeitskontrolle auch die Verhaltenskontrolle von nordamerikanischen Kindergartenkindern der Unterschicht ihr späteres Emotionswissen vorhersagte (Fine et al., 2006). Mehrere Untersuchungen stimmen insofern darin überein, als dass die EF von Kindergartenkindern Einfluss auf die Ausprägung ihres späteren Emotionswissens nehmen.

Ob sich Lernfortschritte beim Emotionswissen ebenfalls durch interindividuelle Unterschiede zwischen den Kindern hinsichtlich ihrer EF erklären lassen, ist Gegenstand von mehreren Studien. Blankson et al. (2012) kamen in ihrem Ein-Jahres-Längsschnitt mit Dreijährigen zu dem Ergebnis, dass die anfängliche Ausprägung der EF der Kinder (hier: Arbeitsgedächtnis und Inhibitorische Kontrolle im Tag-Nacht-Stroop) keinen Einfluss auf den Lernzuwachs beim Emotionswissen der Kinder nahm. In ihren Strukturgleichungsmodellen wurden die Differenzwerte des Emotionswissens zwischen den Messzeitpunkten rund um den dritten und den vierten Geburtstag der Kinder nicht durch die Ausgangswerte der EF der Kinder beeinflusst, auch wenn ihre Emotionsregulation kontrolliert worden war (Blankson et al., 2012). Fortschritte hinsichtlich des situativen Emotionswissens in den ersten fünf Grundschuljahren wurden in dem Growth Curve Modell von Fine und Mitarbeitenden (2006) ebenfalls nicht durch Lehrer-Ratings der Verhaltenskontrolle der Kinder als Vierjährige im Kindergarten vorhergesagt. Ergebnisse der Elefant-Studie bestätigen, dass bei deutschen Kindergartenkindern weder motorische noch verbale Indikatoren für ihre EF Fortschritte bei ihrem Emotionswissen über das Jahr vorhersagten (von Salisch, Klinkhammer & Hänel, 2015). Demnach stimmen alle drei Längsschnittstudien darin überein, dass die EF von Kindern im Vorschulalter zwar zum Teil den Ausgangswert des Emotionswissens (z. B. von Salisch, Hänel & Denham, 2015a,b), nicht aber Lernzuwächse in diesem Bereich erklären. Dies mag in anderen Altersgruppen anders aussehen.

4.1.4 Nonverbale kognitive Fähigkeiten

Von früh an unterscheiden sich Kinder in ihren kognitiven Fähigkeiten, auch Intelligenz genannt. Diese nonverbalen kognitiven Fähigkeiten der Kinder sind ebenfalls mit dem Emotionswissen verbunden, weil es oft darum geht, emotionale Sachverhalte mental zu repräsentieren und manchmal auch umzuformen. Für die erst in den Grundschuljahren erworbenen Komponenten des Emotionswissens, wie etwa das Verständnis von verborgenen oder ambivalenten Emotionen (▶ Kap. 3), sind abstrakte Repräsentationen von mehreren Sachverhalten gleichzeitig, schlussfolgerndes Denken sowie Fähigkeiten zum Problemlösen nützlich. Weil schlussfolgerndes Denken die Übersetzung von Erfahrungen in Verhaltensänderungen begünstigt, hängt es ebenfalls mit Fähigkeiten zur Emotionsregulation zusammen (MacCann et al., 2014).

Forschungsergebnisse bestätigen einige dieser Prognosen. Eine Untersuchung mit italienischen Kindern zwischen drei und elf Jahren stellte fest, dass gleichzeitige Korrelation zwischen dem TEC und den Colored Progressive Matrices (CPM) mit $r(366) = .60$ sehr hoch ausfiel. Je größer die mit dem CPM gemessenen nonverbalen kognitiven Fähigkeiten der Kinder waren, desto fortgeschrittener war auch ihr Emotionswissen (Albanese, De Stasio, Di Chiaccio, Fiorilli, & Pons, 2010). Bennett, Bendersky und Lewis (2005) bestätigten bei Viereinhalbjährigen Zusammenhänge zwischen der Intelligenz und dem Emotionswissen. Unsere deutsche Elefant-Studie stimmte darin überein, dass die nonverbalen kognitiven Fähigkeiten von Kindergartenkindern über ihre sprachlichen Fähigkeiten hinaus das gleichzeitig gemessene Emotionswissen auf dem TEC vorhersagten (von Salisch, Hänel et al., 2013). Die nonverbale Intelligenz der Kinder ist demnach ein weiterer Faktor, der Unterschiede bei ihrem Emotionswissen erklärt. Ob die kognitiven Fähigkeiten auch Lernzuwächse in diesem Bereich und die Emotionsregulation insgesamt beeinflussen, steht zur Untersuchung noch aus.

4.2 Geschlecht

Neben den kognitiven und sprachlichen Fähigkeiten der Kinder wurde auch oft diskutiert, ob Jungen und Mädchen sich in ihrer emotionalen Kompetenz unterscheiden. Zum Einfluss des Geschlechts auf die Entwicklung emotionaler Kompetenz gibt es umfangreiche und zum Teil widersprüchliche Befunde in der Literatur, je nachdem, welcher Bereich (z. B. Emotionserkennen, Emotionswissen oder Emotionsregulation) erforscht und welche Untersuchungsmethode (Selbstbericht oder Verhaltensbeobachtung) verwendet wurde. Eine detaillierte Übersicht findet sich bei Brody und Hall (2010) und bei Janke (2002).

In Hinblick auf das übergreifend gemessene Emotionswissen fanden Pons und Harris (2005; auch Pons et al., 2004) in ihrer Längsschnittstudie mit dem TEC keine Geschlechtsunterschiede. Auch Tenenbaum, Alfieri, Brooks und Dunne (2008) und Grazzani und Ornaghi (2011) stellten keine Unterschiede zwischen dem Emotionswissen von Jungen und Mädchen fest. Denham, Bassett, Way et al. (2012) konnten beim Einsatz des AKT bei Drei- bis Vierjährigen ebenfalls keine Geschlechtseffekte aufdecken.

In Bezug auf den Emotionsausdruck konnten einige Studien Geschlechtsunterschiede aufzeigen. So zeigen Jungen mehr Ärger bzw. Enttäuschung und weniger Trauer als Mädchen, während Mädchen Trauer eher mitteilten und ihren Ärgerausdruck deutlich kontrollierten bzw. maskierten (z. B. Janke, 2002; von Salisch, 2000). Die Ursache für diesen Unterschied könnte in unterschiedlichen Sozialisationsbedingungen oder geschlechtsspezifischen Rollenerwartungen begründet liegen: Mädchen lernen, dass von ihnen erwartet wird, dass sie höflich sind, während bei Jungen ein ärgerliches oder sogar aggressives Verhalten eher toleriert wird (von Salisch, 2000; Wertfein, 2006). Es konnte belegt werden, dass Mütter häufiger mit ihren Töchtern als mit ihren Söhnen über Gefühle sprechen und Mädchen früher die Fähigkeit zur emotionalen Perspektivenübernahme entwickeln (Dunn, Brown, Slomkowski, Tesla & Youngblade, 1991).

Deutlichere Geschlechtsunterschiede treten bei der Emotionsregulation in Erscheinung, vor allem im Selbstbericht. In einer Tagebuchstudie mit 116 Heranwachsenden zwischen neun und 12 Jahren stellte von Salisch (2000) keine Unterschiede bezüglich der Häufigkeit fest, mit der sich Jungen und Mädchen über Personen aus ihrem sozialen Umkreis ärgerten. Beim Ausdruck von Ärger zeigten sich jedoch Geschlechtsunterschiede: Mädchen notierten öfter in ihren strukturierten Tagebüchern, dass sie ihren Ärger nicht mitgeteilt hatten. Auf die Frage nach ihren Strategien der Ärgerregulierung gaben Jungen häufiger an, körperliche Mittel wie Treten oder Schubsen einzusetzen. Die Ergebnisse wurden für Alter und soziale Erwünschtheit kontrolliert. Underwood, Coie und Herbsman (1992) stellten fest, dass Mädchen mit zunehmendem Alter und Zusteuern aufs Jugendalter die Emotionen Trauer und Wut nach eigenen Angaben seltener verstecken. Bei den Jungen ließ sich genau das gegenteilige Bild beobachten (Perry-Parrish & Zeman, 2011). In der Studie von Zajdel et al. (2013) trat ein deutlicher Geschlechtseffekt auf in dem Sinne, dass Mädchen nach dem

Schauen eines Videoclips häufiger gemischte Emotionen berichteten als Jungen, obwohl bei beiden Geschlechtern ähnliche Entwicklungsfortschritte im Bereich des Verständnisses für gemischte Emotionen zu beobachten waren. Die Autoren sehen einen Zusammenhang mit einem deutlicher ausgeprägten Mitgefühl bei den Mädchen. In der Studie von Waters und Thompson (2014), in der es um die Einschätzung der Effektivität von verschiedenen Emotionsregulationsstrategien durch Sechs- und Neunjährige ging, gaben die Mädchen im Vergleich zu den Jungen häufiger an, emotionsfokussierte Strategien für effektiver zu halten (wie z. B. Unterstützung von Peers, den Gefühlen Ausdruck verleihen).

Beobachtungsstudien bestätigen, dass die emotionale Ausdrucksweise mit dem Geschlecht und dem Gesprächspartner variierte. Betrachteten zwei sechsjährige Kinder gemeinsam ein Bilderbuch (ohne Wörter), unterschieden sich Mädchen und Jungen in ihrem Kommunikationsverhalten, indem Mädchen zum Beispiel mehr emotionale Erklärungen verwendeten als Jungen (Tenenbaum, Ford & Alkhedairy, 2011). Ebenso scheinen Mädchen ab dem Schulalter ihren Emotionsausdruck beim Erhalt eines unattraktiven Geschenks besser kontrollieren zu können als Jungen. Sie drückten weniger negative Gefühle im Gesicht und im Verhalten aus, möglicherweise, um soziale Beziehungen nicht zu gefährden (Cole, 1986). Selbst wenn man ihnen eine Belohnung für den Ausdruck von Freude bot, fiel den Jungen das Unterdrücken der negativen Gefühle wesentlich schwerer als den Mädchen (Davis, 1995). Dieser Befund wurde von Kromm et al. (2015) nicht bestätigt, die in ihrer Versuchsanordnung die Motivation zur Verstellung berücksichtigt hatten. Garner und Spears (2000) beobachteten in ihrer Studie mit vorrangig einkommensschwachen Familien ebenfalls keine Geschlechtsunterschiede bezüglich der Regulation von Ärger und Trauer. Sie wenden jedoch ein, dass die Regulations-Antworten der Kinder und elterlichen Sozialisationspraktiken möglicherweise nicht breit genug gefächert erfasst wurden.

In Hinblick auf das Erkennen von emotionalen Gesichtsausdrücken weisen Mädchen in manchen Studien eine bessere Leistung auf als Jungen (z. B. bei Ärger und Ekel; Montirosso, Peverelli, Frigerio, Crespi & Borgatti, 2009). Die Geschlechtsbefunde beim Erkennen von vorgetäuschten Emotionen sind aber uneinheitlich (Sidera et al., 2011). Im Gegensatz dazu finden sich in vielen Studien zur Fähigkeit emotionaler Perspektivenübernahme Geschlechtseffekte, die auf eine höhere Ausprägung bei den Mädchen hinweisen (Bengtsson & Arvidsson, 2011). Ketelaars und Kollegen (2010) konnten keine Geschlechtsunterschiede bei der Entwicklung von verschiedenen Aspekten des Emotionswissens von Fünf- bis Siebenjährigen aufzeigen. Charman, Ruffman und Clements (2002) beobachteten nur bei den jüngeren Kindern einen geringen Geschlechtseffekt zum Vorteil der Mädchen bei Aufgaben zur Perspektivenübernahme bzw. Aufgaben zur Überprüfung von falschen Überzeugungen.

Bei der Entwicklung von moralischen Emotionen zwischen vier und acht Jahren konnte ebenfalls kein Geschlechtseffekt im Hinblick auf die Stärke der moralischen Motivation beobachtet werden (Nunner-Winkler & Sodian, 1988). Erst ab acht Jahren ließen sich leichte Unterschiede zugunsten der Mädchen aufzeigen, die sich im Verlauf der weiteren Entwicklung deutlich verstärkten. Die genauere Untersuchung erbrachte, dass die Geschlechtsidentifikation eine entscheidende Rolle spielte: Bei Probanden mit niedriger Geschlechtsidentifikation finden sich keine Differenzen in der Stärke moralischer Motivation (Nunner-Winkler, 2007).

Weiterhin scheinen Mädchen in Situationen, die Scham und Schuld auslösen, eher mit Vermeidung zu reagieren als Jungen, für die eher Wiedergutmachungsversuche typisch sind (Bafunno & Camodeca, 2013). In der Studie von Lewis et al. (1992) zur Beobachtung von Scham und Stolz bei Dreijährigen, zeigten die Mädchen in ihrem Ausdrucksverhalten häufiger Scham, obwohl sie die Aufgaben genauso erfolgreich gelöst hatten wie die Jungen. Bei den Stolz-Reaktionen traten keine Geschlechtsunterschiede zutage.

Alles in allem scheinen Mädchen häufiger positive Gefühle zu zeigen und ihre Emotionen unter manchen Umständen etwas besser regulieren zu können als Jungen. In Konfliktsituationen mit Gleichaltrigen drücken sie zudem mehr positive Emotionen aus (Garner, Robertson & Smith, 1997). Das mag mit angeborenen Unterschieden hinsichtlich der Reaktivität (Morris et al., 2002), aber auch mit Sozialisationsfaktoren (Garside & Klimes-Dougan, 2002) zu tun haben, auf die im folgenden Kapitel eingegangen wird. Die Befunde in diesem Bereich sind allerdings alles andere als einheitlich (Zeman & Shipman, 1997).

4.3 Temperament

Spätestens ab dem vierten Lebensmonat sind deutliche Unterschiede im Verhalten und in der Emotionalität von Säuglingen erkennbar. Während manche Babys ruhig, schüchtern und schnell zufriedenzustellen sind, gibt es andere, die sich nur in Gesellschaft wohlfühlen und wieder andere, die bereits bei kleinen Unpässlichkeiten schreien und in unbändige Gefühlszustände geraten, aus denen sie alleine kaum herausfinden. Da sich diese Unterschiede meist über verschiedene Situationen und über längere Zeiträume erhalten, lautet eine häufige Beschreibung dieser lebhaften Kinder, dass sie »ein schwieriges Temperament« haben.

Lewis (2014) betont die Notwendigkeit, das Temperament der Kinder in die Erforschung der Bedingungen aufzunehmen, die die Ausbildung emotionaler Kompetenz erleichtern oder erschweren. Dies sei bisher selten der Fall. Das Augenmerk werde zu häufig und einseitig auf die Eltern oder die Mutter-Kind-Bindung gerichtet, auch wenn eine komplexe Interaktion zwischen dem Temperament des Kindes und dem Verhalten der Eltern vorliegt (Lewis, 2014; Rothbart & Sheese, 2007). Nach Zentner (1999, S. 174 f.) können Temperamentsfaktoren »als teilweise angeborene ›emotionale Brillengläser‹ betrachtet werden, durch die hindurch wir von früh an unsere Umwelt in einer bestimmten Art und Weise erleben und interpretieren«. Lewis (2014) bezeichnet Temperamentseigenschaften als angeborene individuelle Unterschiede, die mit genetischen Faktoren zusammenhängen, nicht gelernt werden, aber durch elterliche Interaktionen bzw. die Umwelt beeinflussbar sind.

Auf etwas abstrakterer Ebene wird Temperament als Manifestation konstitutioneller und relativ stabiler Unterschiede in Hinblick auf die Reaktivität und die Selbstregulation betrachtet (z. B. Rothbart & Bates, 2006). Reaktivität beinhaltet die motorische, affektive, autonome und endokrine Erregbarkeit des Organismus und wird meist durch die negative oder positive Emotionalität eines Kindes operationalisiert. Mit Selbstregulation werden die Prozesse bezeichnet, die die Reaktivität modulieren. Prozesse der Selbstregulation dienen dazu, negative Emotionen abzuschwächen, positive Emotionen zu erhalten oder zu verstärken sowie das Ausmaß der Stimulation in einer individuell als angenehm empfundenen Intensität zu halten. Als relativ zeitüberdauerndes Konstrukt zielt das Temperament darauf ab, Vorhersagen zu machen, wie ein Kind emotional reagieren und Herausforderungen bewältigen wird. Im fortschreitenden Entwicklungsverlauf wird die Selbstregulation eines Kindes durch Erfahrungen beeinflusst, die eng mit der kognitiven, emotionalen, motorischen, sprachlichen und sozialen Entwicklung verwoben sind (Rothbart & Bates, 2006; Lewis, 2014). Das Temperament betrifft somit die Aufmerksamkeit, den Affekt und das Aktivitätsniveau. Neben neurologischen Reifungsprozessen spielen Umwelteinflüsse, genauer gesagt Einflüsse von Eltern, Tagesmüttern und anderen Erziehungspersonen eine maßgebliche Rolle.

Insgesamt werden nahezu übereinstimmend in allen Studien zu den zentralen Kriterien von Temperamentsmerkmalen die biologische Fundierung, das frühe Auftreten in der Ontogenese und die zeitliche Stabilität gezählt (Zentner, 1999). Es gibt verschiedene Versuche, Temperament in eine Systematik einzusortieren (Erstellung von Kategorisierungen, Dimensionen), die jedoch meist unvollständig bleiben und eher zur vereinfachten Darstellung dienen. Am bekanntesten sind die Temperamentsdimensionen von Mary Rothbart, die in vielen empirischen Studien Verwendung fanden. Sie beruhen auf der Annahme, dass sich das Temperament in drei Cluster einteilen lässt: surgency oder extraversion, negative affectivity und effortful control (Rothbart, Ahadi, Hershey & Fisher, 2001; Rothbart & Bates, 2006). »Surgency oder extraversion« ist charakterisiert durch eine ausgeprägte Aktivität, hohe Intensität bei der Suche nach Vergnügen, wenig Schüchternheit und Impulsivität. »Negative affectivity« beinhaltet häufige Traurigkeit, Unbehagen, Frustration und Angst. Die Dimension »effortful control« umfasst die willentliche Kontrolle von Aufmerksamkeit und Handlungen. Diese wichtige selbstregulatorische Funktion ermöglicht die Hemmung einer dominanten Verhaltenstendenz zugunsten eines weniger dominanten Verhaltens. Das Konzept der »effortful control« fand Eingang in viele weitere Konzepte (z. B. Eisenberg, 2006).

Ein Großteil der vorhandenen Literatur beschäftigt sich mit Zusammenhängen zwischen Temperamentsmerkmalen, Erziehungseinflüssen und den längerfristigen Folgen für die psychische Gesundheit von Kindern. Dabei wurde vielfach der Zusammenhang zwischen einer »negativen Affektivität«, emotionaler Dysregulation und Verhaltensproblemen hergestellt, da diese Kinder leichter frustriert und irritierbar sind (z. B. Rothbart et al., 2001). In einer Längsschnittstudie, in der Kinder vom Kindergarten bis zur dritten Klasse untersucht wurden, konnten Eisenberg, Fabes, Guthrie et al. (1996) nachweisen, dass Kinder mit niedriger negativer Emotionalität/Reaktivität im Vergleich zu Kindern mit hoch ausgeprägter negativer Emotionalität eine angemessenere Verhaltensregulation entwickelten und weniger problematisches Verhalten an den Tag legten. So kann beispielsweise ein ängstliches Temperament dazu führen, dass ein Kind beim Zusammensein mit Gleichaltrigen leicht aufgeregt, belastet und überfordert ist, infolgedessen den Kontakt vermeidet und sich zurückzieht. Dies reduziert zwar kurzfristig den Stresslevel des Kindes, führt aber langfristig zu einer Zunahme der Ängste, da es keine korrigierenden Erfahrungen machen kann. Das Erlernen von Bewältigungsstrategien von Angst, der Erwerb von sozialen Kompetenzen insgesamt und das Erschließen von Freundschaften werden durch den Rückzug erschwert.

Kinder mit wohl ausgeprägter »effortful control« können ihr Verhalten altersangemessen kontrollieren, ihre Aufmerksamkeit willentlich steuern und somit ihren Ärger besser regulieren (Blair, Denham, Kochanoff & Whipple, 2004). Zu der Temperamentsdimension »surgency oder extraversion« liegen weniger Untersuchungen vor. Berdan, Keane und Calkins (2008) fanden heraus, dass Kinder mit einer hohen Ausprägung auf dieser Dimension häufiger Aggressionen und hyperaktives Verhalten in der Kindergartengruppe zeigten. In einer Langzeitstudie konnten Rimm-Kaufman und Kagan (2005) den Einfluss der Temperamentseigenschaft »Hemmung« auf die spätere Anpassung und das Verhalten im Kindergarten belegen. Zimmermann und Stansbury (2003) fanden in ihrer Studie mit Dreijährigen heraus, dass sowohl der situationale Kontext als auch die auf dem Temperament beruhende Reaktivität Einfluss auf die Wahl der Regulationsstrategie der Kinder nimmt. Kinder mit gehemmtem und zurückgezogenem Temperament wenden häufiger Regulationsstrategien des Hilfesuchens und der emotionalen Maskierung an.

Blair und Mitarbeiter (2004) konnten belegen, dass die Emotionsregulation von Vierjährigen die Beziehung zwischen dem kindlichen Temperament und ihrem Sozialverhalten moderierte. Die Verwendung von passiven Bewältigungsstrategien spielte eine bedeutsame Rolle bei der Entwicklung von fehlangepasstem Verhalten. Die passiven Bewältigungsversuche von emotionalen Situationen beinhalten eine Hemmung des Verhaltens, bei der die Kinder sich gezwungen sehen, ihr Verhalten übermäßig zu kontrollieren. Werden die Kinder mit Problemen konfrontiert, versuchen sie in diesem Fall eher, ihre Gefühle zu unterdrücken, die Probleme zu vermeiden oder zu leugnen, als ihnen ins Auge zu blicken und, eventuell in einem weiteren Schritt, konstruktiv mit ihnen umzugehen. Diese Passivität und die internen Regulationsprozesse, die dabei ablaufen, sind meist unangenehm und stressig für die Kinder, die sie in den meisten Fällen unfreiwillig anwenden. Kinder, die sehr gehemmt sind und die Temperamentsprädisposition aufweisen, intensive und häufig negative Emotionen zu haben, sind besonders gefährdet, internalisierende und externalisierende Probleme zu entwickeln. So interagieren zum Beispiel bei den Mädchen hohe Temperamentswerte bei Reizbarkeit und Frustrierbarkeit mit passiven Bewältigungsstrategien und sagen internalisierende Probleme vorher. Andere Autoren (z. B.

Fantuzzo, Sekino & Cohen, 2004) stimmen darin überein, dass die Fähigkeit, Gefühle und Verhalten in sozialen Situationen zu kontrollieren und regulieren, eine Temperamentseigenschaft ist, die mit der sozialen Kompetenz junger Kinder eng verbunden ist. Sie fanden eine Verbindung zwischen Temperament, Emotionsregulation und der Kompetenz, mit Gleichaltrigen zu spielen.

Dass es einen gesicherten Zusammenhang zwischen dem Temperament eines Kindes und seiner Emotionsregulation gibt, könnte zu der Schlussfolgerung führen, dass man den Kindern mit einem »schwierigen Temperament«, die ungünstige genetische und psychobiologische Voraussetzungen mitbringen, bereits eine negative psychische Entwicklung vorhersagen kann und sie somit von Beginn an keiner erfolgreichen Zukunft entgegenblicken. Als so einfach stellt sich diese Verbindung jedoch nicht heraus. Verschiedene Studien weisen darauf hin, dass auch diese Kinder lernen können, ihr Verhalten zu regulieren und Stresssituationen erfolgreich zu bewältigen (z. B. Eisenberg, 1998).

Eine zentrale Darstellung zum Zusammenhang von kindlichem Temperament, elterlichem Erziehungsverhalten, Emotionsregulation und emotionaler Entwicklung findet sich bei Zentner (1999). Er entwirft ein »Passungsmodell«, nach dem Temperamentsfaktoren nicht nur per se eine wichtige Bedingung für die emotionale Entwicklung darstellen, sondern darüber hinaus die Reaktionen der Bezugspersonen auf diese Merkmale von Bedeutung sind. Während die Temperamentsstrukturen auch in den extremen Ausprägungen grundsätzlich als Varianten innerhalb normaler Grenzen anzusehen sind, verleihen erst die Erwartungen, Werte, Normen und Anforderungen der Umwelt der Temperamentsstruktur seine Bedeutung. »Störungen, Konflikte und Fehlentwicklungen werden somit weder auf eine Pathologie oder ein Fehlverhalten der Eltern (oder auf andere Umweltnoxen) zurückgeführt noch auf eine wie auch immer zu erklärende Störung des Kindes, sondern auf eine Unvereinbarkeit der normalen Variationen der beiden Aspekte« (Zentner, 1999, S. 168). Im Umkehrschluss bedeutet dies: Wenn »ein Temperamentsmerkmal den Erwartungen des Erziehers in einem bestimmten sozialen Umfeld entgegenkommt, dann wird das Kind, das jenes Temperamentsmerkmal hat, gut mit seinem Umfeld harmonieren. Die Folge hiervon sind positive Interaktionen, Erlebnisse des Erfolgs und des Gelingens, d.h. überwiegend positive Emotionen, die die Basis für die Entwicklung eines positiven Selbstwertgefühls darstellen« (S. 169). Zentner (1999) betrachtet »Passung« nicht als Zustand, sondern als einen »zweigleisigen Prozess«, der im Wesentlichen reziproker Natur ist (S. 174). Nicht nur die Eltern können regulierend in den Temperamentsausdruck des Kindes eingreifen (z. B. günstige Bedingungen schaffen), sondern auch das Kind erwirbt Fähigkeiten, um sein Temperament sozialverträglich zu regulieren. Mittels einer »temperamentsbezogenen Beratung« können Eltern dabei unterstützt werden, das Verhalten ihres Kindes anders wahrzunehmen und die besonderen Eigenschaften ihres Kindes positiv zu deuten (Veränderung der elterlichen Bewertung des kindlichen Verhaltens). So können Eltern zum Beispiel lernen, das durch seine starke Ausdauer zunächst als stur und uneinsichtig erscheinende Kind dafür zu würdigen, dass es die positive Eigenschaft hat, an seinen Absichten festzuhalten (Zentner, 1999).

Eine Längsschnittstudie belegt, welchen Einfluss die Eltern und ihr Erziehungsverhalten haben. Razza, Martin und Brooks-Gunn (2012) begleiteten 316 Kinder von der Geburt bis zum fünften Lebensjahr. Kinder, die bereits im Alter von vier Monaten viel Ärger zeigten, schnitten mit fünf Jahren besser als ihre Gleichaltrigen beim Belohnungsaufschub ab, der ein Indikator für Selbstregulation ist. Dies war allerdings nur dann der Fall, wenn sie liebevolle, herzliche und fürsorgliche Mütter hatten. Razza et al. (2012) betonen, dass ein Temperament zur Ärgerneigung somit nicht zwangsläufig negative Auswirkungen für das Kind haben muss (wie eine Erhöhung der Anfälligkeit für Problemverhalten), sondern sich unter optimalen Bedingungen – wie etwa bei bestmöglicher elterlicher Unterstützung – auch als Vorteil bei der Entwicklung der Selbstregulation der Kinder erweisen kann.

Grazyna Kochanska (1995) untersuchte die Zusammenhänge zwischen dem kindlichen Temperament, dem Bindungsstatus, dem emotionalen Austausch zwischen Eltern und Kind und der Entwicklung von Schuld- und Moralgefühlen. Ihre Haupterkenntnis war, dass bei Kindern, die von ihrem Temperament her weniger ängstlich sind, die Entwicklung der moralischen Gefühle und die Folgsamkeit gegenüber Erwachsenen von positiven Eltern-Kind-Interaktionen und einer sicheren Bindung abhängen. Je häufiger Eltern und Kinder in positiver Weise miteinander umgingen, desto leichter fiel diesen von ihrem Temperament her wenig gehemmten Kindern die Verhaltenshemmung, die zum Befolgen der Wünsche von Erwachsenen (z. B. bezüglich des langweiligen Aufräumens) nötig ist.

Michael Lewis (2014) beobachtete Säuglinge und Kleinkinder beim Impfen und unter häuslichen Belastungen. Er stellte fest, dass das Beruhigen und Trösten in dieser Hochstress-Situation durch die Mutter keinen unmittelbaren Einfluss auf die individuelle Stressreaktion der Kinder hatte, und zwar weder auf deren Cortisolspiegel noch auf deren emotionale Reaktionen auf den Schmerz. Das Beruhigungsverhalten der Mutter bot für sich gesehen also noch keine ausreichende Erklärung für die individuellen Temperamentsunterschiede ihres Kindes. Wichtiger ist wahrscheinlich, dass Mütter ihre Kinder vorbeugend vor Stress bewahren, indem sie sich bemühen, eine möglichst angenehme und positive Umgebung für das Kind zu schaffen – und zwar unabhängig von akuten Belastungen. Der Versuch der Mütter, die Stressreaktion ihrer Sprösslinge durch Trösten direkt zu beeinflussen, könnte eher zeitversetzt Früchte tragen, nämlich dadurch, dass die Kinder dieses Wissen verinnerlichen und später selbst zur Bewältigung benutzen.

Insgesamt scheint es neben den angeborenen Temperamentsunterschieden, die sich in der (emotionalen) Reaktivität auf die Umwelt zeigen, noch eine soziale Dimension des Temperaments zu geben, die durch das Lebensumfeld der Kinder beeinflusst wird. Wie die Familie und andere Betreuungspersonen mit den Temperamentseigenschaften des jungen Kindes umgehen, hat maßgeblichen Einfluss auf ihre Beziehung zum Kind und dessen emotionale Entwicklung. Auf diese Erziehungseinflüsse geht das folgende Kapitel ein.

5 Erziehungs- und Umwelteinflüsse auf die Entwicklung emotionaler Kompetenz

5.1 Der Einfluss der Erziehung

Die Familie ist der früheste Erfahrungsraum, in dem sich emotionale Lernprozesse vollziehen. Ein junges Kind sammelt erste Erfahrungen über sich und die Welt und erfährt sich als eine eigenständige Person, deren Bedürfnisse und Gefühle von seinen Bezugspersonen und anderen Familienmitgliedern im besten Fall meist wahrgenommen und respektiert werden. Die Literatur zu den Einflüssen der Erziehung auf die emotionale Kompetenz hat in den letzten Jahren rasant zugenommen. Übersichten finden sich bei Reichle und Gloger-Tippelt (2007), bei Grusec (2011) und bei Harris (1994). Lemerise und Harper (2014) erstellten eine kurze Übersicht über die verschiedenen Erziehungseinflüsse auf die emotionale Entwicklung eines Kindes. Sie nennen: 1) eine sichere Eltern-Kind-Bindung als Grundlage, die geprägt ist von emotionaler Wärme, Sicherheit, Gegenseitigkeit und Feinfühligkeit; 2) Validierung und korrekte Benennung (keinesfalls aber Infragestellung, Missachtung oder Bestrafung) der Emotionen des Kindes durch seine Bezugspersonen; 3) Vermittlung geeigneter Strategien zur Emotionsregulation bzw. zum Umgang mit Emotionen durch die Eltern; 4) Gespräche auch über negative Emotionen, die zu einer Erweiterung des Emotionsverständnisses des Kindes führen, sowie 5) Diskussionen über Ursachen und Konsequenzen von Emotionen. Je bessere Bedingungen Kinder in den ersten Lebensjahren in der Familie im Hinblick auf ihre emotionale Kompetenz erlebt haben, desto leichter fällt ihnen später der Umgang mit den Herausforderungen von Institutionen wie etwa Kindergarten, Schule oder Sportverein und der damit verbundene Übergang in die »Welt der Gleichaltrigen« (Lemerise & Harper, 2014, S. 61). Im Folgenden werden wir daher zuerst die Einflüsse der Eltern, dann die der Gleichaltrigen und schließlich die der Sozialschicht und der Kultur auf die Ausbildung emotionaler Kompetenz von Kindern und Jugendlichen beschreiben.

5.1.1 Das Drei-Teile-Modell der Emotionsregulation

Um die Fülle an Informationen über den Einfluss der Eltern auf die emotionale Kompetenz ihrer Kinder übersichtlicher zu präsentieren, greifen wir auf das »Tripartite model of family influences on children's emotion regulation and adjustment« von Morris, Silk, Steinberg, Myers und Robinson (2007) zurück, das in Abbildung 5.1 graphisch zusammengefasst wird. Dieses Modell stellt eine Weiterentwicklung des »Heuristic model of the socialization of emotion« von Eisenberg, Cumberland und Spinrad (1998) dar. Beide Modelle bieten einen integrativen Rahmen zur Emotionssozialisation von Kindern und Jugendlichen. Sie stimmen in der zentralen Aussage überein, dass die Emotionsregulation ein Scharnier darstellt, das zwischen den Erziehungserfahrungen der jungen Menschen einerseits und ihrer Anpassung an die Umwelt andererseits vermittelt. Mit der Emotionsregulation ist ein wichtiger Vermittlungsfaktor benannt, über den die Erziehung der Heranwachsenden auf ihre Anpassung an die Umwelt im Sinne von sozialer Kompetenz bzw. Problemverhalten »wirkt« (von Salisch & Klein, 2015). Weitere Informationen zum Modell finden sich bei von Salisch und Gunzenhauser (2015).

Das »Heuristic model of the socialization of emotion« von Eisenberg und Kolleginnen (1998) ist insofern breiter gefasst, als mehr Komponenten der emotionalen Sozialisation einbezogen werden, erklärt es doch neben der Emotionsregulation auch das Erleben und den Ausdruck von Emotionen, das Verständnis von Emotionen, und die emotionale Belastbarkeit, um nur einige Aspekte zu nennen. Verglichen mit dem dreiteiligen Modell nach Morris und Kollegen (2007) beziehen Eisenberg und Kolleginnen (1998) in ihrem Modell explizit weitere Sozialisationsagenten ein, wie etwa Kultureinflüsse (z. B. bezüglich emotionsbezogener Werte und Normen oder Geschlechtsrollen) sowie den unmittelbaren situativen Kontext, der manche emotionsbezogenen Botschaften in ihrer Dringlichkeit erhöht. Das dreiteilige Modell von Morris und Kollegen (2007) konzentriert sich dagegen auf jene Prozesse, durch die der familiäre Kontext die Emotionsregulation von Kindern beeinflussen kann. Wie der Name »Tripartite Modell« schon verrät, beeinflusst der familiäre Kontext die Emotionsregulation der Kinder auf drei Wegen, nämlich zum einen durch die Beobachtungen der Eltern durch die Kinder, zum anderen durch das Erziehungsverhalten der Eltern und zum dritten durch das emotionale Familienklima. Diese drei Einflusswege, die auch durch die (gelingende oder misslingende) Emotionsregulation des Kindes beeinflusst werden (Lengua & Kovacs, 2005), sind in Abbildung 5.1 dargestellt.

Die Verbindungen zwischen den drei Einflusswegen Beobachtung, Erziehungsverhalten und emotionales Familienklima im Drei-Teile-Modell weisen darauf hin, dass sie untereinander in vielfältiger Weise zusammenhängen. Darüber hinaus beeinflusst jeder dieser Aspekte für sich genommen die Anpassung des Kindes auf direktem Wege. Dennoch laufen wichtige Pfade, über den sie auf dieses Passungsverhältnis des Heranwachsenden mit seiner Umwelt »wirken«, über die Emotionsregulation; die Emotionsregulation des Kindes ist insofern ein wichtiger Vermittlungsfaktor für seine psychosoziale Anpassung an die jeweilige Umwelt.

1. Beobachtung: Schon Neugeborene fangen an zu beobachten, welche Emotionen ihre Eltern bei welchen Anlässen zeigen und wie sie diese in den Griff bekommen (oder nicht). Ein Beispiel hierfür ist die soziale Bezugnahme, bei der sich Babys ab der zweiten Hälfte des ersten Lebensjahres am emotionalen Ausdrucksverhalten ihrer Eltern (und anderer Erwachsener) orientieren, um zu ent-

5.1 Der Einfluss der Erziehung

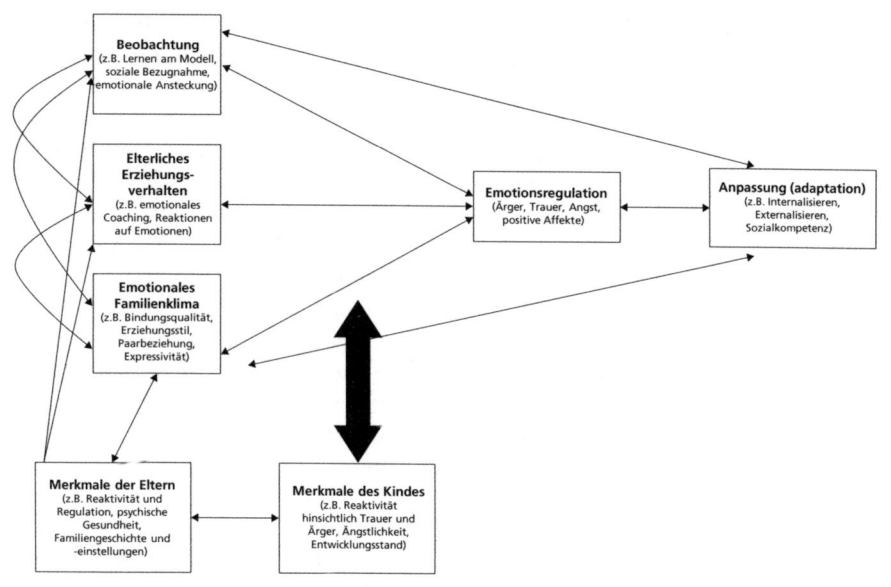

Abb. 5.1: Das dreiteilige Modell der Familieneinflüsse auf die Emotionsregulation und die Anpassung von Kindern nach Morris et al. (2007)

scheiden, wie sie sich verhalten sollen (Saarni et al., 2006). Kinder übernehmen emotionsbezogene Verhaltensweisen weiterhin durch das Lernen am Modell ihrer Eltern (Valiente, Fabes, Eisenberg & Spinrad, 2004). Beobachtung, soziale Bezugnahme und Modell-Lernen geschehen ganz überwiegend implizit. Diese Lernprozesse laufen also unbewusst ab und sind später sprachlich nur schwer zu fassen.

2. **Elterliches Erziehungsverhalten:** Hierzu gehören die Erklärungen und Kommentierungen von emotionalen Ereignissen durch die Eltern, die auch Ratschläge enthalten können und oft »Einweisung« oder »Coaching« genannt werden. Wichtig ist hierbei, wie genau die Eltern mit ihrer eigenen Gefühlswelt und der ihrer Kinder vertraut sind. Weiterhin ist von Bedeutung, ob sie mittels Verbalisierung, Validierung oder Hilfestellungen bei der Bewältigung Einfluss nehmen. Allerdings fühlen sich Eltern manchmal nicht wohl damit, wenn ihre Kinder ihren Gefühlen Ausdruck verleihen. Eltern vermitteln ihren Kindern durch ihre Erziehung die in Kapitel 3 angesprochenen Darbietungsregeln, die in ihrer (Sub-)Kultur für die Bewertung, das Erleben, den Ausdruck und die Regulierung von Gefühlen erwartet werden (siehe auch von Salisch, 2000). Gottman, Katz und Hooven (1997) vertieften sich in die Unterschiede zwischen den verschiedenen Arten des emotionsbezogenen Coachings der Eltern, die sie auf deren »Meta-Emotion Philosophie« zurückführen. In einer Längsschnittstudie (allerdings mit kleinem Sample) konnten sie belegen, dass die elterliche Wertschätzung des Ausdrucks von Ärger und Trauer durch ihre Kinder, die Bewusstheit der eigenen negativen Emotionen und die Bereitschaft und Kompetenz, die Kinder mit ihrem Ärger und ihrer Trauer zu unterstützen, positiven

Einfluss auf das Wohlbefinden ihrer Kinder, auf deren Gesundheit, auf deren Akzeptanz bei den Gleichaltrigen sowie auf deren späteren Schulerfolg hatten (Gottman et al., 1997).

3. Emotionales Familienklima: Auf die Entwicklung der Emotionsregulation hat ferner das emotionale Klima Einfluss, das die Kinder zu Hause im Alltag erleben. Im emotionalen Familienklima schlägt sich die Qualität verschiedener Familienbeziehungen nieder, so etwa die Bindungsqualität an Mutter und Vater sowie die Qualität der Paarbeziehung der Eltern (z. B. Davies & Cummings, 1994). Der Erziehungsstil der Eltern und die emotionale Expressivität der Familie tragen ebenfalls zum alltäglichen emotionalen Familienklima bei (z. B. Eisenberg et al., 2003). Dunn und Brown (1994) stellten fest, dass verstärkte emotionale Belastungen in der Familie mit schlechteren Leistungen des Kindes beim Erkennen und Verstehen von Emotionen einhergingen. Zudem nannten die Kinder weniger Begründungen während eines Konflikts und zeigten eine weniger fortgeschrittene Fähigkeit zur Perspektivenübernahme im Rollenspiel.

Im dreiteiligen Modell von Morris et al. (2007) wird die Beziehung zwischen Erziehung und Emotionsregulation der Kinder ganz wesentlich durch die im vorherigen Kapitel dargestellten Faktoren mitbestimmt, die in der Person des Kindes liegen. Wesentlich für die »Wirkung« der Erziehungseinflüsse sind demnach vor allem der (kognitive und sprachliche) Entwicklungsstand, das Geschlecht und das Temperament des Kindes. Diese Faktoren moderieren den Einfluss der Erziehung.

Merkmale der Eltern beeinflussen deren beobachtbares emotionales Verhalten, deren zielgerichtetes Erziehungsverhalten und auch das emotionale Klima in der Familie. Zu nennen ist hier das Temperament der Eltern, das sie auf verschiedenen Wegen an ihre Kinder weitergeben (Kerr, Capaldi, Pears & Owen, 2009). Außerdem wichtig sind hier natürlich ihre Familiengeschichte und ihre Einstellungen zu ihren eigenen Emotionen und denen ihrer Kinder, die sich unter anderem in ihrer Meta-Emotion Philosophie niederschlagen (Gottman et al., 1997). Weiterhin kann die psychische Erkrankung eines Elternteils (z. B. Field, 1998) Einfluss auf seine Emotionsregulierung nehmen. Depressiven Müttern (und Vätern) fällt es beispielsweise oft schwer, ihre eigenen Gefühle zu regulieren. Sie sind dadurch nur beschränkt in der Lage, ihren Kindern adaptive Strategien der Emotionsregulation »vorzuleben« oder sie bei ihren Kindern in geeigneter Weise zu verstärken (Silk, Shaw, Skuban, Oland & Kovacs, 2006). Kinder von Müttern mit Depressionen haben daher ein höheres Risiko, Schwierigkeiten bei der Emotionsregulation zu entwickeln (Dietz, Jennings & Abrew, 2005), verfügen oft über mangelnde soziale Fertigkeiten, haben Selbstwertprobleme (Dietz et al., 2005; Raikes & Thompson, 2006) und neigen zu unbegründeten Ärger-Attributionen, die aggressivem Verhalten oft zugrunde liegen (Schultz, Izard & Ackerman, 2000). Zudem neigen depressive Eltern durch ihren Innenfokus dazu, weniger feinfühlig auf den Kummer und Ärger in den Bindungssignalen ihrer Babys zu reagieren (z. B. Field, Healy, Goldstein & Guthertz, 1990). All diese Punkte legen nahe, dass Eltern mit psychischen Problemen häufig (aber nicht immer) über Modelllernen, über ihr Erziehungsverhalten und über ihre (beschränkte) Feinfühligkeit maladaptive Formen der Emotionsregulation bei ihren Kindern begünstigen und damit Problemverhalten in der nächsten Generation den Weg bahnen.

Alle drei genannten Einflusswege spielen eine wichtige Rolle bei der Weitergabe von Strategien der Emotionsregulation durch die Eltern. Hinter jedem dieser Einflusswege im dreiteiligen Modell verbirgt sich eine Vielzahl spezifischer psychologischer Prozesse, die sich in ihrer Bedeutsamkeit für die Entwicklung von emotionaler Kompetenz stark unterscheiden können. Im Folgenden gehen wir daher auf zwei dieser drei Einflusswege im Detail ein.

5.1.2 Erziehungsverhalten: Über Gefühle sprechen

Tägliche Gespräche zwischen Eltern und ihren jungen Kindern über die Emotionen der Beteiligten und die anderer Personen dienen den Kurzen als Informationsquelle. »Durch die Zuordnung von Begriffen und gesprochenen Sätzen zu Gefühlen und Handlungen lernt das Kind allmählich, diese selbst zu formulieren und entwickelt ein klares und stimmiges Bild seiner Erfahrungen und der zugehörigen Gefühle« (Grossmann, 1997; zit. nach Keppler, Stöcker, Grossmann, Grossmann & Winter, 2002, S. 171). Nach Thompson (2006, nach Tenenbaum et al., 2008) unterstützen diese »Gefühlsbesprechungen« Kinder in fünf Punkten:

1. Die Kinder werden ermutigt, über ihre Erfahrungen nachzudenken und diese mit Anderen zu teilen.
2. Die Aufmerksamkeit der Kinder wird auf emotionale Hintergründe gelenkt, sodass sie emotionsbezogene Ereignisse besser verstehen.
3. Die Eltern übernehmen eine Modellfunktion beim Erkennen und beim Ausdruck von Emotionen.
4. Sie können so gleichzeitig die Fähigkeit zur emotionalen Perspektivenübernahme ihrer Kinder fördern.
5. Zugleich ermöglichen sie den Kindern eine aktive Teilnahme an ihrer kulturellen Gemeinschaft.

In einer Feldstudie des turbulenten Familienalltags von Müttern mit zwei jungen Kindern beobachteten Dunn et al. (1987), dass bereits Eineinhalbjährige dazu in der Lage sind, verschiedene Gefühlszustände (und andere nicht beobachtbare Befindlichkeiten) zu benennen. Je häufiger die Mütter und die älteren Geschwisterkinder gegenüber dem 18 Monate alten Zweitgeborenen Gefühlszustände erwähnten, desto mehr beteiligten sich die jüngeren Kinder ein halbes Jahr später an Gesprächen über Gefühle. Geschlechtsunterschiede traten bei diesen Gefühlsbesprechungen insofern auf, als gegenüber Mädchen Gefühlszustände häufiger erwähnt wurden als gegenüber Jungen. In weiteren Studien ließen sich ähnliche Zusammenhänge auch im späteren Alter beobachten (Denham & Kochanoff, 2002). Eltern unterstützen bei ihren Töchtern meist eher den Ausdruck von Traurigkeit und Angst und bei ihren Söhnen den Ausdruck von Ärger und Wut (z. B. Fivush, 1989). Leslie Brody (2000) führt diese differenzierenden elterlichen Verhaltensweisen auf die unterschiedlichen Merkmale und Eigenschaften von Jungen und Mädchen in Sprache und Temperament zurück: »These differing characteristics of boys and girls evoke different parental reactions« (S. 30). Diese Gründe mögen einige der in Kapitel 4 vorgestellten Geschlechtsunterschiede erklären.

Sprechen Mütter mit ihren Kindern im Vorschulalter viel über emotionale Inhalte, dann weisen die Kinder in den ersten Schuljahren ein besseres Verständnis ihres emotionalen Erlebens auf (z. B. Cervantes & Callanan, 1998; Dunsmore & Karn, 2001). Nicht nur die Häufigkeit, sondern auch die Intensität, mit der Eltern mit ihren Kindern über Emotionen sprechen, hat einen Einfluss auf die Entwicklung emotionaler Kompetenz. So stellten Ontai und Thompson (2002) fest, dass ausführliche Gespräche über Gefühle zwischen Fünfjährigen und ihren Müttern mit einem fortgeschrittenen Emotionsverständnis der Kinder einhergingen (wenn sie sicher an ihre Mütter gebunden waren). Auch die gemeinsame Beschäftigung mit der Frage nach den Ursachen von bestimmten Emotionen im Familienkreis scheint längerfristig förderlich zu wirken (Brown & Dunn, 1996).

Anlass für Gefühlsbesprechungen mit jungen Kindern ist oft die gemeinsame Betrachtung eines Bilderbuchs mit emotionsauslösenden Szenen. In der Studie von Denham und Auerbach (1995) zeigte sich, dass diejenigen Kinder mehr Emotionswörter benutzten, deren Mütter in Bilderbuchsituationen mehr erklärten und häufiger Fragen an sie richteten. Somit scheint »ein erklärender Gesprächsstil und Nachfragen (…) Kinder anzuregen, ihre eigenen Gedanken über emotionale Zustände und Situationen zu formulieren« (Petermann & Wiedebusch, 2008, S. 92). Kinder von Eltern, die sich in gemeinsamen Gesprächen oft auf positive Emotionen und Bewertungen aus ihrer geteilten Vergangenheit beziehen, ihr Kind häufig bestätigen und negative Emotionen aus zurückliegenden Ereignissen erklären, weisen eine positivere Selbstbewertung auf (Reese, Bird & Tripp, 2007). Colwell und Hart (2006) werteten Videoaufnahmen des Bilderbuch-Lesens von Müttern mit ihren dreieinhalbjährigen Kindern im Hinblick auf die emotionale Rahmung (»emotion framing«) der Mütter aus. Gemeint ist damit die Verwendung von positiven bzw. negativen Emotionswörtern, die Betonungen und begleitenden Ausdrucksformen in Stimme und Mimik der Mütter. Ihre Auswertungen weisen auf einen positiven Zusammenhang zwischen einer mild positiven emotionalen Rahmung der Geschichten durch die Mütter und dem Emotionsverständnis ihrer Kinder hin. Dabei betonten die Mütter die Geschehnisse in der Geschichte zwar positiv, aber ohne in ihrem Ausdruck besonders aufgeregt oder fröhlich zu sein (z. B. »Ich frage mich, wer ihm das Geschenk gegeben hat?«). Colwell und Hart (2006) erklären hierzu, dass eine zu starke Betonung der emotionalen Inhalte bei den Kindern womöglich eine zu starke Erregung hervorruft, sodass sie die Informationen nicht mehr aufnehmen können. Eine klare, aber nicht überstimulierende Botschaft von mittlerer Stärke scheint am wirkungsvollsten zu sein, wenn es darum geht, die emotionale Kompetenz von jungen Kindern zu verbessern (Colwell & Hart, 2006). Die Besprechung von Ereignissen in Bilderbüchern oder aus der gemeinsamen Vergangenheit scheint dafür gut geeignet zu sein, weil zu diesem Zeitpunkt die aktuellen emotionalen Turbulenzen bereits verebbt, zugleich jedoch noch gut im Gedächtnis repräsentiert sind.

Über die persönlichen Gefühle des Kindes unterhalten sich Mütter mit ihren Kindern am häufigsten, wenn sie in Erinnerungen oder vergangenen Ereignissen schwelgen. Die Gefühle anderer Menschen thematisieren sie am häufigsten, wenn sie gemeinsam ein Buch lesen. In einer Spielsituation mit der Mutter fokussieren die meisten Kinder häufiger auf ihre eigenen Gefühle und weniger auf die der Mütter. Die Mütter hingegen beziehen sowohl in einer Buch- als auch in einer Spielsituation ihre eigenen und die kindlichen Gefühle ausgewogen in ihre Unterhaltungen ein (Kucirkova & Tompkins, 2014). Das Zurückerinnern und Besprechen einer unangenehmen emotionalen Erfahrung mit der Mutter hängt für ein Kind positiv mit der Fähigkeit zum Erkennen und Benennen von Gefühlen und der emotionalen Perspektivenübernahme zusammen (z. B. Laible, Murphy & Augustine, 2013).

Gespräche über Gefühle im Familienkreis setzen sich im Grundschulalter fort, wenn die Kinder anfangen, ambivalente Empfindungen, komplexe Emotionen wie Scham und Schuld und die Maskierung des Ausdrucksverhaltens und andere Darbietungsregeln zu verstehen (▶ **Kap. 3**), die unter den Gleichaltrigen in der Schule jetzt häufiger vorkommen. Die Erklärungen der Eltern zu den Emotionen gehen jetzt Hand in Hand mit ihren Ratschlägen (oder Coaching). Lunkenheimer, Shields und Cortina (2007) stellten bei acht bis elf Jahre alten Kindern aus Familien mit soziodemographisch gemischtem Hintergrund komplexe statistische Interaktionen zwischen dem Emotions-Coaching und dem Emotions-Abweisen durch die Eltern fest. Wurde die Gesamtzahl der Gespräche über Emotionen in der Familie statistisch kontrolliert, dann zeigte sich eine negative Beziehung zwischen den beiden erfassten elterlichen Umgangsweisen mit Emotionen. Auch wenn das Abweisen und Ignorieren der Gefühle der Kinder einen Risikofaktor für die psychische Gesundheit der Kinder darstellte, so zog das Coaching alleine nicht den entsprechenden Vorteil nach sich. Wenn die Eltern beide Verhaltensweisen zeigten, ging das Emotions-Coaching der negativen Gefühle mit einer geringeren emotionalen Instabilität und weniger ausgeprägten internalisierenden Problemen der Kinder einher. Für das Coaching der positiven Emotionen ließ sich in dieser »Normalstichprobe« kein Effekt nachweisen (Lunkenheimer et al., 2007), wohl aber bei der Erziehung von Kindern mit oppositionellem Trotzverhalten. Hier wirkte das Coaching von positiven Emotionen durch die Eltern dem Störungsbild entgegen (Dunsmore, Booker & Ollendick, 2013).

5.1.3 Erziehungsverhalten: Eltern-Reaktionen auf die Emotionen der Kinder

Neben den Gesprächen über Emotionen spielt es auch eine Rolle, wie die Eltern sich verhalten, wie sie auf die Emotionen ihres Kindes reagieren und ob ihre Worte und ihre Handlungen dabei im Allgemeinen übereinstimmen. Betrachtet man das negative Spektrum elterlichen Verhaltens, so haben zum Beispiel Beschämung der Kinder, Liebesentzug, der Ausdruck von Ekel oder Missachtung einen negativen Einfluss auf die Selbstattributionen der Kinder, die meist mit Scham und Schuld verbunden sind (Lewis, 2014). Die Selbstattributionen umfassen die Suche nach den Gründen und Ursachen für Handlungen und Ereignisse bei sich selbst. Dabei schließen die Kinder aus dem beobachteten Verhalten ihrer Eltern auf ihre eigenen inneren Dispositionen. Eine Abwertung oder Minimierung der Emotionen des Kindes durch die Eltern zog zum Beispiel eher »ausweichende« Strategien der Emotionsregulation von Seiten des Kindes nach sich (Eisenberg, Fabes, Carlo & Karbon, 1992). Andersherum führten problemfokussierte Reaktionen der Mutter gegenüber den Emotionen ihres Kindes zu einer positiven, konstruktiven Bewältigung (Eisenberg, Fabes, & Murphy, 1996). Weitere Formen des elterlichen Erziehungsverhaltens sind Unterstützung und Ratschläge zur Emotionsregulation (»Atme tief ein«, »Denk an etwas Schönes«).

Kinder, deren Mütter in den Interaktionen mit ihnen geringe Feinfühligkeit und mehr Ärger zum Ausdruck brachten, hatten ein geringeres Emotionswissen, wenn sie Jungen waren (Denham, Zoller & Couchoud, 1994). Denham et al. (1994) konnten nachweisen, dass die häufigen Erläuterungen der Mütter über ihr eigenes Gefühlsleben und eine größere Feinfühligkeit (Responsivität) das Emotionsverständnis ihrer drei- bis vierjährigen Kinder 15 Monate später positiv vorhersagten, auch wenn das Alter und die Sprachkenntnisse kontrolliert waren. Kinder von Müttern mit einem positiveren Emotionsausdruck, fällt es zudem generell leichter, auch bei unbekannten Personen, Gefühle (vor allem von Freude) zu erkennen (Dunsmore & Smallen, 2001). In einer Untersuchung mit 45 drei- bis fünfjährigen Kindern aus Familien mit geringem Einkommen ermittelten Garner, Jones, Gaddy und Rennie (1997), dass das kindliche Wissen über emotionale Situationen mit den empathischen Äußerungen der Mütter korrelierte. Die mütterlichen Erklärungen zu Ursachen und Konsequenzen von Gefühlen hingen positiv mit der kindlichen Fähigkeit zur emotionalen Perspektivenübernahme zusammen.

Umgekehrt begünstigen fehlende oder unzureichende Erklärungen des Gefühlslebens durch die Eltern die Nutzung von maladaptiven Strategien der Emotionsregulation und Problemverhalten durch ihre Kinder. Shipman et al. (2007) konnten belegen, dass misshandelte Kinder über weniger adaptive Emotionsregulationsstrategien verfügen (auch Katz, Hessler & Annest, 2007). Ihre Mütter zeigten ihren sechs- bis 12-jährigen Kindern gegenüber weniger validierendes Verhalten, mehr Entwertungen der kindlichen Emotionen und weniger Unterstützung beim Umgang mit Gefühlen. Weitere Studien (z. B. Cicchetti & Curtis, 2005) konnten belegen, dass misshandelte und vernachlässigte Kinder Gesichtsausdrücke auf Fotos oft weniger zutreffend dekodieren konnten als ihre Altersgenossen ohne Misshandlungserfahrungen. Zudem hatten sie mehr Schwierigkeiten beim Emotionsausdruck, dem Interpretieren von Emotionen sowie dem Emotionsverständnis und der Kommunikation über emotionale Inhalte (Katz et al., 2007; Shipman & Zeman, 2001).

Eine interessante Frage ist die nach Zusammenhängen zwischen dem Erziehungsverhalten und der Emotionsregulation ihrer Nachkömmlinge. Zwei Studien im deutschsprachigen Raum (Otterpohl, Imort, Lohaus & Heinrichs, 2012; Gunzenhauser, Fäsche, Friedlmeier & von Suchodoletz, 2014) stellten fest, dass Kinder im Alter von drei bis elf Jahren diejenigen Emotionsregulationsstrategien häufiger anwenden, zu denen auch ihre Eltern tendierten (Gunzenhauser et al., 2014). Diese waren häufiger adaptiv, wenn die Eltern eher unterstützend auf Äußerungen negativer Reaktionen ihrer Kinder antworteten. Hingegen erwiesen sich bestrafende Reaktionen der Eltern als nachteilig, denn diese waren mit der Nutzung maladaptiver Strategien bei den Kindern verbunden. Otterpohl und Kollegen (2012) beschränkten sich in ihrer Untersuchung auf die Regulation von Wut. Kinder, die in Familien mit problematischem Familienklima aufwuchsen, verwendeten zur Regulation von Wut tendenziell eher maladaptive Strategien. Kein direkter Zusammenhang ließ sich zwischen der psychischen Belastung der Eltern und den maladaptiven Strategien ihrer Kinder beobachten. Dieser Zusammenhang konnte nur indirekt über die spezifischen elterlichen Reaktionen auf die Wut des Kindes und ein ineffektives oder emotionsunterdrückendes allgemeines Erziehungsverhalten erklärt werden.

Eine Zusammenfassung über verschiedene Forschungsansätze und die Bedeutung der Kommunikation und den Umgang mit Gefühlen innerhalb der Familie geben Saarni und Buckley (2002). »The family context plays a unique and crucial role in shaping an individual's emotional life, as well as a person's understanding of emotion communication« (S. 228). Dabei betonen sie die Wechselseitigkeit der Beeinflussungen zwischen Eltern und Kindern. Nicht nur die Eltern nehmen einen Einfluss auf die emotionale Kommunikation in der Familie, sondern umgekehrt rufen bestimmte Eigenschaften und Verhaltensweisen der Kinder bestimmte Reaktionen bei den Eltern hervor. In jeder Familie gibt es unausgesprochene emotionale Kommunikationsregeln und Botschaften, welche Gefühle in dieser Familie akzeptiert werden, wie sie ausgedrückt und mit ihnen umgegangen werden darf und welche emotionalen Reaktionen man von anderen Familienmitgliedern erwarten kann. Dies hat Einfluss auf die emotionale Entwicklung der Kinder. Insgesamt steht die »emotionale Kommunikation (…) damit an der Schnittstelle zwischen der intrapsychischen Entwicklung und den Beziehungseinflüssen. Ob verbal kommuniziert wird oder nonverbal ein Lächeln ausgetauscht wird, ob und in welcher Weise Beziehungspartner auf die Gefühlsbekundungen des Kindes reagieren, ist damit zugleich ein Teil ihrer Beziehung (…) und eine Erfahrung, die die intrapsychische emotionale Entwicklung des Kindes vorantreiben kann« (von Salisch, 2000, S. 267).

5.1.4 Emotionales Familienklima: Bindungsqualität

Menschen sind von Geburt an soziale Wesen. Schon Neugeborene können mit ihrer Umwelt in Kontakt treten und mit ihr über Weinen, Schreien, Anklammern oder Saugen interagieren. Kleinkinder sind angewiesen auf eine interpsychische Regulation durch ihre Bezugspersonen. »Die Bindungstheorie geht von einem grundlegenden Bedürfnis des Kindes nach Geborgenheit, Kontakt und Liebe aus« (Spangler, 1999, S. 177). Nur im Kontakt und in Nähe mit anderen

Menschen, zu denen ein »emotionales Band« (Bindung) besteht, kann das Kind überleben (Schutzfunktion) und wichtige Erfahrungen für sein späteres Leben sammeln. Dies impliziert, dass die emotionale Entwicklung »in der Bindungstheorie eng verknüpft [ist] mit dem Aufbau bzw. der Entwicklung von sozialen Beziehungen (Bindungen) zwischen dem Kind und seinen primären Bezugspersonen. Emotionen besitzen dafür einerseits eine wichtige Regulationsfunktion, andererseits wird diese Funktion in ihrer Wirkungsweise durch spezifische Erfahrungen mit den primären Bezugspersonen modifiziert« (Spangler, 1999, S. 177). Aus bindungstheoretischer Sicht beeinflusst besonders die Feinfühligkeit der Bindungspersonen in den Interaktionen mit dem Kind den Umgang mit seinen emotionalen Bedürfnissen und deren offene Mitteilung. Feinfühligkeit ist die Fähigkeit, kindliche Signale wahrzunehmen, sie richtig zu interpretieren und prompt und angemessen darauf zu reagieren (Spangler, 1999). »Früh erlebte feinfühlige Interaktionen mit Bindungspersonen bewirken, dass sie eine Person dazu befähigen, den Einfluss vor allem negativer Gefühle auf die individuelle Entwicklung zu integrieren, sozial-emotionale Erfahrungen und die damit verbundenen Gefühle klar zu erkennen, kohärent darüber zu sprechen und so einen adaptiven Umgang mit sich und Anderen zu pflegen« (Keppler et al., 2002, S. 174). Sicher gebundene Kinder erlernen so effektive Regulationsstrategien, die es ihnen erlauben, emotionale Anforderungssituationen adäquat zu bewältigen. Soweit die Theorie.

Empirische Ergebnisse belegen, dass Vorschulkinder, die eine sichere Bindung zu ihrer Mutter entwickelt hatten, im Vergleich zu ihren Altersgenossen mit unsicherer Bindung ein fortgeschrittenes Emotionsverständnis aufwiesen (de Rosnay & Harris, 2002). Eine warmherzige, gegenseitige und zugewandte Eltern-Kind-Beziehung fördert die Entwicklung des Gewissens und ein anpassungsfähiges Selbstempfinden (Kochanska, 1995, 2002) sowie den Glaube an sich, selbst und an die Tragfähigkeit der Beziehungen zu Anderen sowie ein positives Selbstkonzept und eine positive Selbstbewertung (Clark & Symons, 2000). In der Bindungstheorie sind diese Fähigkeiten und Einstellungen im »inneren Arbeitsmodell der Bindung« (working model of attachment) enthalten.

Doch was machen die Mütter von unsicher gebundenen Kindern anders? Forschungsergebnisse legen nahe, dass Mütter, deren Kinder unsicher-vermeidend an sie gebunden waren, eine vergleichsweise stärkere Kontrolle über das negative emotionale Ausdrucksverhalten ihrer Kinder ausübten. Mütter von Kindern, die im Fremde-Situations-Test als unsicher-ambivalent eingestuft wurden, kontrollierten den negativen Ausdruck ihrer Kinder dagegen weniger als andere Mütter. Mütter, die von einer stärkeren Kontrolle des Ausdrucksverhaltens ihrer Kinder berichteten, hatten Kinder, die insgesamt weniger Emotionen zeigten, sie seltener mit Anderen teilten und ihren Ärger häufiger unterdrückten (Berlin & Cassidy, 2003). Fonagy (2004, zit. nach Arsenio, 2006) ist der Ansicht, dass es unsicher gebundenen Kindern schwerer fällt, die eigenen Befindlichkeiten und die ihrer Mitmenschen zu verstehen. Durch die geringere Ansprechbarkeit (Responsivität) ihrer Eltern bleiben diesen Kindern deren Bedürfnisse, Überzeugungen und Wünsche weitgehend verschlossen. Für die Kinder erschwert die Unzugänglichkeit der Gefühlswelt ihrer Eltern die Entwicklung der emotionalen Perspektivenübernahme. Dies mag die Wahrscheinlichkeit erhöhen, dass unsicher gebundene Kinder sich gegenüber Gleichaltrigen aggressiv oder antisozial verhalten (Fonagy, 2004, zit. nach Arsenio, 2006).

»Bindungsunterschiede werden also insbesondere in Situationen und Entwicklungskontexten zum Ausdruck kommen, in denen emotionale und soziale Prozesse eine wichtige Rolle spielen, z. B. beim Eintritt in neue Lebenssituationen (Kinderkrippe, Kindergarten, Schule)« (Spangler, 1999, S. 196). Dabei zeigen sie sich nicht allein in der Beziehung zu den Eltern, sondern auch in außerfamiliären Beziehungen wie zu Gleichaltrigen, in Freundschaften und im Erwachsenenalter auch in engen Partnerschaften. Jede dieser Beziehungen gestaltet sich unterschiedlich und hat eine eigene Bedeutung für das Kind und seine sozial-emotionale Entwicklung (z. B. Spangler, 1999; de Rosnay et al., 2004).

5.1.5 Emotionales Familienklima: Qualität von Familienbeziehungen

Michael Lewis (2014) ist der Meinung, dass es bei der Untersuchung der Erziehungseinflüsse nicht nur um die Bindung zur Mutter gehen sollte, sondern dass es notwendig sei, den Untersuchungen eine »Soziale Netzwerk-Theorie« zugrunde zu legen. Diese beinhaltet multiple Bindungen zu verschiedenen Menschen aus dem Umfeld des Kindes, die verschiedene Funktionen haben und unterschiedliche Bedürfnisse des Kindes stillen. Innerhalb dieses sozialen Netzwerks erwirbt ein Kind auf direktem Wege (z. B. in der konkreten Interaktion mit dem Gegenüber) und auf indirektem Wege (z. B. durch Beobachtung) neues Wissen über Emotionen und Emotionsregulation.

Ein reichhaltiger Beobachtungsgrund für Kinder ist die Paarbeziehung ihrer Eltern, insbesondere ihrer Konflikte. Auf der Grundlage bisheriger Studien zum Einfluss von Eheproblemen auf die Anpassung des Kindes erarbeiteten Grych und Fincham (1990) ein umfassendes Rahmenmodell. Darin können sie einen Einfluss belegen und eine Reihe von vermittelnden Faktoren identifizieren, zum Beispiel ob das Kind den Konflikt versteht und wie es ihn interpretiert, welche Erfahrungen es mit vorangegangenen Konflikten gemacht hat und über welche kognitiven Fähigkeiten es verfügt. Die Art des elterlichen Umgangs mit den Konflikten und Meinungsverschiedenheiten, die sich in jeder Ehe irgendwann ergeben, hat einen wichtigen Einfluss auf die betroffenen Kinder (Cummings & Keller, 2006; Cummings, Goeke-Morey & Papp, 2002; McCoy, George, Cummings & Davies, 2013; Harold, Shelton, Goeke-Morey & Cummings, 2004). Destruktive Lösungsversuche verunsichern Kinder und haben nachteilige Auswirkung auf seine Anpassung bzw. auf die emotionale Atmosphäre in der Familie. Lösungsorientierte und konstruktive Verhaltensweisen der Eltern in Streitsituationen können dagegen als positives Vorbild für die Kinder dienen. Weitere Einflüsse auf die Ausbildung der emotionalen Kompetenz der Kinder können sowohl aus der Übertragung der Anspannung aus dem Elternkonflikt auf den Umgang mit dem Kind resultieren, als auch aus einer starken Beschäftigung mit den eigenen Problemen oder aus der unangemessenen psychologischen Kontrolle der Eltern (Reichle & Gloger-Tippelt, 2007).

Katz und Gottman (1996) ermittelten, dass Eltern, die durch Eheprobleme belastet sind, einen eher kalten, teilnahmslosen und wenig strukturierenden oder Grenzen aufzeigenden Erziehungsstil aufwiesen. Dabei betrachten sie die Mütter und Väter getrennt. Verhält sich ein Ehepaar bei Konflikten untereinander feindselig, dann reagiert der Vater vermehrt mit negativen, provokativen, dominanten und bestimmenden Strategien, um das Kind zu bestrafen. Bei den Müttern hängt die Zurückweisung der Kinder mit Rückzugsverhalten der Väter in Streitsituationen zusammen. Sie könnte Ausdruck der Verärgerung und Enttäuschung der Mutter sein, die aus den Streitigkeiten mit dem Ehemann resultiert. Besonders bei Mädchen und Kindern, die eine gering ausgeprägte effortful-control-Temperamentseigenschaft haben (▶ Kap. 4), erweisen sich destruktive elterliche Konflikte als problematisch, da sich eine Verbindung zu vermehrten Peer-Problemen belegen lässt (David & Murphy, 2007).

Unabhängig von ihren Auseinandersetzungen unterscheiden sich Mütter und Väter in manchen Punkten in ihrem Umgang mit den Emotionen des Kindes. Dabei haben beide Elternteile einen maßgeblichen Einfluss auf die Emotionssozialisation ihrer Kinder (Garner, Robertson et al., 1997). Obwohl die Mütter gegenüber ihren Töchtern mehr positive Gefühle ausdrückten als gegenüber ihren Söhnen, ließ sich auch ein nicht unerheblicher Teil der Mitwirkung und Einflussnahme auf die kindliche emotionale Sozialisation durch die Väter belegen. Allerdings erwiesen sich die Reaktionen der Väter als unabhängig vom Geschlecht ihrer Kinder, beinhalteten aber mehr ärgerliche Reaktionen gegenüber den Kindern als die der Mütter. Das Geschlecht der Eltern scheint ebenfalls Einfluss auf die kindliche Emotionsregulation von Traurigkeit zu nehmen (Cassano, Perry-Parrish & Zeman, 2007). So zeigte sich, dass Mütter und Väter die Traurigkeit ihrer Söhne und Töchter unterschiedlich wahrnahmen, bewerteten und je nach Alter auch unterschiedlich darauf reagierten. Die Väter scheinen eine besondere Rolle bei der Sozialisation von Traurigkeit ihrer Kinder zu haben, wohingegen der mütterliche Einfluss mehr auf der Sozialisation von Ärger zu liegen scheint (Zeman, Perry-Parrish & Cassano, 2010). Sicher ist, dass der Sozialisierungsprozess ein transaktionaler Vorgang ist, bei dem sowohl die Eltern als auch die Kinder aktiv einwirken. Die Autoren empfehlen bei zukünftigen Forschungen das Geschlecht der Eltern und ihre Kognitionen als Variablen mit im Blick zu behalten.

Eine weitere wichtige Personengruppe in den sozialen Familiennetzwerken von Kindern und Jugendlichen sind ihre Geschwister, die sie über viele Jahre ihres Lebens begleiten. Da Geschwister vor Schuleintritt aufgrund ihres geteilten sozialen Umfelds sehr viel Zeit miteinander verbringen und dadurch sehr vertraut miteinander sind, ergeben sich viele Situationen der Übereinstimmung und des gemeinsamen Spiels, aber auch der Konflikte, die als Übungsfeld für deren Austragung dienen können (Howe, Aquan-Assee, Bukowski, Lehoux & Rinaldi, 2001). Geschwister zeigen in Auseinandersetzungen oft weniger Verständnis und Entgegenkommen als die Eltern und haben häufig vorrangig ihre eigenen Interessen im Blick (Tucker & Updegraff, 2009). Randell und Peterson (2009) entdeckten (nach Kontrolle des Alters und der sprachlichen Fähigkeiten), dass drei- bis fünfjährige Kinder mit einer fortgeschrittenen Theory-of-Mind-Entwicklung weniger negative und mehr positive Gefühle während eines Streits mit ihren Geschwistern zeigten und auch im Nachhinein weniger Kummer bekundeten (Weinen, Wut, Schmollen). Sawyer, Denham, Blair und Levitas (2002) schlussfolgerten aus ihrer Untersuchung, dass der Grad der emotionalen Feinfühligkeit eines älteren Geschwisterkinds zum Emotionswissen von Vorschulkindern beiträgt, gelang es diesen doch besser, Emotionsausdrücke zu erkennen und zu benennen, in eindeutigen Situationen angemessene Gefühlen zu identifizieren und in mehrdeutigen Situationen Rückschlüsse auf die Gefühle von Anderen zu ziehen. Dabei scheinen die älteren Geschwister vor allem als Modell zu dienen. Als moderierende Faktoren ergaben sich das Alter der Kinder, der Altersabstand der Geschwister und das Geschlecht des älteren Geschwisterkinds. Als überraschendes Ergebnis zeigte sich in dieser Studie von Sawyer et al. (2002) zudem noch ein positiver Zusammenhang zwischen der Feinfühligkeit des älteren Geschwisterkinds und provozierenden Reaktionen des Vorschulkindes gegenüber den Gleichaltrigen. Dieses Ergebnis führen die Autorinnen darauf zurück, dass Kinder mit feinfühligeren älteren Geschwistern über eine große Vielzahl von Emotionsantworten verfügen und diese zum eigenen Vorteil nutzen (z. B. weinen und schreien, um ein Spielzeug zu erhalten). Möglicherweise gehen die älteren Geschwister besonders rücksichtsvoll mit ihnen um und behandeln sie »mit Samthandschuhen«. Ein noch erstaunlicheres Ergebnis dieser Studie war darüber hinaus ein negativer Zusammenhang zwischen der Feinfühligkeit des älteren Geschwisterkindes und der Akzeptanz des Kindes durch die Peers (besonders wenn der Altersabstand gering war). Ist das feinfühlige Geschwisterkind besonders nachgiebig und vorsichtig im Umgang mit dem Kind, sieht sich dieses auch in anderen sozialen Kontexten nicht genötigt, die Gefühle seines Gegenübers zu berücksichtigen, wäre eine mögliche Erklärung. Es handelt auf seinen eigenen Vorteil bedacht, was der Sympathie bei den weniger nachgiebigen Gleichaltrigen nicht gerade zuträglich ist. Diese Befunde erhalten Gewicht unter der Rücksichtnahme, dass die gegenseitige Einflussnahme der Geschwister auch negativ ausfallen kann und damit der Entwicklung von Drogenmissbrauch oder Delinquenz Vorschub leisten kann (z. B. Stormshak, Bullock & Falkenstein, 2009).

Die Liste möglicher Netzwerkmitglieder, die Einfluss auf die emotionale Kompetenz von Kindern nehmen, ließe sich sicher erweitern, etwa um Mitglieder der erweiterten Familie, Nachbarn, Trainer, Lehrkräfte, Tagesmütter und weitere Betreuungspersonen. So können zum Beispiel Lehrpersonen das familiäre Umfeld durch weitere emotionale Lern- und Erfahrungsräume für Kinder mit Bindungsstörungen ergänzen und Alternativen bieten (Buyse, Verschueren & Doumen, 2011; Denham, Bassett & Zinsser, 2012). Ein Einblick in einige kindergartenbasierte Programme zu diesem Zweck findet sich in Kapitel 7.

Spätestens bei Eintritt in den Kindergarten, den nahezu alle Kinder in Deutschland besuchen, erweitert sich die soziale Welt der Kinder ganz erheblich. In Ergänzung soll daher im Folgenden auf den Einfluss von Gleichaltrigen, den sozioökonomischen Status und den kulturellen Hintergrund eingegangen werden.

5.2 Der Einfluss der Gleichaltrigen

Weitere Mitglieder des sozialen Netzwerks von Kindern und Jugendlichen sind die Gleichaltrigen, mit denen sie vom Kindergarten an viele Stunden des Tages gemeinsam verbringen. Während der Grundschuljahre gewinnt der Umgang mit Gleichaltrigen und Freunden an Bedeutung für die sozial-emotionale Entwicklung (Smith, 2001; Odom, McConnell & Brown, 2008), weil es Kindern nun immer besser gelingt, ihre Gefühle eigenständig zu bewältigen (Thompson & Meyer, 2007). Neben die Eltern treten die Peers, die den Heranwachsenden oft etwas andere Formen der Emotionsregulierung abverlangen. »Mutproben« im emotionalen Bereich, wie etwa bei einem als jähzornig bekannten Nachbarn zu klingeln, von einer hohen Mauer zu springen oder einen Regenwurm zu verschlucken (und dafür Angst und Ekel zu überwinden), sind typisch für Gleichaltrige im Grundschulalter, nicht aber für Eltern. Interaktionen mit den Peers stellen insofern ein von der Familie unabhängiges Lernfeld für die Erprobung und Erweiterung der emotionalen Kompetenz dar, das zudem den Übergang von der Familie in romantische Beziehungen, in die Berufsausbildung und in weitere gesellschaftliche Bereiche außerhalb der Familie erleichtert.

5.2.1 Peer-Akzeptanz und emotionale Kompetenz

Durch den Eintritt in die Schule üben die Kinder Umgang und Aushandlungen mit Mitschülerinnen und Mitschülern. Kinder mit einem höheren sozialen Status in der Gleichaltrigengruppe scheinen effektiver in der Regulation von starken Gefühlen zu sein, eine bessere Imitation und Enkodierung emotionaler Gesichtsausdrücke und ein fortgeschrittenes Emotionsverständnis aufzuweisen (z. B. Hubbard & Coie, 1994). Im Rahmen einer Meta-Analyse ließen sich deutlichere (kleine bis moderate) Effektstärken zwischen dem Erleben und dem Ausdruck der negativen Emotionen Ärger, Angst und Trauer und dem sozialen Status der Kinder feststellen, als dies für das Verhältnis zwischen den positiven Emotionen und dem sozialen Status der Fall war (kleine Effektstärken) (Dougherty, 2006). Kinder, die die Darbietungsregeln für positive und negative Emotionen gut beherrschen, werden von Gleichaltrigen und Lehrern oft als kompetenter wahrgenommen (McDowell & Parke, 2000).

Wenn es Mädchen gelingt, Emotionen bei anderen Menschen korrekt zu identifizieren und zwar vor allem dann, wenn sie ihren eigenen Gefühlen in der gleichen Situation nicht entsprechen, dann trägt dies zu ihrer größeren Beliebtheit in Peer-Beziehungen bei. Bei Jungen erhöht diese Fähigkeit die Wahrscheinlichkeit, wechselseitige Freundschaften aufzubauen (Dunsmore, Noguchi, Garner, Casey & Bhullar, 2008). Soziale Vorteile haben auch Kinder, die Emotionen verbal benennen können. Kinder, die über ein differenzierteres Emotionsvokabular verfügen, das sie in sozialen Kontexten verwenden und dabei Bezug auf die emotionalen Empfindungen Anderer nehmen, sind beliebter und werden von ihren Gleichaltrigen mehr gemocht (Fabes, Eisenberg, Hanish & Spinrad, 2001). In der deutschen Studie von Janke (2008) korrelierte das mit der SEW gemessene Emotionswissen bei Kindergartenkindern positiv mit ihrer sozialen Kompetenz (im Erzieherurteil) und bei Schulkindern mit ihrer Peer-Akzeptanz. Je positiver das emotionale Ausdrucksverhalten von Kindern während einer Spielsituationen mit Gleichaltrigen ausfiel, desto häufiger wurden sie später als Spielpartner gewählt (Garner & Estep, 2001). Dennoch sind Siebenjährige mehr geneigt, ihren Gefühlsausdruck in Gegenwart von Gleichaltrigen zu kontrollieren als gegenüber ihren Eltern oder wenn sie alleine sind. Als Hauptgrund hierfür gaben die Kinder die Sorge vor negativen Interaktionen und Herabsetzungen durch die Peers an (Zeman & Garber, 1996; Zeman & Shipman, 1997).

Miller et al. (2005) stellten in einer Stichprobe von Kindergartenkindern und Erstklässlern aus einkommensschwachen Familien einen Zusammenhang zwischen dem Emotionswissen und den sozialen Kompetenzen fest. Kinder, die Schwierigkeiten dabei haben, die Emotionen ihrer Mitschülerinnen und Mitschüler richtig zu erkennen, scheinen im Klassenverband unbeliebter zu sein. Darunter finden sich zum Beispiel Kinder, die am wenigsten gemocht werden, die oft Streits anfangen, viel alleine spielen oder schüchtern sind. Positive Peer-Nominierungen hingen hier dagegen nicht mit dem richtigen Erkennen von Emotionen zusammen. In dieser Studie ist eine deutliche Einschränkung in der fehlenden Kontrolle der sprachlichen Fähigkeiten der Kinder zu sehen, die üblicherweise eng mit ihrem Emotionswissen einhergehen (▶ **Kap. 4**). Eine Studie mit 201 Schulanfänger/innen konnte nachweisen, dass das Emotionswissen, vermittelt über die sozialen Fertigkeiten der Kinder Veränderungen ihrer Peer-Akzeptanz vorhersagte, auch wenn ihr Geschlecht und ihre verbalen Fähigkeiten kontrolliert wurden (Mostow, Izard, Fine & Trentacosta, 2002).

Mavroveli, Petrides, Rieffe und Bakker (2007) stellten fest: Holländische Jugendliche zwischen 11 und 15 Jahren, die sich selbst auf einem Fragebogen als emotional kompetent beschrieben, wurden auch von ihren Peers höhere Sozialkompetenz im Sinne von weniger Aggressivität, weniger Störverhalten, mehr Kooperation und mehr Führungsverhalten bescheinigt. Dies galt sowohl für die männlichen als auch für die weiblichen Jugendlichen. Demnach bleiben Emotionswissen und Emotionsregulation als zentrale Komponenten emotionaler Kompetenz auch bei Jugendlichen wesentliche Voraussetzungen für die Ausbildung von sozialer Kompetenz.

5.2.2 Freundschaft und emotionale Kompetenz

Freundschaften stellen einen Kontext dar, der die Entwicklung von emotionaler Kompetenz in vielfältiger Weise herausfordert und unterstützt, können Heranwachsende in dieser Vertrauensbeziehung doch ihr Emotionswissen auf den Prüfstand stellen und erweitern und ihre Fähigkeiten zur Emotionsregulation anwenden und verfeinern (Kanevski & von Salisch, 2011; von Salisch & Gunzenhauser, 2015).

Angesichts der vielfältigen und manchmal schwer zu durchschauenden emotionalen Geschehnisse unter den Gleichaltrigen sind Freundinnen und Freunde gesuchte Gesprächspartner, wenn es um die Gefühle geht, die Schulkinder und Jugendliche bei den Klassenkameraden und anderen Peers beobachten. Haben Freundschaften sich so weit entwickelt, dass die Heranwachsenden darauf vertrauen können, dass ihre Vertraulichkeiten nicht weiter getragen werden, dann sind sie der Ort, wo Jugendliche ihre emotionalen Bewertungen von anderen Personen und Sachverhalten äußern, oft in Form Klatsch und Tratsch (Gottman & Mettetal, 1986). Durch diesen vertraulichen Austausch, der oft die emotionalen Entgleisungen von Anderen zum Inhalt hat, festigen die Kinder und Jugendlichen nicht nur ihre Freundschaft, sondern bauen auch eine geteilte Weltsicht auf (Youniss & Smollar, 1985). Indem sie über emotionsgeladene Vorfälle in der Peer-Gruppe sprechen, können befreundete junge Menschen aber auch einander helfen, das emotionale Erleben und den Ausdruck der Anderen zu analysieren, zu vergleichen und letztlich besser zu verstehen (Gottman & Mettetal, 1986).

Intime Freundinnen und Freunde fungieren darüber hinaus als Enthüllungspartner für emotionale Bewertungen, die die eigene Person betreffen. Befreundete Jugendliche dienen einander als Spiegel bei der Selbstexploration, wenn sie sich gegenseitig dabei unterstützen, ihre manchmal diffusen Empfindungen zu klären und Ähnlichkeiten und Unterschiede im emotionalen Erleben zu erkunden. Gottman und Mettetal (1986) stellten nach ihrer Inhaltsanalyse der Gespräche von befreundeten Dreizehn- bis Siebzehnjährigen fest, dass die Selbstexploration, inklusive Selbstoffenbarung von vertraulichen Informationen im Mittelpunkt der »Gefühlsbesprechungen« der jugendlichen Freundespaare stand und oft dazu diente, emotionale Bewertungen abzustimmen und Entscheidungen vorzubereiten. Etwas seltener zogen Jugendliche in diesen Gesprächen Vergleiche zwischen der eigenen Person und der des Freundes (Gottman & Mettetal, 1986).

Weil das eigene Gefühlsleben bekanntlich großes Potential zur Selbsttäuschung enthält, ist es für Jugendliche ausgesprochen nützlich, ihre eigenen emotionalen Bewertungen und Empfindungen mit denen von anderen Menschen abzugleichen, die sie genau kennen, die sie gut verstehen, weil sie ähnlichen Entwicklungsaufgaben gegenüberstehen und die ihnen ein wohlwollend-realistisches Feedback geben, eben mit ihren engen Freundinnen und Freunden. Insofern fungiert der Austausch mit befreundeten Jugendlichen in gewisser Weise als »Realitätstest« der eigenen Gefühlswelt. Der Austausch mit den Freunden, der die eigene Gefühlswelt auf den Prüfstand stellt, kann Jugendlichen dabei helfen, die eigenen Gefühle in unterschiedlichen (sozialen) Kontexten zu erkennen und zu validieren (Harter, 1999). Jugendliche, die oft ihre Gefühle mit ihren Freundinnen und Freunden austauschten, wiesen einen positiveren Selbstwert im Kontext von Peer-Beziehungen auf (Papini, Farmer, Clark & Micka, 1990).

Soziale Unterstützung in der Freundschaft beinhaltet zum großen Teil Hilfestellung bei der Emotionsregulation. Jüngere Jugendliche erreichen Stimmungsaufhellung bei ihrem problembeladenen Freund durch die Lenkung der Wahrnehmung auf positive Sachverhalte (z.B. was ziehst du bei der Party an?), betreiben also eine antezedenzorientierte Regulation im Sinne von Gross und

Thompson (2007) (▶ **Kap. 3.10**). Ab dem mittleren Jugendalter gelingt es Freundinnen und Freunden, die emotionale Gestimmtheit ihres Beziehungspartners durch eine weitere antezedenzorientierte Strategie zu verbessern, nämlich durch Neubewertungen der emotionsauslösenden Sachverhalte mit Hilfe von Entschuldigungen. Junge Erwachsene leisten soziale Unterstützung, indem sie die Entschuldigungen des Freundes validieren (Denton & Zarbatany, 1996). Die soziale Unterstützung kann durchaus ein zweischneidiges Schwert sein, wenn befreundete Jugendliche sich nicht nur über emotional belastende Erfahrungen austauschen, sondern diese auch noch durch gemeinsames Grübeln (co-rumination) endlos ausdehnen. Dies ist verbunden mit internalisierendem Problemverhalten (Rose, Carlson & Waller, 2007). Eine Beobachtungsstudie erbrachte, dass manche Aspekte dieser Problembesprechungen unter Freundespaaren (wie bestimmte Probleme immer wieder aufzuwärmen oder darüber zu spekulieren) als Zeichen von Interesse zu einer engen Qualität von Freundschaft beitrugen, während die Betonung von negativen Gefühlszuständen mit Symptomen von depressiven Verstimmungen und Ängstlichkeit einherging (Rose, Schwarz-Mette, Glick, Smith & Luebbe, 2014).

Weil Freundinnen und Freunde einander so gut zur Seite stehen können, kann es eine große Belastung für sie sein, wenn sie sich über einander ärgern. Diese Auseinandersetzungen kreisen bei den weiblichen Jugendlichen oft um Vertrauen und Vertraulichkeit, während die männlichen Jugendlichen eher Rücksichtslosigkeiten des Freundes in Rage bringen kann (Youniss & Smollar, 1985). Wenn Freunde sich über einander ärgern, so stehen sie vor der Herausforderung, zugleich die eigenen Anliegen an den Freund oder die Freundin zu formulieren und die Beziehung positiv und aufrechtzuerhalten (von Salisch, 1991). Weder die eigenen Ansichten und Bedürfnisse auf Dauer zugunsten der Beziehung zurückzustellen, noch sie ausschließlich in den Vordergrund zu stellen, sondern einen Ausgleich zwischen den intrapersonalen und den interpersonalen Zielen herzustellen, bedeutet beispielsweise effektives soziales Handeln in dem Pyramidenmodell von Rose-Krasnor (1997), das in Kapitel 2 vorgestellt wurde.

Siebtklässlern, denen es gelang, ihren Ärger auf den Freund oder die Freundin auf konstruktive Weise zu regulieren, hatten am Ende des Schuljahres mehr reziproke Freundschaften, selbst wenn ihre anfänglichen Freundschaften und ihre Peer-Akzeptanz kontrolliert worden war (von Salisch, Zeman et al., 2015). Jugendliche, die am Ende des Schuljahres alle ihre reziproken Freundschaften verloren hatten, nutzten dagegen eher aggressive Formen der Ärgerregulierung, während durchgängig befreundete Jugendliche dies im Verlauf seltener taten (von Salisch, Lüpschen et al., 2013). Enge Freundschaften zu nicht-devianten Altersgenossen fordern Jugendliche daher heraus, sich emotional kompetent zu verhalten, weil die Freundschaft eine freiwillige Beziehung ist, die nur im Einvernehmen besteht und beiderseits aufgekündigt werden kann.

5.3 Der Einfluss des sozioökonomischen Status

Obwohl der sozioökonomische Status von Familien in vielen Forschungen eine wichtige Rolle als Hintergrundvariable spielt, hat sich seine einheitliche Erfassung in den Sozialwissenschaften in der Vergangenheit als schwierig erwiesen. Die unter dem Oberbegriff »sozialer Status« in den verschiedenen Studien einbezogenen Variablen sind meist nicht einheitlich.

Häufig wird der sozioökonomischen Status über die berufliche Tätigkeit einer Person erhoben. So hat Wolf (1995) verschiedene Skalen zusammengetragen, die unter anderem die Kodierung der beruflichen Tätigkeiten nach dem ISEI, das heisst dem »International Socio-Economic Index of Occupational Status« beinhalten. Dieser Index stellt ein internationales sozioökonomisches Maß des beruflichen Status dar (Ganzeboom, Graaf & Treiman, 1992; Wolf, 1995). Er basiert auf internationalen Daten zu Einkommen und Bildungsniveau der Angehörigen unterschiedlicher Berufe. Die Annahme hierbei ist, dass jede berufliche Tätigkeit einen bestimmten Bildungsgrad erfordert und eine bestimmte Höhe des Arbeitseinkommens beinhaltet. Zur Bildung des ISEI werden Berufe anhand standardisierter Bildung und standardisiertem Einkommen gewichtet (und für das Alter der Beteiligten kontrolliert). Auf diese Weise verfügt man über eine eindimensionale kontinuierliche Ordnung der Berufe, die ausschließlich von Bildung und Einkommen abhängig ist und die sich gut in Studien aufnehmen lässt. Innerhalb der Familie wird nur eine Angabe berücksichtigt und zwar die des Mitglieds mit der höchsten Bildung und beruflichen Tätigkeit, sodass der ISEI zum highest ISEI oder HISEI innerhalb der Familie wird.

Cutting und Dunn (1999) untersuchten die Entwicklung des Emotionswissens von 128 Kindern im Durchschnittsalter von 4,2 Jahren. Als Hintergrundvariablen bezogen sie die Sprachfähigkeiten und den Familienhintergrund der Kinder ein, der breit gefächert war. Etwa die Hälfte der Familien stammte aus der Arbeiterklasse, lebte in ärmlichen Wohnverhältnissen in einem benachteiligten Stadtteil Londons und verfügte über ein geringes Einkommen. Die Ergebnisse von Cutting und Dunn (1999) deuten darauf hin, dass der familiäre Hintergrund einen bedeutenden Einfluss auf das Emotionswissen und andere soziale Kognitionen der Kinder nimmt. Unterschiede bei der emotionalen Perspektivenübernahme (im AKT) hingen mit dem Familienhintergrund (Bildung und berufliche Tätigkeit von Mutter und Vater) zusammen, die in multivariaten Analysen aber hinter den sprachlichen Fähigkeiten der Kinder zurücktraten (die möglicherweise ebenfalls über den sozialen Hintergrund vermittelt waren). Wie viele Geschwister ein Kind hatte, hatte keinen Einfluss auf seine emotionale Perspektivenübernahme. Die Studie von Ketelaars et al. (2010) erbrachte ebenfalls signifikante Korrelationen zwischen dem Bildungsgrad der Mutter (nicht aber des Vaters) und dem Wissen der Fünf- bis Siebenjährigen über ambivalente Gefühle (▶ Kap. 3). Demnach ist anzunehmen, dass der soziale Status der Familie das Emotionswissen der Kinder beeinflusst.

Zur Frage, ob der sozioökonomische Status auch die Emotionsregulation beeinflusst, liegen unterschiedliche Befunde vor, wobei auch hier zu beachten ist, dass sich die Indikatoren unterscheiden. Garner und Spears (2000) bezogen nur die Finanzen der Familien mit in ihre Überlegungen ein. Sie stellten keine Unterschiede zwischen Kindergartenkindern aus Familien mit mittlerem und niedrigem Einkommen im Hinblick auf die Regulation der Emotionen Trauer und Ärger fest. In Einklang mit weiteren Studien sei für die Entwicklung von angemessenen Emotionsregulationsstrategien offensichtlich mehr von Belang, ob in den Familien der Kinder Emotionsausdrücke adäquat reguliert werden. Berichteten die befragten Mütter häufig von inkonsistentem Erziehungsverhalten, zeigte sich dies in einer destruktiveren bzw. unangemesseneren Emotionsregulation im Ausdrucksverhalten ihrer Kinder (Garner & Spears, 2000).

Werden über das Einkommen hinaus noch andere Indikatoren betrachtet, so verändert sich das Bild. Nordamerikanische Mütter der Unterschicht, die einer Vielzahl an Risiken ausgesetzt sind (z. B. geringes Einkommen, kritische Lebensereignisse oder alleinerziehend) berichten von mehr Ärger und Trauer. Sechsjährige Kinder von einkommensschwachen Müttern, die negative Emotionen in ihrem Ausdrucksverhalten zeigten, hatten mehr Schwierigkeiten, den Ärger ihrer Mutter korrekt wahrzunehmen, verwendeten weniger Begriffe, die mit Ärger verbunden sind, beschrieben den Ärger ihrer Mütter als weniger intensiv und schlugen häufiger Strafen als Reaktion auf kindlichen Ärger vor (Raver & Spagnola, 2002). Durch das häufige Miterleben des Stresses ihrer Mütter sind die Kinder möglicherweise »geflutet« und zu sehr mit der Regulation ihrer eigenen Gefühle beschäftigt, dass es ihnen schwer fällt, die Umgebungsfaktoren und Gefühle ihrer Eltern genau und korrekt wahrzunehmen und zu interpretieren.

Eine wichtige Rolle spielt aber auch das Verhalten der Mütter. Martini, Root und Jenkins (2004) stellten fest, dass das emotionale Verhalten von Müttern als Reaktion auf die Gefühle ihrer Kinder durch den sozioökonomischen Status beeinflusst wird. Als Reaktion auf Wut oder Trauer ihrer Kinder kontrollierten Mütter mit mittlerem Einkommen eher ihren eigenen Ärger als ihre Gefühle von Trauer und Angst (häufiger als die Mütter mit geringerem Einkommen). Mütter mit geringem Einkommen hingegen übten eine vergleichsweise stärkere Kontrolle über ihre eigene Traurigkeit und Angst aus, wenn ihre Kinder wütend waren. Insgesamt weisen die weniger gebildeten und jüngeren Mütter mit geringem Einkommen eine einfachere Ausdrucksweise in emotionalen Interaktionen mit ihren Kindern auf. Außerdem sind sie weniger validierend und haben Schwierigkeiten, auf die Perspektive ihres Kindes einzugehen (Martini et al., 2004). Mütter, die selbst vielen emotionalen Risikofaktoren ausgesetzt waren (z. B. Drogenmissbrauch, häusliche Gewalterfahrungen, sexueller Missbrauch) verwendeten außerdem weniger Emotionswörter, wenn sie mit ihren Kindern sprachen. Dies scheint allerdings nicht für sicher gebundene Kinder zu gelten (Raikes & Thompson, 2008).

Befunde zur psychischen Gesundheit von Kindern, die in Armut aufwachsen, sind uneinheitlich. Einige Studien belegen Zusammenhänge zwischen Armut und externalisierenden und internalisierenden Problemen, andere Untersuchungen hingegen können diese Befunde nicht bestätigen (Übersicht z. B. Dearing, Berry & Zaslow, 2006; McLeod & Owens, 2004). Zu den »Mechanismen«, wie die Sozialschicht »wirkt«, sind verschiedene Hypothesen aufgestellt worden: Nachgewiesen wurde, dass das Wohlbefinden der Eltern und die Erziehungspraktiken der Eltern zwei Wege sind, über die ein niedriger sozioökonomischer Status mit der psychischen Gesundheit des Kindes verbunden ist (Boe et al., 2014). Denn die alltäglichen Belastungen einkommensschwacher Eltern sind oft größer (z. B. Sorgen, Rechnungen nicht zahlen zu können, problematische Nachbarschaft) als die der Eltern aus der mittleren Einkommensschicht (Chaplin, Casey, Sinha & Mayes, 2010). Zugleich sind ihre finanziellen Möglichkeiten begrenzt, auch was außerschulische Aktivitäten und Hobbys für die Kinder angeht. Dies wirkt sich auf den erlebten emotionalen Stress der Kinder aus, was eine Studie mit eineiigen Zwillingen belegen konnte (Crosnoe & Elder, 2002).

Umfassend betrachtet befindet sich der gegenwärtige Forschungsstand zur Emotionsregulation von Kindern in Verbindung mit deren Sozialschicht noch im Aufbau. Die verschiedenen Forschungsansätze, Operationalisierungen und einbezogenen Indikatoren des sozioökonomischen Status sind zu heterogen, um verallgemeinerbare Schlussfolgerungen ziehen zu können. Auch wenn die Entwicklung der emotionalen Kompetenz von Kindern und Jugendlichen in den letzten Jahren vermehrt untersucht wurde, so herrscht weiterhin ein Mangel an empirischen Vergleichsstudien, die sich differenziert mit den verschiedenen Wirkrichtungen sozialer Einflüsse (wie z. B. Armut) auf die unterschiedlichen Aspekte des sozial-emotionalen Lernens von Kindern und Jugendlichen unterschiedlicher Altersstufen beschäftigen (Dearing et al., 2006). So könnte hierbei beispielsweise von Belang sein, ob Familien nur vorübergehend einen finanziellen Engpass erleiden oder ob die Kinder dauerhaft in Armut und mit vielen Entbehrungen aufwachsen müssen. Auch die Klärung der Frage, ob sich direkte oder indirekte Wirkeffekte über damit verbundenen familiären Stress oder eine angespannte familiäre Atmosphäre ergeben, wäre sicherlich aufschlussreich. Ein Problem dabei ist, dass Familien mit geringem Einkommen besonders ungern Auskunft über ihren sozialen Status geben. In Fragebogenstudien mit Eltern offenbart sich dies an einer großen Zahl von fehlenden Werten bei den entsprechenden Fragen. Für zukünftige Vorhaben ist ein wesentlicher Beitrag darin zu sehen, die Strukturen der komplexen Einflüsse und rekursiven Abhängigkeiten und Wechselwirkungen weiter zu erforschen und aufzuzeigen (von Scheve, 2009).

5.4 Der Einfluss der Kultur

Das Erziehungsverhalten und auch die Inhalte der Erziehung werden von kulturellen Vorstellungen über Sozialverhalten, Normen und Wertvorstellungen mitbestimmt (Hanson & SooHoo, 2008). »Emotionen werden durch Erziehungs- und Sozialisationsprozesse geformt, wodurch sie Merkmale annehmen, die kulturell spezifisch und veränderbar sind« (Ratner, 1999, S. 258; Chen & French, 2008).

In Kapitel 3 wurde die Entwicklung der Darbietungsregeln (display rules) für Emotionen vorgestellt, die vorgeben, welche Emotionen in welchem Kontext und in welcher Intensität als angebracht gelten und gezeigt werden dürfen und welche Emotionsregulationsprozesse dementsprechend zu einer Passung zwischen dem Kind und seinem Umfeld beitragen. Diese alters-, geschlechts-, kultur- und gesellschaftsspezifischen Regeln werden in der frühen Kindheit erworben und schlagen sich im Erziehungsverhalten nieder, da erwachsene Mitglieder einer Kultur die jüngere Generation im Sinne dieser Regeln erzieht und sie damit in die eigene Kultur einführt (für einen Überblick siehe Friedlmeier, Corapci, & Cole, 2011; Trommsdorff & Heikamp, 2013). Die Neigung eines Menschen, bestimmte Emotionen zu erleben, ist eine Konsequenz aus dem wiederholten Erleben und des Ausgesetztseins gegenüber einer Reihe von kulturellen Einwirkungen in alltäglichen Situationen (Mesquita, De Leersnyder & Albert, 2014).

Die Richtung der Beeinflussung von Kultur und Entwicklung eines Kindes ist bidirektional. »Ein Kind paßt sich nicht nur der Kultur an, es paßt auch die Kultur an sich an, indem es diejenigen kulturellen Angebote auswählt und nutzt, die zu seiner bereits gewordenen Persönlichkeit passen« (Ratner, 1999, S. 257; Mesquita et al., 2014). Dabei gibt der kulturelle Lebensraum einen bestimmten Rahmen an wünschenswerten Eigenschaften vor, in dem sich das Kind bewegt. Es entsteht eine dynamische Wechselwirkung zwischen den handlungsauffordernden Umweltgegebenheiten und den Reaktionen der Kinder darauf (Saarni, 2010).

Aus evolutionsbiologischer Sicht besteht in vielen Studien Einigkeit darüber, dass angeborene motorische Programme für die Auslösung und Differenzierung von Emotionen verantwortlich sind, und dass bestimmte Emotionsmuster universell bei allen Neugeborenen auftreten (z. B. Ekman, 1988, 1992; Izard, 1994). Kulturelle Unterschiede können sich in verschiedenen Komponenten einer Emotion zeigen. Ratner (1999, S. 250 ff.) nennt folgende Emotionsmerkmale, die als kulturspezifisch und veränderlich gelten: 1) die Bewertung der Situation und die ausgelöste Emotionsqualität, 2) das naive Vorverständnis über die Natur der Emotionen in Form von emotionsbezogenen Ethnotheorien, 3) der Ausdruck von Emotionen, 4) die emotionsvermittelte Handlungsregulation, 5) die Emotionsregulation und 6) die Klassifikation von Emotionen, welche Emotionen unterschieden werden und welche als ähnlich gelten.

In den meisten Kulturen gibt es sprachliche Bezeichnungen für das Konzept »Emotion«. Allerdings variieren die genauen Bedeutungen der Begriffe und die Art, wie sie kategorisiert und strukturiert werden, zwischen den Kulturen (z. B. Markus & Kitayama, 1991). So haben zum Beispiel Emotionen in westlichen Kulturen eine persönliche Bedeutung im Sinne eines privaten, inneren Erlebens. Demgegenüber werden in asiatischen Kulturen Emotionen als situationsbezogene Hinweise über Beziehungen zwischen Menschen und ihrer Umwelt wahrgenommen und gedeutet und hängen somit nicht so sehr vom tatsächlichen Gefühl der einzelnen Person ab (Holodynski, 2006; Lamm, 2013). Ein Großteil der Forschung zur Emotionssozialisation, die auch in die Annahmen des dreiteiligen Modells eingeflossen ist, wurde in Nordamerika oder Europa durchgeführt – also in kulturellen Kontexten, die nach einer verbreiteten Dichotomisierung in der kulturvergleichenden Psychologie als »individualistisch« gelten (z. B. Oyserman, Coon & Kemmelmeyer, 2002; Friedlmeier et al., 2011). In diesen Kulturen sind Unabhängigkeit und Selbstständigkeit des Kindes wichtige Sozialisationsziele (Oyserman et al., 2002). Dementsprechend werden in »individualistischen« Kontexten Kinder, die von ihren Eltern zum Ausdruck (auch negativer) Emotionen ermutigt werden, häufig als sozial kompetent eingeschätzt. Hingegen beabsichtigen Eltern in manchen eher als »kollektivistisch« einzuordnenden Kulturen (in denen interpersonale Harmonie einen hohen Stellenwert hat) zur emotionalen Kompetenz ihrer Kinder beizutragen, indem sie negative Emotionen des Kindes herunterspielen (Friedlmeier et al., 2011; Oyserman et al., 2002; Nelson et al., 2013).

Halberstadt und Lozada (2011) schlagen fünf unabhängige Bereiche vor, in denen sich der Einfluss von Kultur auf die Sozialisation der emotionalen Entwicklung in der frühen Kindheit einordnen und kategorisieren lässt: Kollektivismus/Individualismus, Machtdistanz, Platz des Kindes in der Familie und Kultur, die Art, wie das Kind lernt und der Wert von emotionalen Erfahrungen und Ausdrücken. Diese verschiedenen Kategorien finden sich in jeder Kultur in unterschiedlichen Kombinationen wieder und bilden die jeweils in einer Kultur vorhandenen spezifischen Unterschiede. Wächst ein Kind zum Beispiel in einer Kultur auf, die geprägt ist von einer machtvoll-distanzierten Umgebung, in der angenommen wird, dass Kinder generell schon sehr früh lernen können, würde in dieser Kultur die Erwartung vorherrschen, dass Kinder durch simple Instruktion bereits in der frühen Kindheit einen gewissen Grad an Emotionskontrolle zeigen können. Hingegen erfährt ein Kind in einer anderen Familie oder Kultur eine abweichende Emotionssozialisation, wenn die Eltern zwar auch machtvoll-distanziert eingestellt sind, aber überzeugt sind, dass Kleinkinder erst später emotional lernen können. Diese Eltern würden möglicherweise die positiven Emotionen des Kindes besonders hervorheben und betonen, weil es angenehmer für das Kind ist und die Beziehung zu den Eltern oder höher-angesehenen Familienmitgliedern weniger stört. Viele dieser Verhaltensweisen der Eltern bzw. kultureller Einwirkungen werden nicht bewusst eingesetzt, sondern sind in den alltäglichen Ablauf eingebettet und nehmen so einen unwillkürlichen und indirekten Einfluss auf die soziale und emotionale Entwicklung der Kinder.

Tenenbaum, Visscher, Pons und Harris (2004) untersuchten mit dem TEC Unterschiede im Emotionsverständnis zwischen vier- bis 11-jährigen britischen Kindern und ihren Altersgenossen aus den peruanischen Anden, die nur Quechua (und kein Spanisch) sprachen. Neben den erwartbaren, mit dem Alter verknüpften Zuwächsen beim Emotionswissen stellte das Autorenteam fest, dass die britischen Kinder die Fragen zu den neun Emotionskomponenten im Mittel früher korrekt bearbeiten konnten als ihre Altersgenossen aus dem südamerikanischen Hochland. Die altersabhängige Reihenfolge, in der die Komponenten gelöst wurden, war bei den britischen Kindern und den Quechua-Kindern jedoch ähnlich (Tenenbaum et al., 2004). Roazzi, Dias, Minervino, Roazzi und Pons (2009) erweiterten den Forschungsstand, indem sie darüber hinaus brasilianische und italienische Kinder in die Betrachtungen einbezogen. Roazzi et al. (2009) halten zusammenfassend fest, dass die Abfolge der Antworten der Kinder aus den verschiedenen Kulturen sehr ähnlich war und ziehen den Schluss, dass Ergebnisse zur Identifikation von Emotionen in den untersuchten Kulturen konsistent sind. Sie stimmen außerdem mit Tenenbaum et al. (2004) überein, dass Abweichungen in der Abfolge der Erkennensleistungen mit dem Alter zu beobachten sind. Diese Abweichungen werden von bildungsbezogenen und kulturellen Unterschieden beeinflusst.

> »Insgesamt (…) wissen wir bislang [jedoch] zu wenig darüber, wie sich die einzelnen Emotionsqualitäten und die Emotionsregulation in den verschiedenen Kulturen eigentlich entwickeln. Dennoch machen die kulturvergleichenden Studien deutlich, dass Emotionen und ihre Regulation als Teil von sozialen Interaktionen entstehen und Bedeutung gewinnen und dass diese sozialen Interaktionen wiederum in umfassendere Kontexte der Familie, der Gesellschaft und Kultur eingebettet sind« (Holodynski, 2006, S. 208).

Inwiefern die sich entwickelnde emotionale Kompetenz mit größeren Kontexten verknüpft ist, ist der Leitgedanke für das nächste Kapitel, das sich mit der emotionalen Kompetenz in den Bildungsinstitutionen Kindergarten und Schule beschäftigt.

6 Folgen für den Schulerfolg

Emotionale Kompetenz ist mit der psychosozialen Anpassung von Kindern und Jugendlichen und ihren zwischenmenschlichen Beziehungen eng verknüpft. Seit etwa 20 Jahren mehren sich die Erkenntnisse, dass diese Kompetenz darüber hinaus dem akademischen Lernen zuträglich ist und damit auch für den Erfolg in Schule und Beruf von Bedeutung ist. Kinder, die im Kindergarten neugierig, aufmerksam und interessiert sind, mit anderen Kindern auskommen und mit Gefühlen wie Ärger oder Kummer gut zurechtkommen, fällt der Einstieg in die Schule meist leicht. Dort sind sie gefordert, mit anderen Schülerinnen und Schülern effektiv zusammenzuarbeiten, und zwar auch dann, wenn Konflikte entstehen. Zum erfolgreichen Lernen in der Schule gehört ferner dazu, über frustrierende oder entmutigende Niederlagen hinwegzukommen, ohne dauerhaft demotiviert zu werden. Kinder mit gut ausgebildeter emotionaler Kompetenz nehmen aktiver am Klassengeschehen teil, sind bei Klassenkameraden und Lehrern akzeptierter, erhalten mehr Anleitung und positivere Rückmeldungen von Lehrkräften und weisen insgesamt bessere akademische Leistungen auf (Zins, Weissberg, Wang & Walberg, 2005).

Dass Kinder mit emotionalen Schwierigkeiten in Bildungsinstitutionen oft schlechter abschneiden, hat unter anderem folgende Gründe: (1) Konfliktreiche und negativ getönte Beziehungen zu den Fachkräften im Kindergarten können Schwierigkeiten bis in die späte Grundschulzeit voraussagen (Zins et al., 2005). Weil herausfordernde Kinder und Jugendliche schwieriger zu erziehen und zu unterrichten sind und deshalb weniger positives Feedback erhalten, verbringen sie weniger Zeit mit der Bearbeitung ihrer Aufgaben, was oft zu Leistungsrückständen führt. (2) Aufbrausende oder weinerliche, reizbare oder ängstliche Kinder und Jugendliche verpassen zudem viele Gelegenheiten, sich von und mit ihren Klassenkameraden Wissen anzueignen, etwa wenn die Heranwachsenden in Projekten zusammenarbeiten, sich bei Hausaufgaben helfen oder sich bei Schwierigkeiten gegenseitig mit Rat und Tat zur Seite zu stehen (Ladd, Birch & Buhs, 1999). Für ein Peer-zu-Peer-Feedback wird ebenfalls emotionale Kompetenz benötigt und zwar auf beiden Seiten. (3) Kinder, die von Lehrkräften und Mitschüler/innen wegen ihres emotional wenig kompetenten Verhaltens auf Dauer nicht akzeptiert (und vielleicht sogar ausgegrenzt) werden, entwickeln auf längere Sicht negativere Einstellungen gegenüber der Schule, sind weniger lernbegierig und fehlen häufiger im Unterricht (z. B. Birch & Ladd, 1997). Die Wissenslücken, die ihnen dadurch entstehen, lassen sich später nur schwer aufholen. Störverhalten, Schulverdrossenheit und vorzeitiger

Schulabbruch sind bei abgelehnten Heranwachsenden überdurchschnittlich häufig die Folge (Janosz, Archambault, Morizot & Pagani, 2008). Diesen Überlegungen liegt die Erkenntnis zugrunde, dass Kindertageseinrichtungen, Schulen und andere Bildungsinstitutionen für Heranwachsende ausgesprochen soziale Orte sind, und dass akademisches Lernen über weite Strecken ein gemeinschaftlicher Prozess ist (Zins et al., 2005): Kinder und Jugendliche lernen Seite an Seite und im Austausch mit Gleichaltrigen und Lehrkräften. Sie sind gefordert, ihre Emotionen und emotionale Kompetenz zu nutzen, um sich selbst und möglichst auch ihren Mitschüler/innen das Lernen zu erleichtern (Denham & Brown, 2010). Gleichwohl bleibt offen, welche Fähigkeiten es genau sind, die den emotional kompetenteren Kindern den Erfolg in der Schule erleichtern und ihren emotional weniger beschlagenen Altersgenossen Wissenserwerb und Schulerfolg erschweren. Für gezielte Interventionen zur Verbesserung der emotionalen Kompetenz ist es wichtig, diese Einflusswege und -mechanismen einer genauen Betrachtung zu unterziehen (Zins et al., 2005). Daher stellen wir zunächst das Pyramidenmodell sozial-emotionalen Lernens vor, bevor wir uns den empirischen Nachweisen widmen, die belegen, dass die emotionale Kompetenz von jungen Kindern bereits vor Schulbeginn den Erwerb vor-akademischer Fähigkeiten in spezifischen Bereichen beeinflusst, bevor sie dann den Erfolg in der Schule in verschiedener Hinsicht begünstigt.

6.1 Das Pyramidenmodell des sozial-emotionalen Lernens (SEL)

Zur theoretischen Orientierung hilft das, in Abbildung 6.1 dargestellte, Pyramidenmodell von Denham und Brown (2010), das auf dem in Kapitel 2.3.3 beschriebenen Modell zur sozialen Kompetenz von Rose-Krasnor (1997) aufbaut. Das Pyramidenmodell von Denham und Brown unterscheidet (ebenso wie Rose-Krasnor, 1997) zwischen der theoretischen Ebene, der Index-Ebene und der Skills-Ebene. Es betont ebenso wie jenes die transaktionale, kontextabhängige, zielspezifische und verhaltensorientierte Natur der emotionalen Kompetenz. Um der fundamentalen sozialen Einbettung des Lernens Rechnung zu tragen, greift das Pyramidenmodell von Denham und Brown (2010) den Vorschlag von Zins et al. (2005) auf, die emotionale Kompetenz auf der Fähigkeitsebene um zwei Merkmale des sozialen Lernens zu erweitern, nämlich um »verantwortliche Entscheidungen treffen« und um »Beziehungsfähigkeiten«. Diese werden nachfolgend erläutert. Die Kombination von emotionaler Kompetenz und sozialem Lernen wird sozial-emotionales Lernen (SEL) genannt (Zins et al., 2005).

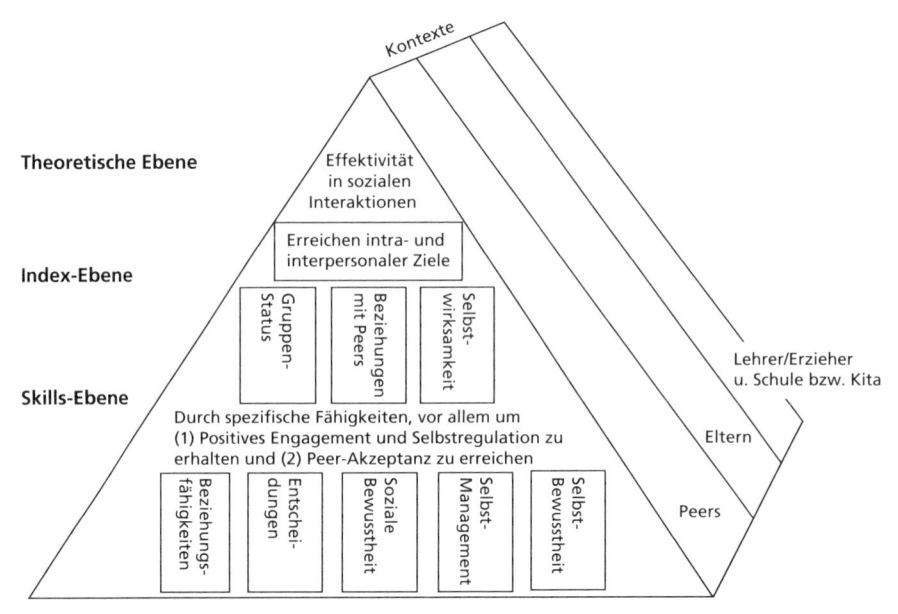

Abb. 6.1: Eine Adaptation von Rose-Krasnors (1997) Modell der sozialen Kompetenz auf das sozial-emotionale Lernen im Vorschulalter von Denham und Brown (2010). Reprinted by permission of Taylor & Francis LLG (http://www.tandfonline.com).

6.1.1 Die theoretische Ebene

Emotionale Kompetenz wird als kontextabhängig und transaktional definiert. Das bedeutet, dass Menschen nicht per se kompetent sind, sondern dass kompetentes Verhalten nur in Abhängigkeit von den handelnden (und reagierenden) Personen bewertet werden kann und es im Austausch mit eben dieser sozialen Umwelt erworben wird. Bei Kindern und Jugendlichen bilden vor allem Peers, Eltern und Lehrkräfte bzw. pädagogische Fachkräfte in Kindergarten, Schule und anderen Bildungsinstitutionen den sozialen Kontext. Was emotional kompetent ist, unterscheidet sich je nach Kontext. Beispielsweise mag es im Kontext Kindergarten im Umgang mit Altersgenossen kompetent sein, für seine Ziele mit Bestimmtheit einzutreten; gegenüber Eltern und Lehrkräften ist dieser Umgangston wahrscheinlich nicht erfolgreich und manchmal sogar kontraproduktiv. Emotionale Kompetenz ist insofern transaktional, als sie sich aus dem Zusammenwirken der Fähigkeiten der Person und ihrer sozialen Umgebung ergibt. Kinder und Jugendliche mögen zwar theoretisch über kompetente Verhaltensweisen Bescheid wissen, können diese aber in entsprechenden Situationen nicht abrufen oder anwenden. Von Vorteil ist, wenn soziale Situationen so gestaltet werden, dass sie es Heranwachsenden erleichtern, kompetente Verhaltensweisen anzuwenden, und wenn dieses Tun regelmäßig von ihren Bezugspersonen verstärkt wird.

6.1.2 Die Index-Ebene

Auf dieser Ebene werden die Bewertungsmaßstäbe für kompetentes Verhalten ausdifferenziert. Von emotionaler Kompetenz wird dann gesprochen, wenn ein Mensch die Fähigkeit entwickelt hat, in ganz unterschiedlichen sozialen Situationen eigene Ziele zu erreichen und zugleich positive Beziehungen zu anderen Personen aufrechtzuerhalten. Indikator auf Seiten der Person ist die Selbstwirksamkeit (»Ich kann meine Ziele erreichen«) wegen des Erreichens selbst gesetzter oder intrapersonaler Ziele. Für die interpersonalen Ziele werden oft Indikatoren wie Akzeptanz in der Peer-Gruppe oder positive Beziehungen zu Gleichaltrigen und Erwachsenen herangezogen.

6.1.3 Die Skills-Ebene

Diese grundlegende Ebene umfasst die konkreten und beobachtbaren Fähigkeiten, die emotional kompetentes Verhalten konstituieren. Sie umfassen soziale, emotionale und kognitive Fähigkeiten, sowie die Motivation, diese Fähigkeiten in Verhalten umzusetzen und basieren auf den intra- und interpersonalen Zielen der Person. Denham und Brown (2010) gehen davon aus, dass sich diese Fähigkeiten im Kindergartenalter um zwei wesentliche Ziele herum gruppieren, die die Selbst- und die Andere-Seite der Index-Ebene widerspiegeln. Zum einen geht es in diesen jungen Jahren darum, sich positiv zu engagieren und sich erfolgreich selbst zu regulieren, zum anderen steht das Erreichen von Akzeptanz durch Gleichaltrige im Fokus. Denham und Brown (2010) schlagen in Erweiterung der ursprünglichen Konzeption von Rose-Krasnor (1997) die folgenden fünf Fähigkeitsbereiche vor (Zins et al., 2005). Die ersten drei Bereiche sind dem Konzept der emotionalen Kompetenz zugeordnet, die anderen beiden beziehen sich eher auf die soziale Kompetenz.

1. **Selbst-Bewusstheit:** Hier geht es um Fähigkeiten, die das richtige Erkennen eigener Interessen und Werte sowie das Erkennen und Benennen eigener Emotionen zum Inhalt haben. Das Emotionswissen, das sich auf die eigene Person bezieht, steht insofern im Mittelpunkt der Selbst-Bewusstheit.
2. **Selbst-Management:** Fähigkeiten zur produktiven Regulation der eigenen Emotionen, Kognitionen und Verhaltensweisen stehen hier im Vordergrund, also mit Stress umzugehen, Hindernisse zu überwinden, Belohnungen aufzuschieben und die eigenen Emotionen angemessen auszudrücken. Damit ist die Emotionsregulation zentraler Bestandteil des Selbst-Managements.
3. **Soziale Bewusstheit:** Dieser Aspekt beinhaltet das Erkennen der Emotionen anderer Menschen, inklusive Fähigkeiten zur Perspektivenübernahme sowie das Mitfühlen mit ihnen im Sinne von Empathie. Hierfür ist das Emotionswissen, das sich auf andere Menschen bezieht, von großer Bedeutung.
4. **Verantwortungsvolle Entscheidungen treffen:** Dieser Fähigkeitsbereich baut auf den anderen Komponenten auf: um effektive Wege zur Lösung von sozialen Problemen zu finden, ist es nötig, die eigenen und fremden Emotionen

richtig zu verstehen, die in dieser Situation eine Rolle spielen. Für den Vorschulbereich werden beispielsweise Fähigkeiten zur Befolgung von Regeln und der Verzicht auf aggressives Verhalten gegenüber anderen Kindern als verantwortungsvoll angesehen.
5. **Beziehungsfähigkeiten:** Unter diesem Punkt werden Fähigkeiten zur positiven Gestaltung interpersonaler Beziehungen zusammengefasst. Dazu gehören für junge Kinder unter anderem Fähigkeiten zur Kooperation und zum Zuhören sowie die Bereitschaft, sich beim Spielen abzuwechseln, Hilfe zu suchen und in Konfliktsituationen zu verhandeln (statt sein Recht mit Fäusten durchzusetzen).

Das Pyramidenmodell zeichnet sich durch eine umfassende Entwicklungsperspektive aus, da die kognitiven, motorischen, emotionalen und kommunikativen Fähigkeiten mit dem Alter zunehmen. Am deutlichsten wird der generelle Fähigkeitszuwachs auf der Skills-Ebene. Doch auch auf der Index-Ebene treten altersabhängige Veränderungen auf: Die wachsende Bedeutung psychologisch intimer (und fast immer gleichgeschlechtlicher) Freundschaften als interpersonalem Ziel im Jugendalter führt beispielsweise dazu, dass Verhaltensweisen, die dem Erreichen dieses Ziels dienen, als kompetent eingeschätzt werden (Kanevski & von Salisch, 2011). Auf der höchsten, der theoretischen Ebene, wird emotionale Kompetenz dagegen als unabhängig vom Entwicklungsstand konzeptualisiert: Effektivität in sozialen Interaktionen zu erreichen, gilt für alle Altersgruppen als übergeordnetes Ziel, auch wenn die Einstellungen und Verhaltensweisen, die als kompetent angesehen werden, natürlich auf altersabhängigen Zielen, Werten und Fähigkeiten beruhen.

Im Folgenden werden wir uns auf Befunde zum Emotionswissen als wesentlichem Bestandteil von Selbst- und sozialer Bewusstheit und Emotionsregulation als Kern des Selbst-Managements im Zusammenhang mit dem Schulerfolg beschränken. Mitgedacht ist dabei natürlich, dass sich Emotionswissen und Emotionsregulation in vielfältiger Weise gegenseitig durchdringen (z. B. Denham, 1998; Saarni, 1999) und beide Grundlagen für die verantwortliche Entscheidungsfindung und die Gestaltung von Beziehungen darstellen (Zins et al., 2005).

6.2 Emotionale Kompetenz und Schulerfolg

Erfolg in der Schule hat viele Gesichter und umfasst nicht nur akademische Leistungen. Neben Schulnoten und Ergebnissen in Kompetenztests über schulische Inhalte sind für den Erfolg die soziale Einbindung in eine Klassengemeinschaft sowie positive Einstellungen gegenüber der Schule und dem Lernen von Bedeutung. Diese letzten beiden Aspekte werden normalerweise unter dem Begriff »schulisches Engagement« zusammengefasst und noch einmal in behaviorales Engagement (z. B. lernbezogene Verhaltensweisen, Hausaufgaben anfertigen, Regeln befolgen) und emotionales Engagement (z. B. Lernfreude, Identifikation mit der Schule) unterteilt. Klassische Einflussfaktoren auf den Erfolg in der Schule in diesem weiten Sinne sind das Geschlecht und der sozial-ökonomische Status (SÖS). Mädchen schneiden zumindest in der Grundschule im Mittel besser ab (z. B. in der IGLU-Studie von Bos, Tarelli, Bremerich-Vos & Schwippert, 2012). Kinder aus bildungsbenachteiligten Familien haben es in der Regel schwerer, in der Schule erfolgreich zu sein (Sirin, 2005). Auf Seiten des Kindes sind seine allgemeinen kognitiven Fähigkeiten (Intelligenz; z. B. Krajewski & Schneider, 2006) und seine sprachlichen Fähigkeiten (Izard et al., 2001; Petrides, Chamorro-Premuzic, Frederickson & Furnham, 2005) zu nennen. Kognitive und sprachliche Fähigkeiten spielen auch beim Erwerb des Emotionswissens eine größere Rolle (▶ Kap. 4.1). Sie wurden in den nun folgenden Studien zum Teil berücksichtigt. Studien, deren Ergebnisse vermuten lassen, dass das Emotionswissen und/oder die Emotionsregulation über diese bekannten Prädiktoren kognitive und sprachliche Fähigkeiten hinaus zum Erfolg in der Schule beiträgt, sind dabei natürlich besonders überzeugend.

6.2.1 Emotionswissen, Emotionsregulation und Schulerfolg: Empirische Untersuchungen

Wie in Kapitel 3 beschrieben, wächst das Emotionsverständnis in rasantem Tempo. Kinder im Grundschulalter können neben den situationalen Auslösern der Grundemotionen Ärger, Trauer, Angst und Freude und ihren Ausdrucksformen in Gesicht, Stimme und Körpermerkmalen (z. B. Janke, 2002) zunehmend auch die komplexen Emotionen Scham und Schuld erkennen und situativ angemessen benennen. Außerdem vertieft sich das Verständnis für gemischte und moralische Emotionen. Gleichwohl lassen sich von früh an große Unterschiede zwischen den Kindern in Hinblick auf ihr Emotionswissen beobachten. Empirische Untersuchungen stimmen darin überein, dass die interindividuellen Unterschiede in punkto Emotionswissen bedeutsam für den Schulerfolg der Kinder sind. In einer frühen Studie von Izard et al. (2001) wurde das Emotionsverständnis von 72 Kindergartenkindern und deren spätere akademische Kompetenz (Lese- und Rechenfertigkeiten und Leistungsmotivation) in einer Längsschnittstudie untersucht: Kinder, die mit fünf Jahren die Ausdrucksformen von Emotionen auf dem Gesicht im Vergleich zu Gleichaltrigen zutreffender benennen konnten, wurden mit neun Jahren hinsichtlich ihrer akademischen Kompetenz von ihren Lehrkräften positiver bewertet, auch wenn für ihre sprachlichen Fähigkeiten im Allgemeinen und ihr Temperament (d. h. ihre emotionale Reaktivität und ihre Emotionsregulation) kontrolliert wurde. Dieses Ergebnis wurde von Trentacosta und Izard (2007) bestätigt, die sowohl das Emotionsverständnis der Kinder als auch ihren Schulerfolg genauer und methodisch überzeugender erfassten: als Emotionsverständnis wurde das Erkennen von Emotionen anhand mimischer Ausdrucksformen und das Erkennen von emotionsauslösenden Situationen und sozialen Interaktionen zusammengefasst. Der akademische

Schulerfolg umfasste zum einen die bereits bei Izard et al. (2001) verwendeten Lehrereinschätzungen und zum anderen drei Untertests aus einem standardisierten Leistungstest, die sich auf das Lesen von Wörtern, das Buchstabieren und numerische Operationen bezogen. 142 sechsjährige Kinder mit fortgeschrittenem Emotionsverständnis und besserer Emotionsregulation zeigten fast ein Jahr später in der ersten Klasse signifikant bessere Leistungen auf beiden Indikatoren des Schulerfolgs. Hervorzuheben ist, dass diese Vorhersage des subjektiven und des objektiven akademischen Erfolgs auch dann Bestand hatte, wenn ihre sprachlichen Fähigkeiten, ihr Alter und ihre Aufmerksamkeitsleistung kontrolliert waren (Trentacosta & Izard, 2007). Über die vielfach belegten Einflussfaktoren Sprache und exekutive Funktionen (Aufmerksamkeit) auf Emotionswissen (▶ Kap. 4) und Schulerfolg hinaus sagte hier die emotionale Kompetenz der Kinder ihre Anfangsleistungen in der Schule voraus. Kindern und Jugendlichen, denen es gelingt, emotionale Informationen bei sich selbst und Anderen korrekt zu entziffern und angemessen zu verarbeiten, scheinen mehr Ressourcen für das akademische Lernen zu haben.

Das Besondere an der Studie von Trentacosta und Izard (2007) ist, dass sie nur ökonomisch benachteiligte Kinder aus dem nordamerikanischen Förderprogramm »Head Start« untersuchte, deren Emotionswissen oft nicht so weit entwickelt ist wie das ihrer Altersgenossen, die in finanziell weniger belasteten Umständen aufwachsen (z. B. Cutting & Dunn, 1999; ▶ Kap. 4.3). Diese Kinder aus Familien mit niedrigem SÖS und den damit oft verbundenen geringeren sprachlichen Fähigkeiten erreichen oft weniger qualifizierte Leistungen und Bildungsabschlüsse. Eine Studie mit über 200 zweisprachig aufwachsenden spanisch-amerikanischen Kindergartenkindern aus Familien mit niedrigem Einkommen aus den USA belegte, dass sich die von Erzieherinnen eingeschätzte sozial-emotionale Kompetenz der Vierjährigen beim Spielen mit anderen Kindern positiv auf ihre Testleistungen in der Landessprache Englisch sowie in Mathe und Lesen in der Anfangsklasse der Grundschule (etwa zwei Jahre später) auswirkte. Darüber hinaus gab es eine weitere wichtige Erkenntnis: Kinder, die über eine hohe sozial-emotionale Kompetenz beim Spielen verfügten, machten ebenfalls schnellere Fortschritte in der Landessprache Englisch, gerade wenn dies nicht ihre Muttersprache war. Vor allem für diese Kinder konnte die sozial-emotionale Kompetenz der Kinder beim Spiel die ungünstigen Auswirkungen des niedrigen SÖS auf den Schulerfolg in gewissem Umfang ausgleichen (Oades-Sese, Esquivel, Kaliski, & Maniatis, 2011) und damit kompensatorisch wirken.

Kompensatorische Effekte der sozial-emotionalen Kompetenz zeigten sich zudem in der Studie von Gut, Reimann und Grob (2012), die einem deutschsprachigen Sample von 263 Kindern zwischen fünf und zehn Jahren in Hinblick auf ihr Verständnis von Emotionen und sozialen Situationen auf der Unterskala sozial-emotionale Kompetenzen der Intelligence and Development Scales (IDS) testeten und drei Jahre später ihre Schulnoten in Deutsch, Mathematik und Sachkunde erfragten. Ergebnis der Regressionsanalysen war der Haupteffekt, dass Kinder, die korrekter bildlich dargebotene Emotionen erkennen, benennen und regulieren konnten sowie angemessener soziale Situationen verstehen und in ihnen sozial kompetent handeln konnten, drei Jahre später bessere Noten im Schulfach Sachunterricht (nicht aber in Deutsch und Mathe) aufwiesen, auch wenn ihre allgemeinen kognitiven Fähigkeiten sowie ihre logisch-mathematischen und ihre sprachlichen Fähigkeiten statistisch kontrolliert worden waren. Darüber hinaus erwies sich die sozial-emotionale Kompetenz in Kombination mit den allgemeinen kognitiven Fähigkeiten und dem Sprachvermögen der Grundschülerinnen und Grundschüler als Prädiktor für ihre akademischen Leistungen. Nach diesen Interaktionseffekten vermögen Schulkinder mit hoher sozial-emotionaler Kompetenz relative Defizite in den kognitiven und sprachlichen Fähigkeiten bei der Vorhersage der Schulnoten in Deutsch und Mathematik auszugleichen. Weil außerdem weitere Prädiktoren für Schulnoten wie Geschlecht, SÖS, Migrationshintergrund, Schulform und Land der Untersuchung (Deutschland, Schweiz, Österreich) vorab statistisch kontrolliert worden waren, bietet diese Längsschnittstudie von Gut et al. (2012) einen überzeugenden Nachweis für eine kompensatorische Wirkung der sozial-emotionalen Kompetenz auf den Schulerfolg in der Grundschule gerade für Kinder mit schlechteren kognitiven Ausgangsbedingungen.

Die bisher genannten Studien belegen den Einfluss der früh erworbenen emotionalen Kompetenz auf den Schulerfolg in der Grundschule. Auch für Jugendliche, die die Sekundarschule besuchen, sind Emotionswissen und Emotionsregulation von kompensatorischer Bedeutung, wenn es darum geht, kognitive Defizite auszugleichen. Wichtig scheint dabei allerdings, dass die emotionale Kompetenz in tatsächlichen Anforderungssituationen gemessen wird. Dies ist das Ergebnis der Studie von Qualter, Gardner, Pope, Hutchinson und Whiteley (2012), in der die Daten von 413 elf- bis zwölfjährigen Schülerinnen und Schülern aus Großbritannien ausgewertet wurden. Zu Beginn von Klasse 7 wurde ihr IQ, ihr Emotionswissen und ihre Emotionsregulation (ability emotional intelligence) mit dem MSCEIT, einem Performance Test, »objektiv« gemessen (▶ Kap. 2.3.1) und ihre Selbsteinschätzungen zu ihrem Verständnis eigener und fremder Emotionen, ihrer Stressresistenz und ihrer Flexibilität (trait emotional intelligence) mit dem Bar-On EQ-i (▶ Kap. 2.3.1) erhoben. Diese objektiven und subjektiven Indikatoren ihrer emotionalen Intelligenz wurden dann mit ihren Ergebnissen in nationalen Schul-Leistungstests fünf Jahre später in Klasse 11 in Beziehung gesetzt. In geschlechtsgetrennt gerechneten latenten Strukturgleichungsmodellen kamen Qualter und Kollegen (2012) zu dem Ergebnis, dass die objektiven Indikatoren der emotionalen Intelligenz und die allgemeinen kognitiven Fähigkeiten mit elf Jahren eng miteinander zusammenhängen. Außerdem ermittelten sie, dass nur diese Kombination von objektiv gemessener kognitiver und emotionaler Intelligenz das Abschneiden in den Leistungstests fünf Jahre später vorhersagte (auch wenn der jeweils andere Faktor kontrolliert war). Dieser Befund unterstreicht den eigenständigen Beitrag von Emotionswissen und Emotionsregulation bei der Vorhersage der akademischen Leistungen im Jugendalter. Bei Jungen mit niedrigen kognitiven Fähigkeiten traten darüber hinaus kompensatorische Effekte insofern zutage, als eine gut ausgebildete emotionale Kompetenz zu Beginn der Sekundarschule zu einem besseren Abschneiden bei den späteren Leistungstests beitrug. Bei Mädchen war dieser Kompensationseffekt nicht zu beobachten. Selbsteinschätzungen der emotionalen Kompetenz korrelierten nur bei Jungen mit dem Performance Test zur emotionalen Intelligenz und trugen als Haupteffekt ebenfalls zur Vorhersage der nationalen Leistungstests in Klasse 11 bei, allerdings in viel geringerem Umfang (Qualter et al., 2012). Nur die »objektiv« gemessene emotionale Intelligenz trug insofern über die kognitiven Fähigkeiten der jungen Jugendlichen hinaus zur Erklärung ihres späteren Leistungserfolgs bei. Die Überzeugung, dass Emotionen veränderbar seien (als einer Unterfähigkeit der emotionalen Kompetenz) sagte in einer nordamerikanischen Studie mit Sechstklässlern zwar geringer ausgeprägte depressive Symptome und mehr positive gegenüber negativen Emotionen (hier Wohlbefinden genannt) zwei Jahre später voraus, aber nicht die Wahl von fortgeschrittenen Mathe-Kursen in Klasse 7 und 8, auch wenn ihre allgemeinen kognitiven Fähigkeiten (und ihre Sozialschicht) kontrolliert wurden. Für die Kurswahlen war die Überzeugung der Jugendlichen wichtiger, dass ihre kognitiven Fähigkeiten veränderbar seien (Romero, Master, Paunesku, Dweck & Gross, 2014). Insofern sind kompensatorische Effekte der emotionalen Kompetenz auf akademische Leistungen anzunehmen, die über die kognitiven Fähigkeiten hinausgehen, aber die motivierende Wirkung von Überzeugungen der Veränderbarkeit von Emotionen (als ein Aspekt der Emotionsregulation) scheint dabei keine wichtige Rolle zu spielen.

Warum die Teilfähigkeit »Emotionsregulation« für das Lernen von schulischen Inhalten wichtig ist, demonstrierte das Experiment von Davis und Levine (2013) mit sechs- bis dreizehnjährigen Kindern aus Kalifornien. Alle 126 Kinder schauten zunächst einen Film, der sie nachweisbar etwas traurig machte. Dann wurden sie gebeten, ihr Gefühl der Trauer zu regulieren. Die erste Gruppe wurde dabei gebeten, die Bedeutung der trauerauslösenden Ereignisse herunterzuspielen, die zweite sollte die Ergebnisse dieser Ereignisse bagatellisieren, die dritte sollte über diese Ereignisse nachgrübeln (und das traurige Gefühl damit intensivieren), während die vierte keinerlei Instruktion zur Emotionsregulation erhielt. Nachfolgend wurde eine typische Schulsituation insofern simuliert, als die jungen Versuchspersonen nach der Emotionsinduktion einen Lehrfilm ansahen, zu dem sie anschließend befragt wurden. Dabei wurde gemessen, wie gut sie die Inhalte dieses Films im Gedächtnis gespeichert hatten. Kinder der ersten beiden Gruppen, die die trauerauslösenden Ereignisse aus dem Film neu bewerteten, behielten mehr Details aus dem Lehrfilm als Kinder der beiden anderen Gruppen. Insofern scheint die Strategie der Umdeutung der trauererregenden Vorkommnisse aus dem Film den Kindern dabei zu helfen, ihre Aufmerksamkeit auf das Lernen (von akademischen Inhalten) zu lenken und sich diese im Gedächtnis einzuprägen. Die Vorteile der Neubewertung waren für jene Kinder besonders ausgeprägt, die nach Angaben ihrer Eltern ihre Emotionen im Alltag nur schwer regulieren konnten (Davis & Levine, 2013).

Dass die Unterdrückung von Emotionen als Akte der Selbstkontrolle zur zeitweiligen Erschöpfung der Fähigkeiten zur Selbstregulation führt (die zum willentlichen Einprägen der Gedächtnisinhalte gebraucht werden), wäre die Erklärung der Ego-Depletion Theorie von Baumeister, Vohs und Tice (2007) für die eben erläuterten Ergebnisse des Versuchs von Davis und Levine (2013). Die Ego-Depletion Theorie wurde bis jetzt fast nur bei Erwachsenen untersucht. Richards und Gross (2000) belegten bei Erwachsenen, dass das experimentell geforderte Bemühen um Unterdrückung des Emotionsausdrucks ihre verbale Merkfähigkeit beeinträchtigte. Eine erste Studie mit 117 Vierjährigen wies nach, dass die willentliche Unterdrückung des Ausdrucks von Angst bei einem Film mit einer aufregenden Verfolgungsjagd zwar die Selbstkontrolle (genauer die Daueraufmerksamkeit oder Konzentration) der jungen Kinder, nicht aber ihre verbale Gedächtnisleistung beeinträchtigte (Gunzenhauser & von Suchodoletz, 2014). Inwiefern die von der Ego-Depletion Theorie vorhergesagten Erschöpfungseffekte bei Bemühungen um Emotionsregulation und Selbstregulation für alle Altersgruppen zutreffen, ist eine spannende Frage für die Zukunft.

6.2.2 Interventionsstudien: SEL beeinflusst den Schulerfolg

Die Schule bietet viele Möglichkeiten, günstige Strategien zur Emotionsregulation durch Interventionen zu vermitteln. Kindern diese Strategien beizubringen, wäre wichtig, denn eine Befragung von Schulanfängern ergab, dass sich Sechsjährige noch nicht bewusst sind, dass positive Stimmungen akademische Leistungen verbessern und negative Stimmungen sie verschlechtern können. Erst Siebenjährige konnten diese Verknüpfung herstellen (Amsterlaw, Lagatutta & Meltzoff, 2009) und damit potentiell ihre Leistungen verbessern.

Umfassendere Interventionen im Bereich der sozialen und emotionalen Kompetenz bei Schulkindern behandelt die Meta-Analyse von Durlak, Weissberg, Dymnicki, Taylor und Schellinger (2011). Die Analyse der 213 überwiegend nordamerikanischen Trainingsstudien in diesem Bereich, an denen fast 270 000 Schülerinnen und Schüler der 1. bis zur 12. Jahrgangsstufe teilgenommen hatten, ergab, dass die Interventionen im Mittel erfolgreich waren. Mit 68 Studien ließ sich belegen, dass die emotionale Kompetenz der Kinder und Jugendlichen durch die Intervention zugenommen hatte, und dass diese »Wirkungen« zum Teil auch länger anhielten. Hervorzuheben sind jene 35 Studien, die den Einfluss der Trainingsprogramme auf den Schulerfolg untersuchten. Insgesamt waren hier positive Effekte der Intervention auf Schulnoten und standardisierte Testergebnisse zu verzeichnen (Effektstärke Hedge's g = 0.27, p < .05). Acht dieser 35 Studien berichteten Langzeitergebnisse, die sogar noch etwas markantere Erfolge der Interventionen erbrachten (Hedge's g = 0.32, p < .05). Von dem Training sozial-emotionaler Kompetenz profitierten zudem noch weitere Fähigkeiten, die sich überwiegend in die Rubrik »schulisches Engagement« einordnen lassen, nämlich die schulbezogenen Einstellungen der Kinder und Jugendlichen, also ihr Selbstwert, ihre Selbstwirksamkeit sowie ihre prosozialen Einstellungen zu Toleranz und Gerechtigkeit inklusive ihr Sozialverhalten. Verhaltensprobleme (Störverhalten, Mobbing, Schulverweise oder Delinquenz) gingen nach den Interventionen ebenso überzufällig zurück wie emotionale Probleme (Ängstlichkeit, Depression, Stress und sozialer Rückzug). Unterschiede zwischen Interventionsgruppen und Kontrollgruppen vor der Intervention wurden (wenn möglich) statistisch kontrolliert (Durlak et al. 2011, S. 411). Laut dieser Meta-Analyse »wirken« die Interventionen im Bereich der sozial-emotionalen Kompetenz nicht nur direkt auf die schulischen Leistungen in Form von Noten, sondern auch auf das schulische Engagement der Heranwachsenden, das ihren Erfolg in der Schule begünstigt – oder bei mangelndem Engagement erschwert (Durlak et al., 2011). Diese Meta-Analyse unterstreicht, dass sich Verbesserungen des Schulerfolgs erreichen lassen, wenn Kinder und Jugendliche ihre emotionale Kompetenz erhöhen, sei es durch direkte Instruktion oder sei es durch Modell-Lernen in Rollenspielen. Neben diesen schülerzentrierten Interventionen begünstigen den Schulerfolg Maßnahmen auf der Ebene der Klasse, der Schule und des gesamten Schulsystems, die Lernumgebungen schaffen, in denen sich Kinder wohl und unterstützt fühlen (Zins et al., 2005).

6.3 Emotionale Kompetenz und schulische Vorläuferfähigkeiten

Als Schulfähigkeit wird die Fähigkeit eines Kindes bezeichnet, unter den Rahmenbedingungen der Schule die grundlegenden akademischen Kulturtechniken Lesen und Schreiben zu erlernen (Hasselhorn & Lohaus, 2007). Dafür sind einerseits bereichsübergreifende Fähigkeiten wie Selbstregulation oder Sprachfähigkeit von Bedeutung und andererseits bereichsspezifische Kenntnisse, auf die der Anfangsunterricht und später die einzelnen Schulfächer aufbauen. Zu den so genannten »schulischen Vorläuferfähigkeiten« gehört zum einen die phonologische Bewusstheit in der Muttersprache, die den Schriftspracherwerb erleichtert, weil sie dabei hilft, die Korrespondenz zwischen gesprochenen Lauten und geschriebenen Buchstaben zu erkennen. Zum anderen gehören zu den Vorläuferfähigkeiten die frühen mathematischen Fähigkeiten, wie etwa in korrekter Reihenfolge zu zählen oder Verbindungen zwischen Zahlen, Mengen und Ziffersymbolen herzustellen. Ähnlich wie beim Schulerfolg sind auch bei den schulischen Vorläuferfähigkeiten SÖS, Intelligenz und Sprachfähigkeiten (z. B. Krajewski & Schneider, 2006) klassische Prädiktoren, deren Wirksamkeit bereits umfassend nachgewiesen worden ist. Auch bei Kontrolle der generellen kognitiven Fähigkeiten erklären die frühen mathematischen Fähigkeiten der Kinder vor Schuleintritt große Teile der Varianz ihrer Mathe-Note in der vierten Klasse (z. B. Krajewski & Schneider, 2006). Im Folgenden geht es darum, den Einfluss der emotionalen Kompetenz der Kinder auf die beiden schulischen Vorläuferfähigkeiten zu beleuchten, möglichst unter Kontrolle von kognitiven und sprachlichen Fähigkeiten oder exekutiven Funktionen, die sowohl mit dem Emotionswissen verknüpft sind (▶ Kap. 4) als auch mit dem Schulerfolg.

6.3.1 Emotionswissen, Emotionsregulation und schulische Vorläuferfähigkeiten: Empirische Untersuchungen

Eine der ersten Längsschnittstudien in diesem Bereich stammt von Shields et al. (2001). Diese Autorengruppe untersuchte an einem Sample von 49 Kindern im Alter von vier bis fünf Jahren, ob sich ihr Emotionsverständnis und ihre Emotionsregulation positiv auf ihren Erfolg im Kindergarten auswirkt, der im nordamerikanischen Schulsystem zur Grundschule gezählt wird. Kinder, die zu Beginn des Schuljahres über ein fortgeschrittenes Emotionswissen verfügten, also Emotionen zutreffender anhand mimischer Ausdrücke und Situationen erkannten und die emotionale Perspektive anderer Menschen besser übernehmen konnten, waren am Ende des Schuljahres aus Sicht ihrer Lehrkräfte besser in der Lage, die Anforderungen der Schule zu bewältigen. Dies umschloss auch ihre frühen akademische Fähigkeiten. Bemerkenswert ist, dass Lehrer-Ratings der Lesebereitschaft, des Zahlenwissens und der Zählfertigkeiten auch dann durch die beiden Komponenten emotionaler Kompetenz vorhergesagt wurden, wenn die Sprachfähigkeiten und das Problemverhalten der Kinder kontrolliert wurden. Emotionsverständnis und Emotionsregulation erklärten dabei unterschiedliche Varianzanteile (Shields et al., 2001). Die Querschnittstudie von Garner und Waajid (2008) mit 74 vierjährigen Kindern erweiterte diesen Befund insofern, dass das Verständnis von emotionsauslösenden Situationen die Leistungen der Kinder bei Tests zum Allgemeinwissen und zur Sprachkompetenz erklärten. Dieser Effekt blieb auch dann stabil, wenn für Alter, SÖS und Geschlecht der Kinder statistisch kontrolliert wurde (Garner & Waajid, 2008). Insgesamt bestätigen diese Studien, dass die emotionale Kompetenz von Kindern deren Vorläuferfähigkeiten zum Teil erklärt.

Dass gut ausgebildete Fähigkeiten zur Emotionsregulation schon allein (also auch ohne das Emotionswissen) zur Erklärung von akademischen Vorläuferfähigkeiten beitragen können, zeigte die Studie von Graziano, Reavis, Keane und Calkins (2007) mit einer Stichprobe von 325 Fünfeinhalbjährigen, die viele Kinder mit externalisierendem und internalisierendem Problemverhalten umfasste. Die Fähigkeiten der Kinder zur Emotionsregulation sagten über ihre allgemeinen kognitiven Fähigkeiten, das Ausmaß ihres Problemverhaltens und die Qualität ihrer Beziehung zur Erzieherin hinaus, ihre akademische Leistungsfähigkeit (im Lehrerurteil) vorher. Zusätzlich wurden durch diese Faktorenkonstellation der Tendenz nach auch ihre Testergebnisse in Vorläuferfähigkeiten in Mathematik und Muttersprache (literacy) im Kindergarten vorhergesagt (Graziano et al., 2007). Da in dieser Studie Emotionsregulation und Vorläuferfähigkeiten gleichzeitig gemessen wurden, ist die Wirkrichtung unklar.

6.3.2 Emotionswissen, exekutive Funktionen und schulische Vorläuferfähigkeiten: Empirische Untersuchungen

Emotionsregulation ist verwandt mit dem übergeordneten Konstrukt der Selbstregulation. Wie oben bereits angedeutet, sind die exekutiven Funktionen von Kindern ein bereichsübergreifender Prädiktor für die Schulfähigkeit von Kindern (Blair, 2002). Denn die Schule stellt die ABC-Schützen vor einige Herausforderungen insofern, als jetzt akademische Ziele wie Schriftspracherwerb und Rechenfähigkeiten an sie herangetragen werden. Außerdem wird von ihnen erwartet, dass sie diese (oft fremdbestimmten) Bildungsziele selbstständiger verfolgen als zuvor. Wie in Kapitel 4.1.3 ausgeführt, sind es vor allem die wachsenden exekutiven Funktionen, also die willensgesteuerte Lenkung der Aufmerksamkeit, die Fähigkeit zur Unterbrechung von Verhaltenstendenzen (Inhibition) und das Arbeitsgedächtnis, die die Kinder dabei unterstützen, Wünsche und Bedürfnisse zurückzustellen, sich auf ihre Aufgaben zu konzentrieren, und sich auch nicht durch feixende Klassenkameraden ablenken zu lassen. Blair und Razza (2007) stellten bei einer Untersuchung mit 141 fünfjährigen Kindern aus dem Head-Start-Programm fest, dass ihre Fähigkeit zur willensgesteuerten Verhaltenskontrolle (peg tapping) ihre Testleistungen in Mathematik etwa ein Jahr später vorhersagte, auch wenn ihre temperamentbasierten Fähigkeiten zur Aufmerksamkeitslenkung (effortful control) und ihre Fähigkeit zur kognitiven Perspektivenübernahme (false belief) in die Vorhersage einbezogen wurden. Interessant ist, dass sich dieser Befund lediglich auf die Vorläuferfähigkeiten in Mathematik, nicht aber auf die phonologische Bewusstheit bezog (Blair & Razza, 2007). Mit Hilfe einer ähnlich aufgebauten Aufgabe zur Verhaltenskontrolle im motorischen Bereich (genannt »Head-Toes-Knees-Shoulder Task« oder HTKS) bestätigten Cameron Ponitz, McClelland, Matthews und Morrison (2009), dass dieser motorische Indikator der exekutiven Funktionen die Testergebnisse der Kindergartenkinder in Mathematik, Lesen und muttersprachlichem Wortschatz mehrere Monate später vorhersagte, selbst wenn die Kontextmerkmale Geschlecht, SÖS und Muttersprache (englisch oder spanisch) statistisch kontrolliert wurden. Noch überzeugender ist der Befund aus der gleichen Studie, dass die anfänglichen Testleistungen der Kinder auf dem HTKS auch ihren Leistungszuwachs in Mathematik vom Herbst bis zum Frühjahr ihres Kindergartenjahres vorhersagten (Cameron Ponitz et al., 2009). Damit ist der Nachweis erbracht, dass interindividuelle Unterschiede bei den exekutiven Funktionen auch zur Erklärung des Wissenserwerbs, also des Lernens der Kinder (vor allem in Mathematik) beitragen.

Inwiefern Emotionsverständnis und exekutive Funktionen zusammenwirken, untersuchten Denham, Bassett, Way et al. (2012) in einer Stichprobe von 322 Drei- und Vierjährigen, von denen etwa die Hälfte aus bildungsfernen Familien stammte und Head-Start-Einrichtungen besuchte, während die andere Hälfte ihre Tage in privaten Kindergärten verbrachte. Für 101 dieser Kinder lagen Einschätzungen ihrer Erzieherinnen über ihre Kenntnisse in Mathematik und Allgemeinwissen sowie über ihre Anpassung an die Verhaltensanforderungen des nordamerikanischen Kindergartens etwa ein Jahr später vor, der wegen seiner Angliederung an die Grundschule wahrscheinlich größere Anforderungen an die Selbstbeherrschung der Kinder stellt als der deutsche Kindergarten. Das anfängliche Emotionsverständnis der Kinder sagte die späteren Erzieherurteile über die akademischen Wissensbestände und die Verhaltensanpassung der Kinder im Kindergarten voraus, auch wenn Geschlecht und Herkunft (über den Besuch der beiden Einrichtungstypen) kontrolliert worden waren. In einem komplexeren Strukturgleichungsmodell, das mit dem gleichen Sample von 101 Kindern berechnet wurde, bestätigten Denham, Bassett, Zinsser und Wyatt (2014), dass die exekutiven Funktionen der Kinder ihre Einstellungen zum Lernen und ihre akademische »Schulfähigkeit« am Ende des Kindergartens direkt und positiv vorhersagten. Über die exekutiven Funktionen hinaus trug aber auch das anfängliche Emotionswissen der Kinder zur Erklärung eben dieser motivationalen und akademischen Indikatoren für den Erfolg des Kindes am Ende des Kindergartens bei. Interessant an diesem komplexen Modell ist der »Vermittlungspfad«, nach dem Kinder mit fortgeschrittenem Emotionswissen sich besser emotional regulieren konnten und sich häufiger prosozial verhielten. Dieses beobachtete Verhalten trug wiederum zur Erklärung ihrer Verhaltensanpassung (adjustment) und ihrer Schulfähigkeit im Kindergarten aus Sicht ihrer Erzieherinnen bei. Danach übersetzt sich das Emotionswissen der Kinder – auch bei Kontrolle ihrer exekutiven Funktionen – in emotional reguliertes und prosoziales Verhalten, das im sozialen Ort Kindergarten ihren weiteren Erfolg begünstigt. Dieser Befund der Arbeitsgruppe um Denham (2014) geht konform mit der anfangs erwähnten Studie von Trentacosta und Izard (2007), bei der sowohl das Emotionswissen der Kinder als auch ihre Emotionsregulation vermittelt über ihre Fähigkeit zur Aufmerksamkeitslenkung auf akademische Belange (Lehrerurteil) im Kindergarten ihre Testleistungen in Klasse 1 vorhersagten. Die sprachlichen Fähigkeiten der Kinder stellten dabei einen dritten Prädiktor für ihre akademischen Leistungen im Wörtererkennen, Buchstabieren und Mathematik in der ersten Klasse dar. Beide Studien stimmen überein, dass das Emotionswissen und die exekutiven Funktionen von jungen Kindern eng verbunden sind und dass beide unabhängig voneinander zur Erklärung der akademischen Leistungen der Kinder beitragen.

Alle bisher in diesem Abschnitt berichteten Ergebnisse stammen aus den Vereinigten Staaten, in denen der Kindergarten der Grundschule angegliedert ist. Diese Organisationsform geht in der Regel mit einer ausgeprägteren Fremdbestimmung einher, sodass die Kinder größere Fähigkeiten zur Selbstregulation benötigen, um hier erfolgreich zu sein als im deutschen Kindergarten. Insofern ist die Frage, ob interindividuelle Unterschiede bei den exekutiven Funktionen und dem Emotionswissen der Kinder auch im deutschen Kindergarten zur Vorhersage ihrer vor-akademischen Leistungen beitragen. Für ein Sample von Fünfjährigen aus deutschen Kindergärten bestätigte die Elefant-Studie, dass das Emotionsverständnis und die Testleistungen bei den exekutiven Funktionen (HTKS) eng miteinander verbunden waren und beide zusammen auch hierzulande die Testleistungen der Kinder in der phonologischen Bewusstheit in der deutschen Sprache gut ein Jahr später kurz vor Schulbeginn voraussagten, auch wenn Alter, SÖS, generelle kognitive Fähigkeiten und Sprachverständnis der Kinder in einem Strukturgleichungsmodell kontrolliert worden waren (Hänel, 2015). Bei der Vorhersage der mathematischen Fähigkeiten kurz vor Schulanfang (vor allem der Zählfertigkeiten) war neben den generellen kognitiven Fähigkeiten und dem Sprachverständnis das frühere Emotionswissen ebenfalls von Bedeutung (auch wenn ihre HTKS-Werte kontrolliert worden waren): Kinder, die im Jahr zuvor besser über Emotionen Bescheid wussten, wiesen kurz vor Schulbeginn fortgeschrittene mathematische Vorläuferfähigkeiten auf (Hänel, 2015). Danach scheint das anfängliche Emotionswissen der Kindergartenkinder über ihre exekutiven Funktionen hinaus auch in einer deutschen Stichprobe zur Erklärung ihrer späteren schulischen Vorläuferfähigkeiten in zwei Bereichen beizutragen.

Kontrovers diskutiert wird, ob die exekutiven Funktionen den Erwerb des Emotionswissens beschleunigen, weil sie den Kindern helfen, sich in emotional anregenden Situationen selbst »herunter« zu regulieren und Erklärungen zu den Emotionen zu lauschen und diese zu behalten (Denham, Bassett, Way et al., 2012; von Salisch, Hänel & Denham, 2015a), oder ob das Emotionsverständnis dazu beiträgt zu lernen, sich in Selbstbeherrschung zu üben (Blankson et al., 2012) und aufmerksamer zu sein (von Salisch, Hänel & Denham, 2015b). Beide Wirkzusammenhänge sind plausibel und werden durch empirische Befunde gestützt.

6.3.3 Interventionsstudien: Integrierte Förderung von Emotionswissen und schulischen Vorläuferfähigkeiten

Unabhängig von diesen eher theoretischen Erwägungen zur Frage, ob Emotionswissen oder exekutive Funktionen primär für den Erwerb bereichsspezifischer schulischer Vorläuferfähigkeiten verantwortlich sind, haben sich Interventionsstudien in den USA bereits daran gemacht, beide Inhaltsbereiche gemeinsam zu fördern und zwar insbesondere bei Kindern aus sozial benachteiligten Familien. Die REDI-Interventionsstudie mit 356 Vierjährigen aus dem Head-Start Programm kombinierte die Sprach- und Leseförderung mit der Förderung der sozial-emotionalen Kompetenz der Kinder (Bierman et al., 2014). Im Rahmen des PATHS (Promoting Alternative Thinking Strategies) Programms wurden dabei das Emotionsverständnis, die Selbstregulation und die prosozialen Fähigkeiten der Vierjährigen besonders geübt. Darüber hinaus wurden auch der Wortschatz, das Buchstaben-Erkennen und die phonologische Bewusstheit mit den jungen Kindern aus überwiegend bildungsfernen Elternhäusern trainiert. Diese Ziele wurden zum Teil zeitgleich verfolgt, etwa wenn Bilderbücher zum Thema »Freundschaft schließen« oder »angemessene Konfliktlösungen« mit den Kindern gelesen und besprochen wurden, die natürlich auch viele Vorfälle emotionaler Art enthielten. Bis zum Ende der zwölfmonatigen Intervention im Rahmen der Preschool trug dieses kombinierte Training zur Verbesserung der Sozialkompetenz, der Lernmotivation und der phonologischen Bewusstheit der

Kinder sowie zur Reduktion ihres aggressiven Verhaltens bei (Bierman et al., 2014). Eine neue, groß angelegte Studie aus den Vereinigten Staaten bestätigte, dass auch die flächendeckende Durchführung des PATHS-Trainings in 307 Kindergruppen aus 104 zufällig ausgewählten Head-Start Preschools zwar erwartungsgemäß das Emotionswissen, die soziale Problemlösefähigkeit und das Sozialverhalten der Vierjährigen förderte, aber darüber hinaus auch positive Effekte auf deren Bereitschaft zum Lernen (d = .20) aufwies, die für den weiteren Wissenserwerb von Bedeutung ist. Wirkungen der Intervention auf das vorakademische Wissen der Kinder im Kindergarten, die nicht im Kernbereich der Untersuchung lagen, ließen sich nicht feststellen (Morris et al., 2014).

Besonders beeindruckend an der REDI-Intervention war, dass diese Erfolge auch über die nächsten Monate stabil blieben, in denen die Kinder von den ausgewählten Preschools, die am Programm teilgenommen hatten, in die von der Schule organisierten Kindergärten wechselten, denn diese waren von ganz unterschiedlicher pädagogischer Qualität. Manche von ihnen führten die von der Intervention vorgeschlagenen Methoden fort oder hatten eigene wohl erprobte Lernmethoden, während andere weniger effektive Unterrichtsmethoden benutzten. Bei einem größeren Anteil leistungsschwacher Schüler/innen verstärkte sich der Effekt des REDI-Trainings am Ende des Kindergartenjahres sogar zum Teil. Dies spricht dafür, dass die in ihrer sozial-emotionalen Kompetenz geförderten Kinder eine größere Resilienz gegenüber möglichen lernhemmenden Umständen in Klasse und Schule entwickelt hatten. Einzeleffekte der jeweiligen Teile des Interventionsprogramms wurden leider nicht berichtet (Bierman et al., 2014).

Auch wenn sich nicht differenziert analysieren lässt, welchen Anteil an den späteren vor-akademischen Erfolgen der Kinder das Training der Vorläuferfähigkeiten und welchen das Training der sozial-emotionalen Kompetenz hatte, so scheinen beide Trainingsteile doch für die Förderung der schulischen Vorläuferfähigkeiten nützlich zu sein und sich gegenseitig zu befruchten. Vergleichbare »Kombinationstrainings« von sozial-emotionalen und akademischen Fähigkeiten mit vergleichbaren Erfolgsraten im sozialen und akademischen Bereich (vor allem in den Risikogruppen) gibt es mittlerweile auch für die Grundschule (z. B. Jones, Brown & Aber, 2011). Dass die Förderung sozial-emotionaler Kompetenz sowohl für soziale als auch für akademische Ziele zuträglich sein kann, bestätigt die Meta-Analyse von Durlak et al. (2011) für die Förderung der emotionalen Kompetenz im Rahmen der Schule, die oben vorgestellt wurde.

Insgesamt geht aus diesen Befunden aus Kindergarten und Schule hervor, dass das Verständnis für Emotionen und Fähigkeiten zur Emotionsregulation der Kinder dazu beitragen, die (vor-)akademischen Leistungen von Kindern über einen längeren Zeitraum vorherzusagen. Ein generelles Bild von dem Zusammenhang zwischen der emotionalen Kompetenz im Vorschulalter und dem Schulerfolg in der Grundschule, welches man auf die gesamte Population der Kinder verallgemeinern könnte, können diese Studien jedoch nicht zeigen. Dazu unterscheiden sich die Schulsysteme zwischen den verschiedenen Nationen (vor allem zwischen den USA und Deutschland) zu stark. Ob zum Beispiel die Betreuung in einem relativ stark strukturierten Kindergarten in den USA einen anderen Einfluss auf die emotionale Kompetenz hat als die Betreuung in einem weniger strukturierten Kindergarten in Deutschland, bleibt offen. Ebenso ist weiterhin ungeklärt, ob sich die emotionale Kompetenz auf die Leistungen in verschiedenen Schulfächern unterschiedlich auswirken. Eine metaanalytische Zusammenfassung der bestehenden Befunde könnte hier Aufschluss geben. Eine solche wird es auch erleichtern, die genauen Vermittlungswege aufzuzeigen, die es emotional kompetenteren Kindern erleichtern, in der Schule erfolgreich zu sein. Weiter ist es vor allem im deutschsprachigen Raum wichtig, valide Messinstrumente zur Erfassung der emotionalen Kompetenz von Kindern zu entwickeln, um die Nachteile der wenigen bereits bestehenden Instrumente auszugleichen. Die Unterscheidung zwischen objektiven Messverfahren und den subjektiven Einschätzungen von Kita-Fachkräften und Lehrkräften stellt bei der Erfassung der Kompetenzen von Kindern nämlich einen zu beachtenden Faktor dar. Durch die weiterführende Forschung können ferner gezielte Interventionen (weiter-)entwickelt werden, die die emotionale Kompetenz von Kindern stärken und dadurch ihre sozialen und akademischen Erfolge in der Schule erhöhen können.

7 Prävention: Programme zur Förderung emotionaler Kompetenz

In den letzten Jahren sind vermehrt Präventions- und Interventionsprogramme zur Förderung der emotionalen Kompetenz von Heranwachsenden auf den Markt gekommen (z. B. Brezinka, 2003; Beelmann & Raabe, 2007). Insgesamt sind die Förderbereiche vielfältig und reichen von sehr spezialisierten Programmen (z. B. zu Schlafstörungen) bis hin zu allgemeineren Themen (z. B. zur Stressbewältigung). Eine umfassende Übersicht über verschiedene psychologische Förder- und Interventionsprogramme für das Kindes- und Jugendalter im deutschen Sprachraum geben Lohaus und Domsch (2009; siehe auch Röhrle, 2010). Allgemein haben Maßnahmen der Prävention zum Ziel, »vorbeugend (prophylaktisch) zu wirken, um mögliche Störungen der Persönlichkeitsentwicklung und Beeinträchtigungen der Gesundheit schon in einem frühen Stadium zuvorzukommen« (Hurrelmann & Settertobulte, 2002, S. 133; Perren & Malti, 2008). Nach einer Literaturübersicht haben verschiedene Längsschnittstudien festgestellt, »dass ein abweichendes, störendes Verhalten im Kindergarten einen Prädiktor für später auftretende, sehr viel schwerer wiegende Verhaltensprobleme darstellt« (z. B. oppositionelles und aggressives Verhalten, Substanzmissbrauch; Scheithauer, Bondü, Niebank & Mayer, 2007, S. 377; siehe auch Scheithauer, Mehren & Petermann, 2003).

Je nach Einsatzzeitpunkt, Zielgruppe und inhaltlichen Schwerpunkten wurden im Laufe der Jahre verschiedene Arten und Begriffe für Präventionsmaßnahmen entwickelt (siehe auch Brezinka, 2003). So unterscheidet zum Beispiel Gerald Caplan (1964, zit. nach Hurrelmann & Settertobulte, 2002) drei Arten von Präventionsverfahren: Primärprävention zur Reduktion der Wahrscheinlichkeit des Auftretens psychischer Störungen, Sekundärprävention zur Reduzierung der Dauer der Störungen und Tertiärprävention zur Minimierung von Beeinträchtigungen, die durch die Störungen hervorgerufen wurden. Diese ältere Unterscheidung wurde in den frühen 1990er Jahren von einer neuen Einteilung abgelöst: universelle, selektive und indizierte Prävention. Die universelle Prävention richtet sich an die Allgemeinbevölkerung. Die selektive Prävention bezieht sich auf Personen, die ein erhöhtes Risiko für eine bestimmte Erkrankung haben, aber noch keine Symptome dieser Erkrankung aufweisen. Die indizierte Prävention richtet sich an Personen, bei denen sich bereits erste Symptome einer Erkrankung zeigen und die deswegen meist schon mit Hilfsinstitutionen in Kontakt waren. Hier geht es darum, Dauer und Intensität der Erkrankung zu vermindern und Rückfällen vorzubeugen. Der Übergang von indizierter Prävention und Intervention ist oft fließend (Eisner, Ribeaud, Jünger & Meidert, 2008).

7.1 Prävention vor Schulanfang

Bemühungen um Prävention orientieren sich idealerweise an Entwicklungsmodellen und an den im Entwicklungsverlauf bekannten Risiko- und Schutzfaktoren (Beelmann & Raabe, 2007). Präventionsmaßnahmen können direkt an der Entwicklung der Heranwachsenden ansetzen oder indirekt im Sinne einer Stärkung der Erziehungskompetenzen der Eltern, im Sinne einer Förderung der Erzieher/innen und Lehrer/innen in ihrer Selbstregulation und Beziehungsgestaltung oder im Sinne einer positiven Beeinflussung des psychosozialen Umfelds von Kindern und Familien wirken (Denham & Burton, 2003). Die universelle Prävention könnte beispielsweise bereits während einer Schwangerschaft beginnen (Schick & Cierpka, 2003). Ziel der Prävention ist es, Risikofaktoren zu reduzieren, Schutzfaktoren aufzubauen oder auf Mechanismen einzuwirken, die die Kausalkette zwischen Ursache und Wirkung unterbrechen (Eisner et al., 2008). »Für alle psychosozialen Fehlentwicklungen gilt, dass sie das Ergebnis vieler Einflussfaktoren sind, und dass je nach Mensch oder Gruppe andere Kombinationen von Risiko- und Schutzfaktoren maßgeblich sein können. Deswegen sollte Prävention an mehreren Gliedern einer Kausalkette gleichermaßen ansetzen« (Eisner et al., 2008, S. 28). »Für die theoretische Fundierung von Interventionsmaßnahmen sind also Modelle wichtig, die zeigen, wie Risiken zusammenwirken und auf welche Weise sich ihre Wirkung im Verhalten manifestiert« (Jaursch & Beelmann, 2008, S. 166).

Nach Hurrelmann und Settertobulte (2002) weist die bisherige Wirksamkeitsforschung darauf hin, dass »durch die Konzentration präventiver Bemühungen auf die ersten beiden Lebensjahrzehnte in vielen Bereichen eine besonders gute Wirksamkeit und auch eine hohe Effektivität von Maßnahmen sichergestellt werden kann« (S. 132). Viele gesundheitliche Probleme beginnen in frühester Kindheit und können auch nur in dieser Altersspanne nachhaltig und effektiv beeinflusst werden (Friederich, 2010; Maasberg, 2007). Vor allem im Alter von drei bis sechs Jahren schreitet die sozial-emotionale Entwicklung sehr schnell voran. Wie in Kapitel 3 dargelegt, erwerben Kinder in dieser Altersspanne eine Vielzahl von emotionalen Fertigkeiten, die die Grundlage für spätere Fortschritte legen. Wie in Kapitel 6 ausgeführt, unterstützt die emotionale Kompetenz von Schulanfängern längerfristig deren Akzeptanz in der Gleichaltrigengruppe, deren psychische Gesundheit und deren Schulerfolg. Durch früh einsetzende Präventionsmaßnahmen können bereits in jungen Jahren Schutzbedingungen aufgebaut und Risikobedingungen reduziert werden. Ein frühes präventives Handeln im Rahmen des Kindergartenalltags ist besonders für Kinder mit ersten Verhaltens- und emotionalen Problemen eine wichtige Chance, beginnende oder bereits bestehende Defizite auszugleichen (Mayer et al., 2007). »Vorbeugung hat im Gegensatz zu ›Reparatur‹ den entscheidenden Vorteil, dass die innerpsychischen Strukturen der Kinder noch nicht verfestigt sind und man die sozialen und emotionalen Kompetenzen auf eine kindgemäße, spielerische und dadurch sehr lernförderliche Art und Weise vermitteln kann« (Schick & Cierpka, 2005, S. 463). Der Kindergarten bildet für die Gesundheitsförderung und erste präventive Bemühungen einen geeigneten Rahmen, da nahezu die gesamte Bevölkerung einer Altersgruppe erreicht wird, Maßnahmen frühzeitig begonnen werden können und die Möglichkeit besteht, mit anderen Institutionen und anderen Settings zusammenzuarbeiten (Zimmer, 2002).

Prinzipiell können sich die Maßnahmen der Präventionsprogramme auf verschiedene »Systemebenen« beziehen: Individuum, Kindergartengruppe oder Schulklasse, Eltern, Einzelschule, Schulsystem (Perren & Malti, 2008). Häufig haben breit und langfristig angelegte Programme, die verschiedene Systemebenen (Kind, Eltern, schulisches oder Kindergartenumfeld) einbeziehen, eine größere Wirksamkeit als einzelne Strategien gezeigt. Auffrischungen des Gelernten zeigen ebenfalls positive Wirkung (Jaursch & Beelmann, 2008; Lösel & Plankensteiner, 2005; Webster-Stratton & Taylor, 2001). Zudem scheinen frühe Präventionsansätze langfristig erfolgreicher und unter Kostengesichtspunkten deutlich günstiger zu sein als Interventionsmaßnahmen, die erst nach einem bereits eingetretenen Ereignis ansetzen (Schick & Cierpka, 2003; Bruene-Butler, Hampson, Elias, Clabby & Schuyler, 1997). Bildungsökonomische Berechnungen aus den USA unterstreichen zudem, dass Investitionen in Präventionsangebote für junge Kinder besonders effizient sind. Rechnet man die Kosten für die Fördermaßnahmen gegen den kurz- und langfristigen Nutzen für den Staat (wie etwa deren erhöhte Steuereinnahmen der Teilnehmer als Erwachsene) bzw. gegen die möglichen »verhinderten Kosten« (wie etwa die Unterbringung in Gefängnissen oder staatliche Transferleistungen) auf, so ergibt sich eine »Rendite« von bis zu 1:9, das heisst pro 1 US-Dollar Investitionen in frühkindliche Angebote lässt sich ein Nutzen von bis zu 9 US-Dollar erzielen. Mit zunehmendem Alter der Kinder sinkt diese Kosten-Nutzen-Relation und fällt bei Investitionen in Förderangebote für ältere Kinder und Jugendliche ungünstiger aus (Heckman, 2006; Heckman, Moon, Pinto, Savelyev & Yavitz, 2010; Schober & Spiess, 2013).

7.2 Folgen früher Prävention

Sozial kompetente Vorschulkinder sind in der Regel freundlicher, kooperativer und weniger aggressiv als ihre Altersgenossen. Generell werden diese Kinder mehr von Gleichaltrigen akzeptiert und gemocht (Denham et al., 2003; Ladd et al., 1999). Kinder, die von ihren Altersgenossen abgelehnt werden, bleiben dies meist auch in den späteren Jahren. Wilson, Lipsey und Derzon (2003) erstellten eine Metaanalyse über fast 400 Untersuchungen zur Effektivität von Programmen zur Reduktion aggressiven Verhaltens bei Kindern und Jugendlichen vom Kindergartenalter bis zum Ende der High-School. Ergebnis dieser Analyse war, dass diese Programme vor allem bei Hochrisiko-Kindern zu einer Verbesserung der emotionalen Kompetenz führten (siehe auch Beelmann & Raabe, 2007).

Eine weitere wichtige Erkenntnis war, dass die Programme dann wirksam waren, wenn die Erziehenden gut auf das Programm vorbereitet worden waren. In der Metaanalyse von Nation et al. (2003), die Untersuchungen für den Zeitraum von 1990 bis 1999 aus dem Bereich Drogenprävention, Abbau sexuell riskanten Verhaltens, Prävention von Delinquenz, Gewalt und Schulabbrüchen umfasste, war die umfassende Schulung des Personals bei der Durchführung ebenfalls ein Prädiktor für die Wirksamkeit des Programmes. Ein weiteres Ergebnis war, dass umfangreiche und theoriegeleitete Präventionsprogramme mit didaktisch variablen Methoden, die den Schwerpunkt auf positive soziale Beziehungen legen und soziokulturell bedeutsam sind, eine größere Wirksamkeit aufweisen. Als sehr effektiv und wichtig erwies sich bei sehr jungen Kindern aus einkommensschwachen Familien außerdem eine Schulung der Eltern. Dies kann zum Beispiel durch Hausbesuche geschehen, die dazu dienen, die Eltern direkt vor Ort bei der Förderung ihrer Kinder zu unterstützen (z. B. Early Head Start Program, Roggman, Boyce & Cook, 2009).

Die schon in Kapitel 6 erwähnte Meta-Analyse von Durlak und Kollegen (2011) unterstreicht ebenfalls die Wirksamkeit von Interventionen im Bereich der sozialen und emotionalen Kompetenzen, die in der Schule durchgeführt wurden. Diese Meta-Analyse ist bislang die umfassendste in diesem Bereich, bezog sie doch die Daten von 213 Trainingsstudien ein, an denen nahezu 270 000 Schülerinnen und Schüler der ersten bis zur zwölften Jahrgangsstufe teilgenommen hatten. Wie bereits erwähnt, waren die Interventionen im Mittel auch längerfristig erfolgreich, und zwar nicht nur in Hinblick auf die Schul- und Testleistungen der Kinder und Jugendlichen. Sowohl das externalisierende Problemverhalten, also vorrangig Störverhalten im Unterricht, Mobbing, Schulverweise oder Delinquenz, ging nach den Interventionen im Mittel zurück als auch das internalisierende Problemverhalten im Sinne von Ängstlichkeit, Depression, Stress oder sozialem Rückzug. Zusätzlich verbesserten sich die schulbezogenen Einstellungen der Kinder und Jugendlichen, also ihr Selbstwert, ihre Selbstwirksamkeit, sowie ihre prosozialen Einstellungen zu Toleranz und Gerechtigkeit. Eine weitere gute Nachricht ist, dass die Interventionen von geschulten Lehrkräften durchgeführt werden konnten. Sie waren vor allem dann erfolgreich, wenn die Förderung des sozial-emotionalen Verhaltens curricular aufgebaut war, nämlich aus einer Sequenz von aufeinander aufbauenden Aktivitäten bestand, die aktive Lernformen einbezogen, die sozialen Fertigkeiten in den Mittelpunkt stellten und diese explizit in der Klasse zum Thema machten (und nicht nur implizit vermittelten) (Durlak et al., 2011).

Angesichts der Vielzahl möglicher Einflussfaktoren auf die emotionale Entwicklung von Kindern und Jugendlichen (▶ **Kap. 4** und **5**) liegt es nahe, dass Entwicklungsförderung immer unter Einbezug der konkreten Lebenswelten und Kontexte erfolgen sollte, in denen Kinder aufwachsen. Nur vor diesem Hintergrund lassen sich gelingende bzw. fehlangepasste Entwicklungsprozesse wirklich verstehen. Garner, Mahatmya, Brown und Vesely (2014) analysierten 23 verschiedene Interventions- und Präventionsprogramme im Hinblick darauf, ob sie in den verschiedenen sozialen und ethnischen Gruppen in den USA in gleicher Weise wirksam waren. Dabei wählten sie Studienergebnisse aus, die sie aus dem Bericht der CASEL (Collaborative for Academic, Social and Emotional Learning, 2015, Internetseite: www.casel.org) entnahmen. Nur in einem geringen Teil der betrachteten Programme wurde ein systematischer Einbezug des kulturellen Hintergrunds der Teilnehmer vorgesehen. Meist waren diese begrenzt auf: Rasse oder ethnische Zugehörigkeit, sozioökonomischer Status und Geschlecht. Dies erschwerte den Autoren eine einheitliche und eindeutige Zerlegung der einzelnen Einflüsse.

7.3 Drei Präventionsprogramme im Kindergarten

Kinder, die Defizite im Bereich der emotionalen Fertigkeiten (z. B. im Emotionsausdruck, -erkennen oder -regulation) aufweisen, haben ein erhöhtes Risiko für die Entwicklung von Verhaltens- und emotionalen Störungen. Um einen möglichen Teufelskreis zu verhindern, der eine negative Entwicklung von Kindern beinhaltet, setzen viele Präventionsprogramme an der Förderung sozial-emotionaler Kompetenzen an. Eines der ältesten Präventionsprogramme ist das »Head Start Program« aus den USA. Head Start wurde 1965 entwickelt, um die Bildungschancen für Kinder aus sozial benachteiligten und bildungsfernen Familien zu verbessern und damit einen Schritt in Richtung Chancengleichheit zu tun (Love, Tarullo, Raikes & Chazan-Cohen, 2006). Auch im deutschsprachigen Raum wurden in den letzten Jahren einige Programme für Kinder im Übergang zur Schule entwickelt. Zu nennen sind hier zum Beispiel das »Ich bleibe cool!«-Trainingsprogramm (Roth & Reichle, 2008), das mit der Durchführung von neun Modulen zur Förderung prosozialer Verhaltensweisen und konstruktiver Konfliktlösestrategien zur Prävention aggressiven Verhaltens und destruktiver Konfliktstrategien bei Grundschulkindern nachweislich beiträgt. Das »Verhaltenstraining für Schulanfänger« (Petermann, Natzke, Gerken & Walter, 2006) zählt zu einem der bekannteren deutschen Interventionsprogramme, das sich an Grundschulkinder der ersten und zweiten Klasse richtet und in 26 Trainingssitzungen die Förderung des Emotionsverständnisses und -regulation sowie der Empathie der Kinder zum Ziel hat. Beide Programme wurden evaluiert. Auf den folgenden Seiten werden drei weitere deutsche Präventionsprogramme und zwar »Kindergarten *plus*«, »Papilio« und »Faustlos« vorgestellt und in ihrer Wirksamkeit verglichen.

7.3.1 Das Präventionsprogramm »Kindergarten *plus*«

»Kindergarten *plus*« ist ein Bildungs- und Präventionsprogramm mit dem Ziel, die soziale, emotionale und kognitive Bildung von Vorschulkindern zu stärken und zu fördern. Entwickelt wurde es von der Deutschen Liga für das Kind, die ein interdisziplinäres Netzwerk zahlreicher Verbände und Organisationen ist, die im Bereich der frühen Kindheit bundesweit tätig sind. Zielgruppe für Kindergarten *plus* sind alle vier- bis fünfjährigen Kinder in Kindertageseinrichtungen. Es ist als universelles Präventionsprogramm gestaltet, das heißt es richtet sich an alle Kinder, die einen Kindergarten besuchen. Die Durchführung erfolgt in Kleingruppen von acht bis zwölf Kindern, die von der jeweiligen Einrichtung zusammengestellt werden. Angeleitet wird diese speziell eingerichtete Kindergruppe durch eine geschulte Kita-Fachkraft (im Folgenden als »Trainer/in« bezeichnet) im Beisein der vertrauten Bezugserzieherin bzw. des vertrauten Bezugserziehers. Die Deutsche Liga für das Kind nennt sechs Teilziele des Programmes Kindergarten *plus* (Maywald & Valentien, 2009, S. 8):

1. Förderung der emotionalen und sozialen Kompetenzen der Kinder. Die emotionalen und sozialen Kompetenzen beinhalten das Emotionswissen, Emotionsausdruck und -regulation, Empathie und den angemessenen Umgang mit Konflikten.
2. Unterstützung von Beobachtung und Dokumentation der Persönlichkeit, der Entwicklung und des Verhaltens des einzelnen Kindes.
3. Information und Sensibilisierung der Eltern für die einzelnen Module und deren Inhalte. Dabei geht es um die Erweiterung des Verständnisses für die Entwicklungs- und Bildungsprozesse ihres Kindes.
4. Qualifizierung der Erzieher/innen.
5. Profilierung der Kindertageseinrichtung.
6. Stärkung des öffentlichen Bewusstseins für die frühe Bildung.

Den theoretischen Hintergrund von Kindergarten *plus* bilden Erkenntnisse aus Entwicklungspsychologie, Bindungsforschung, Erziehungswissenschaften und Neurobiologie. Das Kind wird als Subjekt mit eigener Menschenwürde und einem Recht auf Entfaltung seiner Persönlichkeit betrachtet. Die Achtung und Wertschätzung von Individualität, Eigenaktivität und Selbstbestimmung jedes Kindes wird bei Kindergarten *plus* besonders unterstrichen. Kindergarten *plus* geht von einem ganzheitlichen Bildungsbegriff aus, bei dem Bildung »als selbsttätige Aneignung von Welt« verstanden wird und »daher mehr ist als geistiges Lernen« (Maywald & Valentien, 2009, S. 11). Anliegen ist es, Kinder gleichermaßen emotional, sozial und kognitiv zu fördern, um eine Bewältigung der Umweltbedingungen und das Zusammenleben mit Anderen positiv zu beeinflussen.

Kindergarten *plus* setzt sich aus neun Modulen mit unterschiedlichen Themenschwerpunkten zusammen, die in Tabelle 7.1 zusammengefasst werden. In diesen Themenbereichen lassen sich viele Bezüge zu den Ausführungen zu Emotionen, zur emotionalen Kompetenz und zu den Entwicklungsaufgaben im Kindergartenalter herstellen.

Tab. 7.1: Themenschwerpunkte der Module des Programmes Kindergarten *plus* (Maywald & Valentien, 2009, S. 22)

Sensomotorische Kompetenzen	
Modul 1	Mein Körper und ich
Modul 2	Meine Sinne und ich
Emotionale Kompetenzen	
Modul 3	Ich und meine Gefühle
Modul 4	Ich, meine Angst und mein Mut
Modul 5	Ich, meine Wut und meine Freude
Modul 6	Ich, meine Traurigkeit und mein Glück
Soziale Kompetenzen	
Modul 7	Du und Ich
Modul 8	Ich und mein Raum
Lernmethodische Kompetenzen	
Modul 9	Was ich mitnehme

In den ersten beiden Modulen geht es zunächst um sensomotorische Kompetenzen, das heißt um den Zusammenhang zwischen der Wahrnehmung von Reizen und dem motorischem Verhalten. Als Grundlage für die späteren Module wird hier der Schwerpunkt auf den Körper und die fünf Sinne (visuell, auditiv, olfaktorisch, gustatorisch, taktil) gelegt. Die Kinder werden angeregt, vielfältige Sinnes- und Bewegungserfahrungen zu machen, die als Ausgangspunkt von Entwicklungs- und Lernprozesse dienen. In den Modulen drei bis sechs werden grundlegende emotionale Fähigkeiten behandelt. Die jungen Kinder werden unter anderem dabei unterstützt, Emotionen bei sich und Anderen zu erkennen, Emotionen auf verschiedenen Ebenen auszudrücken und Emotionen zu regulieren, das heißt adäquat mit ihnen umzugehen. Die Kinder erkunden den eigenen mimischen, körperlichen und sprachlichen Emotionsausdruck anhand von Bildern, Spielen und musikalisch-rhythmischen Erfahrungen. Die Gefühle Angst und Mut, Wut und Freude sowie Traurigkeit und Glück werden jeweils in einem eigenen Modul vertieft. Anschließend folgen zwei Module zur sozialen Kompetenz, die eng mit der emotionalen Kompetenz verbunden ist. Inhaltliche Schwerpunkte dieser Module sind die Kontaktaufnahme und der Beziehungsaufbau zu anderen Menschen (z. B. Ausdruck von Zuneigung), das Entwickeln positiver Problemlösestrategien innerhalb sozialer Interaktionen, die Fähigkeit zur Perspektivenübernahme, der Respekt vor Verschiedenheit, Toleranz und Solidarität, die Entwicklung moralischer Wertvorstellungen (Aufbau von Gewissen und Schuldgefühl) sowie die Vermittlung von Fertigkeiten zur Kommunikation (Kooperation, Durchsetzungsvermögen und Rücksichtnahme). Das abschließende neunte Modul umfasst die Reflexion der Lernerfahrungen.

Jedes Modul soll in etwa zwei Stunden durchgeführt werden. Überdies hat jedes Modul einen wiederkehrenden Ablauf. Feste Bestandteile jedes Moduls sind zum Beispiel die Begrüßung, ein Gesprächskreis, ein Lied, Tanz oder Bewegungsspiel, eine Obstpause sowie ein festes Abschiedsritual. Zur Umsetzung der Themen werden unterschiedliche Materialien (z. B. Handpuppen, verschiedene Bastelmaterialien) verwendet.

Die Erzieher/innen, die Kindergarten *plus* durchführen, sollten an einer Basisfortbildung teilnehmen, die von der Deutschen Liga für das Kind angeboten wird. In dieser Fortbildung werden den Erzieher/innen – neben Informationen über Kindergarten *plus* – zusätzlich allgemeine Informationen zur Entwicklung sozial-emotionaler Kompetenzen vermittelt. Zudem geht es um die konkrete Umsetzung des Programmes vor Ort und um die Vorbereitung für den Umgang mit schwierigen Situationen. Die Dauer der Basisfortbildung beträgt 12 Stunden à 45 Minuten und wird in der Regel an zwei aufeinanderfolgenden Tagen durchgeführt. Nach Abschluss des Programms haben die Kita-Fachkräfte die Möglichkeit, an einem Reflexionstag (Aufbauseminar) von Kindergarten *plus* teilzunehmen, um Erfahrungen mit dem Programm auszutauschen und weitere Fragen zu klären. Auch die Bezugserzieher/innen, die sich an der Durchführung von Kindergarten *plus* beteiligen, sollten an der Fortbildung teilgenommen haben. Sie haben die Aufgabe, jedes Kind und die Gruppe zu beobachten, um am Ende eine Rückmeldung an die Kinder und deren Eltern zu geben. Außerdem ist es ihre Aufgabe, die in Kindergarten *plus* gelernten Methoden in den Alltag mit der gesamten Gruppe einzubeziehen.

Ein weiteres Element von Kindergarten *plus* ist die Elternarbeit. Den Eltern soll die Gelegenheit gegeben werden, sich über die Entwicklung und Bildung ihres Kindes zu informieren und auszutauschen. Zu Beginn und Ende des Programmes sollte es daher eine Informationsveranstaltung für die Eltern geben, die von den Erzieher/innen organisiert wird. Darüber hinaus erhalten die Eltern eine allgemeine schriftliche Information über Ziele und Inhalte des Programmes sowie Elternbriefe, die thematisch auf die einzelnen Module bezogen sind. Durch die Elternarbeit soll die Erziehungs- und Bildungspartnerschaft zwischen Eltern und den Kita-Fachkräften gestärkt werden.

7.3.2 Das Präventionsprogramm »Papilio«

Ein weiteres primärpräventives Programm für das Kindergartenalter ist »Papilio« von Mayer et al. (2007). Dieses Programm soll dazu beitragen, Verhaltensprobleme zu vermindern und sozial-emotionale Kompetenzen bei Mädchen und Jungen im Kindergarten zu fördern. Die grundlegende Annahme von Papilio ist, dass die Abnahme oder Verhinderung von ersten Verhaltensauffälligkeiten und die Zunahme von prosozialen Fertigkeiten bei Kindergartenkindern das Risiko reduziert, dass sich Verhaltensprobleme verfestigen und sich zu ernst zu nehmenden Verhaltensstörungen entwickeln. Es geht – wie in Kapitel 7.2 ausgeführt – um eine langfristige Vorbeugung der Entstehung gravierender Probleme in der frühen Kindheit. Im Hinblick auf den theoretischen Hintergrund beruht Papilio auf dem »Entwicklungsmodell zum Zusammenhang von Verhaltensstörungen und Substanzmissbrauch«, das in der Abbildung 7.1 dargestellt ist.

7.3 Drei Präventionsprogramme im Kindergarten

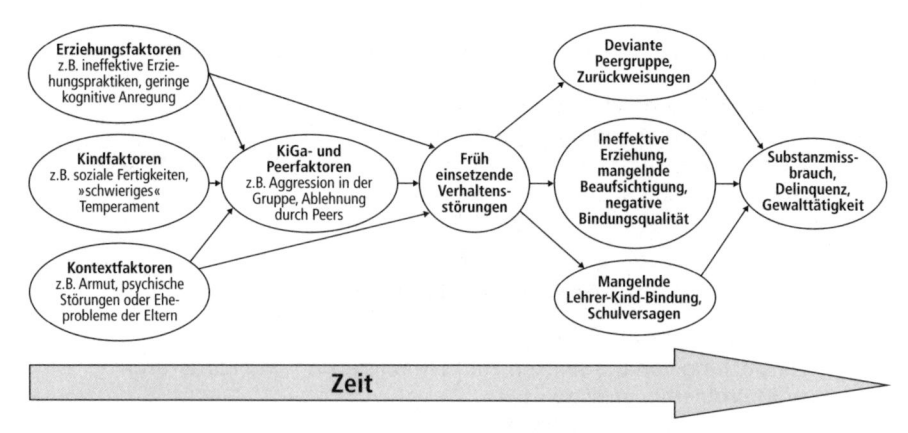

Abb. 7.1: Entwicklungsmodell zum Zusammenhang von Verhaltensstörungen und Substanzmissbrauch (Scheithauer & Barquero, 2005, S. 6)

Auf der linken Seite sind verschiedene Risikobedingungen für Verhaltensstörungen abgebildet, die sich in der Forschung als besonders einflussreich für die Ausbildung von Problemverhalten erwiesen haben. Hierzu zählen Erziehungsfaktoren (z. B. ineffektive Erziehungspraktiken), Kindfaktoren (z. B. schwieriges Temperament) und Kontextfaktoren (z. B. Armut). Diese drei Bereiche können sich aufsummieren oder in Wechselwirkung die weitere Entwicklung eines Kindes negativ beeinflussen. Folgen sind häufig Peer-Probleme (z. B. Ablehnung) oder andere Schwierigkeiten im Kindergarten. Betrachtet man die Entwicklung über den Zeitverlauf, dann verschärfen sich die Probleme oft im Jugendalter. Die Jugendlichen werden wie schon in jüngeren Jahren von Gleichaltrigen zurückgewiesen, haben nur wenige Freunde und ihre Schulleistungen sind unzureichend. Aus den früh einsetzenden Verhaltensproblemen können sich so Gewalttätigkeit, Substanzmissbrauch oder Delinquenz im Jugendalter entwickeln.

Zur Zielgruppe von Papilio zählen drei- bis siebenjährige Kinder in Kindertagesstätten. Das Programm wird direkt im Kindergarten von den Kita-Fachkräften einer Einrichtung durchgeführt. Diese werden zuvor in einer Fortbildung darauf vorbereitet, die Maßnahme im Kindergartenalltag selbst umzusetzen. Das Basisseminar der Fortbildung beinhaltet unter anderem Informationen zum generellen theoretischen Hintergrund des Programmes (z. B. zu Risiko- und Schutzfaktoren oder zu Sucht- und Gewaltentwicklung), Informationen zu entwicklungsförderndem Erzieher-Verhalten sowie zu den Inhalten und Umsetzung von Papilio. Das Basisseminar umfasst 43 Unterrichtseinheiten (drei ganze und vier halbe Tage) und kann durch ein zweitägiges Vertiefungsseminar ergänzt werden. Zum gemeinsamen Erfahrungsaustausch zwischen Erziehenden verschiedener Einrichtungen können zusätzlich zwei Tage zur kollegialen Supervision organisiert werden. Gibt es darüber hinaus weiteren Informationsbedarf, bietet das Papilio-Team Intensivseminare an. Die Fachkräfte werden bei der Durchführung von Papilio durch geschulte »Papilio-Trainer« unterstützt und begleitet.

Übergeordnete entwicklungsorientierte Präventionsziele

- Risikoerhöhende Bedingungen vermindern/eindämmen
- Risikomildernde Bedingungen fördern
- Bewältigung altersspezifischer Entwicklungsaufgaben unterstützen

Grobziele des Programms

Bezogen auf die Erzieherinnen
- Vermittlung von Basiswissen zur Sensibilisierung und Förderung eines Problembewusstseins
- Vermittlung von Handlungskompetenzen
- Förderung der Selbstwirksamkeit
- Förderung kollegialer Zusammenarbeit

Bezogen auf die Erzieherin-Kind-Interaktion
- Förderung eines positiven Erziehungsverhaltens und
- einer positiven Erzieherin-Kind-Interaktion zum
- Aufbau einer nachhaltigen Erzieherin-Kind-Beziehung

Bezogen auf die Kinder
- Abbau sozial unerwünschten (Problem-)Verhaltens
- Förderung der Entwicklung emotionaler Kompetenzen
- Aufbau sozial erwünschten Verhaltens beim Kind

Bezogen auf die Kind-Kind-Interaktion
- Aufbau gruppenbezogenen, prosozialen Verhaltens beim Kind
- Förderung sozialer Interaktionen zwischen den Kindern
- Integration von zurückgezogenen Kindern und »Einzelgängern«

Bezogen auf die Eltern
- Sensibilisierung und Förderung eines Problembewusstseins
- Erleichterung eines Transfers der erworbenen Fertigkeiten auf das häusliche Umfeld

Maßnahmen des Papilio-Programms

- Entwicklungsförderndes Erzieherinnenverhalten
- Paula und die Kistenkobolde
- Meins-deinsdeins-unser-Spiel
- Spielzeug-macht-Ferien-Tag
- Elternabende
- Schulung und Begleitung der Erzieherinnen

Abb. 7.2: Übergeordnete, entwicklungsorientierte Präventionsziele, Grobziele und Maßnahmen von Papilio (Mayer, Heim & Scheithauer, 2007, S. 100)

Das Papilio-Programm besteht inhaltlich aus Maßnahmen, die auf der Erzieher-, der Kinder- und der Eltern-Ebene ansetzen (▶ Abb. 7.2). Auf der Ebene der Erzieher/innen ist ein Baustein die Wissensvermittlung zu relevanten Themenbereichen (z. B. über kindliche Entwicklung, Verhaltensprobleme, Prävention). Ein weiteres Element stellt die Verbesserung der Interaktion zwischen Fachkraft und Kind dar. Dies soll durch den Gebrauch entwicklungsfördernden Erziehungsverhaltens erreicht werden (z. B. Lob als positiver Verstärker, Ignorieren unerwünschten Kinderverhaltens, Auszeit). Als kindorientierte Maßnahme hat die Einführung des »Spielzeug-macht-Ferien-Tags« zum Ziel, die Einbindung der Kinder in die Gleichaltrigengruppe zu fördern. Die Kinder sollen lernen, ihre Bedürfnisse mit denen der anderen Kinder abzustimmen, vermehrt Interaktionen zu anderen Kindern einzuleiten und aufrechtzuerhalten sowie kreative Spielideen zu entwickeln und in der Gruppe umzusetzen. Darüber hinaus gibt es für die Kinder das »Meins-deinsdeins-unser-Spiel«, das beabsichtigt, den Erwerb gruppenförderlichen und prosozialen Verhaltens zu unterstützen bzw. sozial unerwünschtes Verhalten zu reduzieren. Die Kinder sollen eigene Regeln für die Gruppe formulieren und begründen oder Mitverantwortung für das Gruppengeschehen übernehmen. Zur Förderung der sozial-emotionalen Entwicklung der Kinder wird der Baustein »Paula und die Kistenkobolde« mit Marionetten der Augsburger Puppenkiste verwendet. Diese Maßnahme ist eingebettet in eine interaktive Geschichte, die den Kindern die Lerninhalte (Erkennen und Benennen eigener Gefühle und der Gefühle von Anderen) mit Hilfe von Bild- und Tonmaterial vermitteln soll. Als Materialien gibt es ein Handbuch mit Theorie und Grundlagen zu Papilio sowie eine »Paula-Box«, die unter anderem ein Vorleseheft, Hörspiel- und Lieder-CDs sowie Kopiervorlagen enthält. Für die Eltern werden Elternabende und Elternclubs angeboten, die die Eltern in die kindorientierten Maßnahmen einbinden sowie ihre erzieherischen Kompetenzen unterstützen sollen. Zudem gibt es CDs und DVDs von Paula und den Kistenkobolden, die die Eltern erwerben können, um sie zu Hause abzuspielen.

7.3.3 Das Präventionsprogramm »Faustlos«

»Faustlos« ist ein Curriculum zur Förderung sozial-emotionaler Kompetenzen und zur Gewaltprävention. Es wurde 1997 am Institut für Psychosomatische Kooperationsforschung und Familientherapie des Universitätsklinikums Heidelberg aus einer Übersetzung und Adaption des amerikanischen Programmes »Second Step: A Violence-Prevention Program« (Beland, 1988; Committee for Children, 1991) entwickelt. Es gibt drei verschiedene Ausarbeitungen des Programmes: eine für den Kindergarten, eine für die Grundschule und eine für die Sekundarstufe (alle Schultypen), jeweils mit Materialien, die dem Entwicklungsstand angepasst sind.

Vor Beginn des Programmes müssen die Fachkräfte aus Kita und Schule an einer eintägigen Fortbildung des Heidelberger Präventionszentrums teilnehmen, um einen Überblick über Faustlos zu bekommen. Dort werden die Ziele des Programmes erläutert und einzelne Lektionen in Form von Rollenspielen von den Teilnehmern praktisch erprobt. Im Idealfall sollte das gesamte Kollegium an der Fortbildung teilnehmen, »um so den Transfer der neu erlernten Kompetenzen in den Lebensalltag der Kinder nachhaltig zu unterstützen« (Schick & Cierpka, 2005, S. 464). Die Dauer der Durchführung von Faustlos im Kindergarten beträgt ungefähr ein Jahr, wobei empfohlen wird, eine Lektion pro Woche durchzuführen. Die Anleitung erfolgt durch die geschulten Fachkräfte. In der Grundschule und den weiterführenden Schulen können die Lektionen in verschiedene Stunden des Regelunterrichts der ersten bis dritten bzw. ab der siebten/achten Klasse integriert werden. Da etwa alle zwei Wochen eine Lektion begonnen wird, beträgt die Dauer in der Schule drei bis vier Jahre.

Für Kindergartenkinder umfasst Faustlos 28 Lektionen, für Grundschulkinder 51 Lektionen und für Schülerinnen und Schüler der Sekundarstufe 31 Lektionen. Diese bauen aufeinander auf und vermitteln Kenntnisse zu den thematischen Schwerpunkten »Empathie«, »Impulskontrolle« und »Umgang mit Ärger und Wut«. Die Inhalte des Curriculums sind aus Forschungsbefunden und entwicklungspsychologischen Theorien zu den Defiziten aggressiver Kinder abgeleitet, die belegen, dass den aggressiven Kindern Kompetenzen in diesen drei Bereichen fehlen.

»Empathie ist eine maßgebliche Grundlage für den Erwerb sozial kompetenten Verhaltens und ein wesentlicher Antagonist aggressiven Verhaltens. (...) Faustlos fördert die Empathiefähigkeit der Kinder, indem sie lernen, den emotionalen Zustand anderer Menschen zutreffend einzuschätzen, die Perspektive anderer Menschen zu übernehmen und emotional angemessen auf diese zu reagieren« (Schick & Cierpka, 2005, S. 463).

Der Impulskontrolle kommt eine wichtige Bedeutung zu, da es häufig impulsive Handlungen sind, die zu Konflikten oder aggressivem Verhalten führen. Im Zusammenhang mit diesem Prozess stehen meist Schwierigkeiten mit der sozialen Informationsverarbeitung. Aus diesem Grund verbindet Faustlos ein Problemlöseverfahren mit der Übung sozial kompetenter Verhaltensweisen. Das Problemlösetraining beinhaltet neben Brainstorming zur Entwicklung möglicher Lösungsmöglichkeiten auch die Methode des lauten Denkens. Dabei werden die Kinder angeleitet einen Dialog mit sich selbst zu führen, in dem sie die Fragen des Problemlöseverfahrens und die Antworten aussprechen. »Durch den Dialog mit sich selbst und verbale Selbstinstruktionen werden die zur Problemlösung wichtigen kognitiven Strukturen gefestigt und mehr und mehr in die individuelle Denk- und Handlungsweise des Kindes integriert. Wesentliches Ziel des spielerischen Einübens neuer Verhaltensweisen ist es, die Kinder darin zu unterstützen, sich in sozialen Situationen angemessen und erfolgreich zu verhalten« (Schick & Cierpka, 2005, S. 464). Die neuen Verhaltensweisen üben die Kinder in Rollenspielen ein, die einen geschützten Raum zum Experimentieren und Umsetzen der erlernten Strategien bieten. Beispiele für neu zu lernende Verhaltensweisen sind Ablenkungen und Störungen zu ignorieren oder jemanden höflich zu unterbrechen.

Im Mittelpunkt des dritten Schwerpunkts, des »Umgangs mit Ärger und Wut«, steht die Vermittlung von Techniken zur Ärgerregulation. Die Kinder werden angeleitet, zunächst körperliche Anzeichen für Ärger und Wut zu identifizieren und auszudrücken, indem sie in ihren Körper hinein fühlen, sich dann mittels verschiedener aufeinander folgender Strategien (z. B. drei Mal tief Luft holen) zu beruhigen und anschließend mit einem Erwachsenen darüber zu sprechen, was sie ärgert bzw. über eine Lösung des Problems nachzudenken (bei den Schulkindern). »Die Lektionen dieser Einheit zielen nicht darauf ab, elementare und situationsangemessene Impulse und vordergründig negative Emotionen wie Wut und Ärger zu unterdrücken und »wegzuziehen«. Vielmehr soll unsoziales und schädigendes Verhalten korrigiert und in eine sozial verträgliche Richtung gelenkt werden. Nicht Wut oder Ärger sind das Problem, sondern das sich daraus möglicherweise ergebende destruktive aggressive Verhalten. Um das zu erreichen, werden in den entsprechenden Lektionen affektive Komponenten körperlicher Entspannung mit kognitiven Strategien der Selbstinstruktion und des Problemlösens verbunden. Somit lernen die Kinder, Auslöser von Ärger und Wut zu erkennen und mit dem Gebrauch positiver Selbst-Verstärkungen und mit Beruhigungstechniken zu verbinden« (Schick & Cierpka, 2005, S. 464). Die Kinder sollen durch Faustlos lernen, kompetent mit Gefühlen umzugehen (z. B. das Erkennen und Mitteilen von Gefühlen und damit von persönlichen Grenzen oder der Umgang mit widersprüchlichen Gefühlen), effektiv mit Problemen (z. B. jemanden um Hilfe bitten) und angemessen und konstruktiv mit Ärger und Wut umzugehen (z. B. Rechte und Wünsche zum Ausdruck bringen). Das Curriculum setzt somit einen Schwerpunkt auf Konfliktfähigkeit und Selbstwertgefühl der Kinder.

Den theoretischen Hintergrund von Faustlos bildet die sozial-kognitive Lerntheorie von Albert Bandura (1986) mit ihrem Grundgedanken, dass sozial erwünschtes Verhalten am Modell von Anderen erlernt werden kann. Das Modell der sozialen Informationsverarbeitung von Crick und Dodge (1994) stellt eine weitere Grundlage dar (▶ **Abb. 7.3**). Die ersten beiden Schritte im Prozess der Informationsverarbeitung beinhalten die korrekte Wahrnehmung und die Interpretation sozialer Situationen. Im dritten Schritt wird sich das Kind darüber klar, was es erreichen will und im vierten Schritt überlegt es sich verschiedene Handlungsentwürfe. Die letztlich gewählte Entscheidung für eine Antwort (Schritt 5) hat einen Einfluss auf das tatsächlich vollzogene Verhalten gegenüber anderen Personen (Schritt 6). Die getroffene Entscheidung kann durch eine beim Gegenüber hervorgerufene Bewertung bzw. Reaktion im nächsten Durchgang verändert werden. So schließt sich der Kreisprozess des Modells, der in Abbildung 7.3 dargestellt ist. »In mehreren Schritten durchläuft das Kind einen sozial-emotionalen Regulierungsprozess, der in eine mehr oder weniger angemessene Handlung mündet. Auf diese Handlung werden wiederum die Anderen in einer nächsten Schleife reagieren« (Cierpka, 2009, S. 31).

Lemerise und Arsenio (2000) erweiterten das Modell um emotionale Prozesse, die als motivationale, kommunikative und regulatorische Funktionen des individuellen Kindes – hier »Emotionaler Prozess« und »Datenbasis« genannt – ebenfalls Einfluss auf das Lösen von Konflikten nehmen. Die Wahrnehmung, die Interpretation, die durchgespielten Alternativen und schließlich die Handlung sind immer auch von emotionalen Faktoren abhängig. Hinzu kommt, dass – wenn bestimmte Ereignisse affektiv besetzt sind – später ähnlich gelagerte Ereignisse auch Emotionen auslösen bzw. intensivieren können.

7 Prävention: Programme zur Förderung emotionaler Kompetenz

4. Handlungsentwürfe
Alternativen

5. Entscheidung für eine Antwort
Impulskontrolle

Emotionaler Prozess
Emotionalität
Temperament

3. Klären der Ziele
Problemidentifikation

DATENBASIS
Gedächtnis
Erworbene Regeln
Soziale Schemata
Soziales Wissen

6. Beziehungsverhalten
Umgang mit heftigen Gefühlen

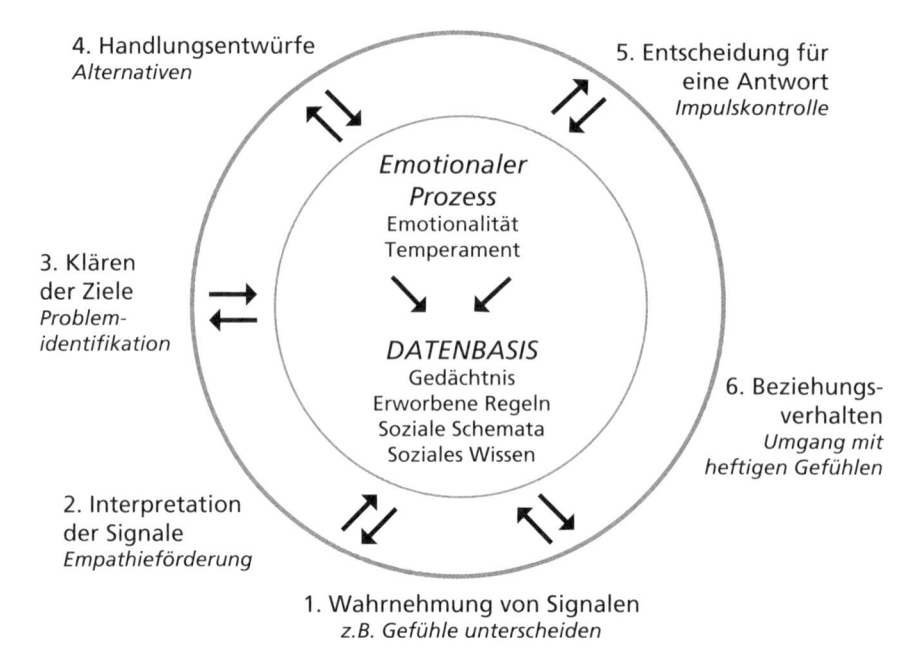

2. Interpretation der Signale
Empathieförderung

1. Wahrnehmung von Signalen
z.B. Gefühle unterscheiden

Abb. 7.3: Crick & Dodges (1994) Modell des sozialen Informationsaustausches (nach Cierpka, 2009, S. 34). © Verlag Herder GmbH, Freiburg i. Br. 2015.

Die Materialien von Faustlos bestehen aus einem Handbuch mit Hintergrundinformationen, einem Anweisungsheft sowie 28 Fotokartons (Kindergarten) bzw. 51 Fotofolien (Grundschule). Das Anweisungsheft enthält eine differenzierte Ausarbeitung und Zusammenfassung sämtlicher Lektionen. Die Fotokartons und -folien sind passend zur jeweiligen Lektion gestaltet und bilden die entsprechenden sozialen Situationen ab. Darüber hinaus gibt es im Faustlos-Set für Kindergärten zwei Handpuppen aus Stoff (»Wilder Willi« und »Ruhiger Schneck«), die die Vermittlung der Inhalte unterstützen. Für die Sekundarstufe wurden die Materialien um Arbeitsblätter und eine DVD mit kurzen Filmsequenzen ergänzt, in denen Jugendliche die erarbeiteten sozialen Kompetenzen idealtypisch darstellen. Diese werden in den Lektionen erst dann gezeigt, wenn die Lehrkraft die Problemsituation geschildert hat, und die Jugendlichen aktiv in den Problemlöseprozess einbezogen wurden.

Jede Lektion untergliedert sich in vier Teile: Vorbereitungsteil, Unterrichten der Lektion, Rollenspiele und Übungen und Übertragung des Gelernten. Die Lektionen folgen einem standardisierten, didaktischen Aufbau. Im Kindergarten wird zunächst ein Aufwärmspiel oder eine spielerische Einführung mit den Handpuppen in die Lektion durchgeführt. Anschließend regt die pädagogische Fachkraft zur Besprechung eines Bildes und damit verbunden zur Entwicklung einer Geschichte anhand der abgebildeten Szene auf dem Foto bzw. der Folie an. Diese werden im Verlauf der Lektionen zunehmend komplexer. »Nach einer ersten kognitiven Auseinandersetzung mit dem Stundenthema, wird das Gelernte anschließend in Rollenspielen praktisch geübt, und abschließend wer-

Tab. 7.2: Lektionen des Programmes Faustlos für den Kindergarten

Empathie

- Lektion: Was ist FAUSTLOS?
- Lektion: Gefühle (Freude, Trauer, Wut)
- Lektion: Gefühle (Überraschung, Angst, Ekel)
- Lektion: Gleich oder anders
- Lektion: Gefühle ändern sich
- Lektion: Wenn – dann
- Lektion: Jetzt nicht – vielleicht später
- Lektion: Missgeschicke
- Lektion: Was ist fair?
- Lektion: Ich fühle mich...
- Lektion: Aktives Zuhören
- Lektion: Ich kümmere mich

Impulskontrolle

- Lektion: Beruhigen – innehalten und nachdenken
- Lektion: Was ist das Problem?
- Lektion: Was kann ich tun?
- Lektion: Eine Idee auswählen
- Lektion: Funktioniert es so? Klappt es?
- Lektion: Teilen
- Lektion: Sich abwechseln
- Lektion: Aushandeln
- Lektion: Zuhören – aufmerksam sein
- Lektion: Jemanden höflich unterbrechen

Umgang mit Ärger und Wut

- Lektion: Bin ich wütend?
- Lektion: Sich beruhigen
- Lektion: Umgang mit Verletzungen
- Lektion: Umgang mit Beschimpfungen und Hänseleien
- Lektion: Umgang damit, etwas weggenommen zu bekommen
- Lektion: Umgang mit der Tatsache, etwas nicht zu bekommen, was man will

den Möglichkeiten der Übertragung auf den Lebensalltag der Kinder besprochen« (Schick & Cierpka, 2005, S. 465). In der Version für die Sekundarstufe ist ein weiteres wichtiges Element die intensive Gruppendiskussion über die Probleme und mögliche Lösungsalternativen.

Jede Lektion dauert im Kindergarten ca. 20 Minuten und in der Schule ca. 45 Minuten. Anschließend sollten die Kinder ausreichend Zeit erhalten, um das Gelernte im Alltag umzusetzen; daher wird eine Lektion pro Woche für die Kindergartenkinder bzw. eine Lektion alle zwei Wochen für die Schulkinder empfohlen. »Die Übertragung muss durch positive Verstärkung, Erinnerungsanstöße, die Schaffung geeigneter Partizipationsmöglichkeiten usw. aktiv unterstützt werden« (Schick & Cierpka, 2006, S. 461). Tabelle 7.2 gibt eine Beispiel-Übersicht über die Reihenfolge und Inhalte der Lektionen von Faustlos für den Kindergarten (Cierpka, 2009, S. 52).

Zudem sollten die Eltern der teilnehmenden Kinder durch einen Elternabend und Elternbriefe informiert und einbezogen werden. Ergänzende Elternkurse werden vom Heidelberger Präventionszentrum angeboten. In diesen bekommen interessierte Eltern detaillierte Informationen zu Faustlos sowie grundlegende Fähigkeiten und Konzepte zur positiven Erziehung vermittelt. Darüber hinaus wurden spezielle Programme für Eltern mit anderem kulturellen Hintergrund entwickelt. Diese Programme berücksichtigen, so die Webseite www.faustlos.de, »die tradierten Wertvorstellungen verschiedener Kulturen« und sind »an die Sprachkompetenz nicht deutschsprachiger Eltern angepasst«.

7.4 Vergleich der Inhalte der drei Programme

Kindergarten *plus*, Papilio und Faustlos sind alle entwicklungsorientierte Präventionsmaßnahmen, die sich an Entwicklungsmodellen und theoretischen und empirischen Erkenntnissen der Entwicklungspsychologie orientieren. Sie sind altersspezifisch ausgerichtet und beziehen Risiko- und Schutzbedingungen der kindlichen Entwicklung vor Schuleintritt mit ein. Das gemeinsame Ziel der drei Programme ist es, die emotionale und soziale Kompetenz der Kinder zu stärken. Papilio erwähnt hier vor allem den Schutz vor emotionalen und Verhaltensauffälligkeiten, wohingegen bei Kindergarten *plus* allgemeiner von einer »Stärkung der kindlichen Persönlichkeit« gesprochen wird. Bei Faustlos wird der Schwerpunkt auf Gewaltprävention im Sinne einer Verbesserung der Konfliktfähigkeit, Empathiefähigkeit, Impulskontrolle sowie einem konstruktiveren Umgang mit Wut und Ärger gelegt. Faustlos ist im Vergleich zu Kindergarten *plus* und Papilio eher defizitorientiert. Die Verbesserung des Sozialverhaltens aufgrund von eventuell schon vorhandenen Defiziten in diesem Bereich steht dabei im Vordergrund.

Den drei Programmen liegen zum Teil unterschiedliche Theorien zugrunde. Bei Kindergarten *plus* werden keine genaueren Bezüge zu wissenschaftlichen Modellen benannt, sondern es wird lediglich von einem »ganzheitlichen Bildungsbegriff« gesprochen, der auf Erkenntnissen der Entwicklungspsychologie, Bindungsforschung, Erziehungswissenschaften und Neurobiologie beruht. Bei Papilio wird Bezug genommen auf das »Entwicklungsmodell zum Zusammenhang von Verhaltensstörungen und Substanzmissbrauch«. Anhand dieses Modells wird eine mögliche negative Entwicklung eines Kindes veranschaulicht, die durch die Durchführung des Programmes verhindert werden soll. Das Modell von Crick und Dodge (1994), das Faustlos zugrunde liegt, beschreibt den sozialen Informationsaustausch zwischen dem Kind und seiner Umwelt auf einer allgemeineren und störungsunabhängigen Ebene. In diesem Zusammenhang haben Kindergarten *plus*, Papilio und Faustlos gemeinsam, dass sie alle drei einen kompetenten Umgang mit Gefühlen für eine erfolgreiche Interaktion und Beziehungsgestaltung hervorheben und eine negative Entwicklung im Sinne psychischer Probleme (z. B. Verhaltensauffälligkeiten, emotionale Probleme, Aggressionen) verhindern wollen. Alle Programme betonen außerdem den Beziehungsaspekt von Gefühlen. Die drei Programme sind in einem ähnlichen Zeitraum entwickelt worden.

Faustlos unterscheidet sich von Kindergarten *plus* und Papilio dadurch, dass es aus einem schon existierenden Curriculum aus den USA (»Second Step«) hervorgegangen ist. Zudem liegt Faustlos in verschiedenen Versionen für den Kindergarten, die Grundschule und die Sekundarstufe vor. Auch für Papilio ist geplant, eine Weiterentwicklung für die Grundschule auszuarbeiten, bisher liegt die Zielgruppe jedoch nur bei drei- bis siebenjährigen Kindern. Bei Kindergarten *plus* ist die Altersspanne der Zielgruppe mit vier bis fünf Jahren am engsten gefasst.

Alle drei Programme werden von geschulten pädagogischen Fachkräften in Kindertageseinrichtungen und Schulen bzw. geschulten Lehrkräften im Unterricht durchgeführt. Bei Kindergarten *plus* wird die Empfehlung ausgesprochen, dass die Trainerin/der Trainer in einen anderen Kindergarten gehen sollte, um das Programm durchzuführen, während es bei Papilio und Faustlos die pädagogischen Fachkräfte selbst sind, die das Programm in ihren eigenen Gruppen bzw. Schulklassen anleiten sollen. Es gibt ebenfalls einen Unterschied bei der Empfehlung der Größe und Zusammensetzung der Gruppen. Papilio und Faustlos sind geeignet, in der Alltagsgruppe mit allen Kindern umgesetzt zu werden, während es bei Kindergarten *plus* eine von den Erzieher/innen ausgewählte Gruppe von acht bis 12 Kindern sein sollte. Bei Papilio und Faustlos für den Kindergarten wird sogar die Empfehlung ausgesprochen, das Programm möglichst in allen Gruppen der gesamten Einrichtung einzuführen, wohingegen Kindergarten *plus* nur für eine ausgewählte Gruppe von Kindern gedacht ist und abgegrenzt vom Kindergartenalltag stattfindet.

Der wiederkehrende, nahezu ritualisierte Ablauf eines jeden Moduls von Kindergarten *plus* und Faustlos in einem dafür vorgesehenen Zeitrahmen ist bei Papilio nur bei der kindorientierten Maßnahme »Meins-deinsdeins-unser Spiel« zu finden. Bei Papilio werden die einzelnen Bausteine im Laufe des Kindergartenjahres nacheinander eingeführt und parallel beibehalten. Für die Maßnahme »Spielzeug-macht-Ferien-Tag« ist ein Tag in der Woche vorgesehen. Bei Kindergarten *plus* und Faustlos erfolgt die Durchführung entlang der einzelnen Module, die aufeinander aufbauen. Im Vergleich zur begrenzten Durchführungsdauer von neun Wochen von Kindergarten *plus* liegt der Durchführungszeitraum von Papilio bei mindestens eineinhalb bis zwei Jahren und bei Faustlos im Kindergarten bei einem Jahr (und in der Schule bei drei bis vier Jahren). Bei allen drei Programmen wird eine wöchentliche Durchführung empfohlen. Bei Papilio wird eine andauernde Integration der Elemente in den Kindergartenalltag angestrebt.

Kindergarten *plus*, Papilio und Faustlos verwenden eine Reihe von Bild- und Tonmaterialien, um das Interesse der Kinder zu wecken und diese über verschiedene Sinneskanäle anzusprechen. Alle drei Programme machen Gebrauch von Puppen, die das Programm begleiten und mit denen sich die Kinder schnell anfreunden können. Sie dienen gewissermaßen als Maskottchen. Bei Kindergarten *plus* und Faustlos für den Kindergarten gibt es dazu jeweils die passenden Handpuppen. Bei Papilio sind die Marionetten der Kistenkobolde nur in den dazugehörigen Puppentheater-Aufführungen auf DVD zu sehen. Kindergarten *plus* und Papilio zeichnen sich durch sehr umfangreiches Material aus, das auch DVDs, Lieder und Hörspiele umfasst. Im Vergleich dazu erscheinen die Fotokartons und -folien bei Faustlos wenig abwechslungsreich, auch wenn die Materialien für die Sekundarstufe eine DVD mit kurzen Filmsequenzen enthalten.

Die Fortbildung für die Kita-Fachkräfte ist bei Papilio mit 43 Unterrichtseinheiten am umfangreichsten. Um ein Abschlusszertifikat zu erhalten, werden die Erziehenden gebeten, eine Dokumentation und einen Abschlussbericht zu erstellen. Inhaltlich umfasst die Papilio-Fortbildung – neben der Vermittlung des Wissens zu den Bausteinen – anfangs auch eine allgemeinere Grundlagenvermittlung (z. B. allgemein zum Umgang mit dem Kind, zur Entwicklung, zur Prävention oder dem richtigen Einsatz von Lob). Hingegen beinhaltet die zweitägige Kindergarten *plus*-Fortbildung schwerpunktmäßig inhaltliche Informationen zu den Modulen und deren Umsetzung mit den Kindern. Bei Faustlos ist ein Fortbildungstag mit acht Zeitstunden vorgesehen. Bei allen drei Programmen gibt es die Möglichkeit, weitere Seminare bzw. Angebote zur Vertiefung der Thematiken in Anspruch zu nehmen.

Kindergarten *plus*, Papilio und Faustlos sehen vor, die Eltern mittels Informationsveranstaltungen und Elternbriefen in den Ablauf der Programme mit einzubeziehen. Besonders hervorzuheben sei hier das Angebot bei Faustlos und Kindergarten *plus* für Eltern mit nicht-deutscher Herkunft, das sich bei Papilio nicht findet. Allerdings hat Papilio einen Elternclub etabliert, bei dem es in fünf festen Treffen zu einem gegenseitigen Austausch von Eltern und Kita-Fachkräften kommt. Dabei geht es vorrangig um Anregungen für den Umgang mit dem Kind sowie um eine Verbreitung der Maßnahmen und Inhalte von Papilio über den Kindergarten hinaus in die Familien.

Im Hinblick auf die lerntheoretische Einordnung der drei Programme wird vor allem bei der kindzentrierten Maßnahme »Meins-deinsdeins-unser-Spiel« von Papilio der Einfluss des Lernens durch positive Verstärkung besonders deutlich. Die Gruppe erhält bei diesem Spiel nämlich nur dann einen Gewinn, wenn das erwünschte Verhalten (z. B. nicht dazwischenzureden) konsequent gezeigt wird. Darüber hinaus beinhalten Kindergarten *plus*, Papilio und Faustlos auch Aspekte der sozial-kognitiven Lerntheorie von Bandura (1986), auch wenn diese Theorie nicht überall explizit als theoretische Grundlage benannt wird. In der sozial-kognitiven Lerntheorie geht Bandura davon aus, dass neben den externen Einflüssen durch Modellpersonen und persönliche Entscheidungen auch motivationale Prozesse eine Rolle spielen. Sowohl in Kindergarten *plus* als auch in Papilio wird das Interesse der Kinder durch anregendes Material geweckt und somit eine Motivation zur Mitarbeit und Aufmerksamkeit geschaffen. Faustlos wirkt mit den Fotokartons und -folien didaktisch wenig variantenreich und stark kognitiv ausgerichtet. Zu fragen ist, ob die Motivation und das Interesse der Kinder an dem Programm über den langen Zeitraum der Programmdauer (ein Jahr) aufrechterhalten bleibt. Hierzu sind am besten die Kinder selbst zu befragen.

7.4 Vergleich der Inhalte der drei Programme

Tab. 7.3: Übersicht über die Programmkonzepte von Kindergarten *plus*, Papilio und Faustlos

	Kindergarten *plus*	Papilio	Faustlos
Autoren, Jahr	• Maywald & Valentien, 2009	• Mayer et al., 2007	• Heidelberger Präventionszentrum, 2001
Zielgruppe	• 4- bis 5-jährige Kinder in Kindertageseinrichtungen	• 3- bis 7-jährige Kinder in Kindertageseinrichtungen	• Kindergarten • Grundschule • Sekundarstufe (alle Schultypen, ab ca. 7. Kl.)
Förderschwerpunkte	• Sinnes- u. Bewegungserfahrungen • emotionale Kompetenzen • soziale Kompetenzen	• Sozial-emotionale Kompetenzen • Verminderung von ersten Verhaltensproblemen • Abbau von Risikofaktoren u. Aufbau von Schutzfaktoren	• Empathiefähigkeit • Impulskontrolle • Umgang mit Ärger und Wut
Konzeption/ Aufbau	• Neun Module	• Drei Papilio-Maßnahmen: – Spielzeug-macht-Ferien-Tag – Meins-deinsdeins-unser Spiel – Paula und die Kistenkobolde	• Kindergarten: 28 Lektionen • Grundschule: 51 Lektionen • Sekundarstufe: 31 Lektionen aufeinander aufbauend
Gruppengröße	• 8–12 Kinder	• Gesamte Gruppe	• Gesamte Gruppe/Klasse
Durchführung	• Durch geschulte Erzieher/in aus anderer Einrichtung oder Gruppe	• Durch geschulte Gruppenerzieher/in	• Durch geschulte Gruppenerzieher/in bzw. Klassenlehrer/in
Modus	• Ein Modul à ca. 2 Std., wöchentlich; Dauer: 9 Wochen	• Zeitversetzte Einführung der drei Maßnahmen verteilt über mindestens ein Kindergartenjahr; Spielzeug-macht-Ferien-Tag einmal wöchentlich; Langfristig wiederkehrend	• Kindergarten: Lektion à ca. 20 Min., wöchentlich; Dauer: ca. 1 Kindergartenjahr • Grundschule: Lektion à ca. 30–45 Min., alle 2 Wochen, Dauer: ca. 3–4 Schuljahre • Sekundarstufe: 31 Lektionen; Dauer: ca. 3–4 Jahre
Fortbildung	• 12 Fortbildungsstunden à 45 Minuten • Möglichkeit der Teilnahme an einem Reflexionstag	• 43 Unterrichtseinheiten (drei ganze und vier halbe Tage) • Teilnahme an Vertiefungs- und/oder Intensivseminaren sowie an einem kollegialen Supervisionstreffen möglich	• Eintägiger Fortbildungstag (à 8 Zeitstd.)

Tab. 7.3: Übersicht über die Programmkonzepte von Kindergarten *plus*, Papilio und Faustlos – Fortsetzung

	Kindergarten *plus*	Papilio	Faustlos
Zentrale Elemente	• Fester wiederkehrender Ablauf; • Begrüßung Gesprächskreis • Lied • Tanz oder Bewegungsspiel • Obstpause • Abschiedsritual	• Wiederkehrender Ablauf; • Spielzeug-macht-Ferien-Tag • Meins-deinsdeins-unser Spiel • Paula und die Kistenkobolde	• Fester wiederkehrender Ablauf; • Situationsanalyse (Fotokartons und -folien) im Gespräch • Rollenspiel • Kognitive Strategien und Beruhigungstechniken
Materialien	• Handbuch für Erzieher/innen (inkl. CD-ROM mit Materialien) • Zwei Handpuppen (Tim und Tula) • Kinderlieder-CD • Liederheft • und weiteres (z. B. Poster)	• Handbuch mit Theorie und Grundlagen • »Paula-Box« u. a. mit Vorleseheft, Hörspiel- und Lieder-CD, Kopiervorlagen. • Zusätzlich können DVDs und Bilderbücher erworben werden.	• Handbuch • Anweisungsheft (mit ausgearbeiteten Lektionen) • 28/51/31 Fotokartons bzw. -folien (Kindergarten) • Zwei Handpuppen (Kindergarten) • DVD mit 11 Filmszenen (Sekundarstufe) • Arbeitsblätter (Sekundarstufe)
Theoriebezug	• Ganzheitlicher Bildungsbegriff (Achtung u. Wertschätzung der Individualität, Eigenaktivität u. Selbstbestimmung jedes Kindes); wiss. Hintergrund beruht auf: Entwicklungspsychologie, Bindungsforschung, Erziehungswissenschaften u. Neurobiologie (keine Angabe eines Modells)	• Entwicklungsmodell von Verhaltensstörungen und Substanzmissbrauch (nach Webster-Stratton & Taylor, 2001; Scheithauer et al., 2003)	• Sozial-kognitive Lerntheorie (Bandura, 1986) • Modell des sozialen Informationsaustauschs (Crick & Dodge, 1994)
Elternarbeit	• Zu Beginn und zum Ende Informationsveranstaltung • Regelmäßige Elternbriefe	• Elternabende • Elternclubs • DVDs, CDs für zuhause	• Zu Beginn Informationsveranstaltung • Regelmäßige Elternbriefe • Bei Interesse der Eltern: weitere Infos durch spezielles Handbuch oder Seminare

Das Modelllernen nach Bandura (1986) spielt bei allen Programmen eine wichtige Rolle. Die Kinder beobachten und imitieren das Verhalten anderer Personen. Diese Modellfunktion können die Maskottchen bzw. Hauptcharaktere der Programme (Tim und Tula, Kistenkobolde, Willi und Schneck) haben, aber sicherlich auch die Erzieher/innen bzw. die Gleichaltrigen übernehmen, durch die die Kinder lernen können. Dieser Aspekt findet bei Faustlos durch die Rollenspiele besonders eindrucksvoll Beachtung. Auch das Einüben, das heißt das wiederholte Reproduzieren von Gelerntem, hat eine wichtige Funktion für den Erfolg beim sozial-kognitiven Lernen. Bei allen drei Programmen wird die Bedeutung des Transfers des Gelernten in den Alltag betont. Ebenso wichtig für das Lernen ist eine klare und eindeutige Struktur der Situation, deren Beginn und zeitliches Ende eindeutig erkennbar sein sollte. Beide Punkte werden von den Programmen beachtet. Eine Übersicht über die drei Programmkonzepte ist in Tabelle 7.3 wiedergegeben.

7.5 Evaluation der drei Präventionsprogramme

Wichtig ist, Maßnahmen zur Prävention und Gesundheitsförderung zu überprüfen, um sicherzustellen, dass sie wirken und wenn ja, welche Teile besonders wirksam sind. Im Folgenden werden daher die Evaluationsergebnisse der drei Präventionsprogramme im Kindergarten vorgestellt und miteinander verglichen. Dabei ist zu beachten, dass bei der Evaluation von Präventionsprogrammen mit mittleren Effektstärken zu rechnen ist (Röhrle, 2010; Beelmann & Raabe, 2007). Bei universellen Präventionsprogrammen fallen die Effektstärken meist geringer aus, da die überwiegend gesunden untersuchten Personen im Sinne eines Deckeneffekts kaum noch gesünder werden können (Röhrle, 2010). Gleichwohl können »gesunde« Gruppenmitglieder oder Klassenkameraden im Sinne eines stützenden Milieus dazu beitragen, dass sich Interventionseffekte bei den hauptsächlich betroffenen Kindern und Jugendlichen stabilisieren. In längerfristigen Nachfolgeuntersuchungen (Follow-ups bis zu einem Jahr) wird meist von einer abfallenden Wirksamkeit berichtet (Beelmann & Raabe, 2007).

7.5.1 Evaluation des Präventionsprogrammes »Kindergarten *plus*«

Bei der Evaluation des universellen Präventionsprogrammes Kindergarten *plus* wurden 228 drei- bis sechsjährige Kinder aus 24 Interventionskindergärten mit 196 Kindern einer Kontrollgruppe aus 13 Kindergärten aus Niedersachsen verglichen. Im Durchschnitt waren die Kinder zum ersten Befragungszeitpunkt 60,3 Monate alt. Die Befragung erfolgte zu drei Messzeitpunkten von 2009 bis

2010: vor der Durchführung des Programmes, direkt danach und nochmal acht Monate nach Abschluss (vorher, nachher, Follow-up). Die Kinder, die der Kontrollgruppe zugeordnet wurden, nahmen an keinem Programm teil und dienten somit zum Vergleich der Ergebnisse unter unbeeinflussten Bedingungen.

Insgesamt wurden Erzieher/innen, Eltern und Kinder getestet und befragt. Die Eltern wurden gebeten, Fragen zum familiären Hintergrund auszufüllen. Problemverhaltensweisen und prosoziales Verhalten wurden mit dem »Fragebogen zu Stärken und Schwächen« (SDQ-deu, Klasen, Woerner, Rothenberger & Goodman, 2003) erfasst, der von den Erzieher/innen der Kinder ausgefüllt wurde. Mit jeweils fünf dreistufigen Items wurden die Subskalen »Emotionale Probleme«, »Verhaltensprobleme«, »Verhaltensprobleme mit Gleichaltrigen« sowie »Hyperaktivität/Aufmerksamkeitsprobleme« und »Prosoziales Verhalten« erhoben. Zusätzlich wurden die Problemskalen zu einem Gesamtproblemwert addiert. Außerdem beantworteten die Erzieher/innen Fragen zum positiven Konfliktverhalten der Kinder. Das kindliche Emotionswissen wurde mit der »Skala zur Erfassung des Emotionswissens« (SEW oder Test of Emotion Comprehension (TEC); ▶ Kap. 2) erhoben. Mittels Varianzanalysen mit Messwiederholung und der Berechnung von differenziellen Effektstärken (Cohen's d) wurden die kurz- und langfristigen Effekte analysiert. Weitere Einzelheiten finden sich bei Klinkhammer (2013).

Direkt nach der Durchführung von Kindergarten *plus* zeigten sich bei den Kindern der Interventionsgruppe durchgängig eine Abnahme der psychischen Auffälligkeiten und eine Zunahme der Kompetenzen auf allen Skalen im Sinne kurzfristiger positiver Effekte, die bei den Kindern der Kontrollgruppe nicht zu beobachten waren. Einzige Ausnahme war das Emotionswissen, das in beiden Gruppen zunahm. Im Follow-up nach acht Monaten, ließen sich diese vorteilhaften Effekte des Programmes allerdings nicht verstetigen. Dies liegt vor allem in einer besonders positiven Entwicklung der Kinder in der Kontrollgruppe begründet. Die formative Befragung der durchführenden Trainerinnen (N = 28) zu ihren Erfahrungen mit dem Programm ergibt ein unzweifelhaft positives Bild. Ungefähr zwei Drittel von ihnen beurteilten alle neun Module des Programmes als geeignet zur Förderung der sozialen und emotionalen Kompetenz der Kinder. Bei ungefähr einem Drittel der Kinder hatten sie kurz- und langfristige Verbesserungen der Kompetenzen wahrgenommen. Drei Viertel der Trainerinnen würden Kindergarten *plus* uneingeschränkt weiterempfehlen und bei knapp der Hälfte der Trainerinnen wurde das Programm in der Einrichtung anschließend noch einmal durchgeführt. Insgesamt ergaben Moderatoranalysen, dass die nachhaltige Verwendung von Materialien und Methoden von Kindergarten *plus* im Kita-Alltag zu prosozialerem Verhalten und einem fortgeschrittenen Emotionswissen der Kinder beitrug (Klinkhammer, 2013). Damit ist ein Faktor benannt, der das sehr knappe Programm, das neun Lektionen in neun Wochen vorsieht, zu länger andauerndem Erfolg verhelfen könnte.

7.5.2 Evaluation des Präventionsprogrammes »Papilio«

In der »Augsburger Längsschnittstudie« zur Evaluation des Programmes Papilio (ALEPP, siehe Scheithauer et al., 2007; Mayer et al., 2007) wurden 2003 645 Kinder einbezogen. 314 gehörten der Interventions- und 331 der Kontrollgruppe an. Im Durchschnitt waren die Kinder zum ersten Befragungszeitpunkt 56,6 Monate alt. Die Befragung erfolgte ebenfalls über drei Messzeitpunkte: vor der Schulung der Erzieher/innen der Interventionsgruppe (Mai bis Juni 2003), nach Einführung aller Maßnahmen in der Interventionsgruppe (ca. sechs bis acht Monate nach der Schulung) und nach kontinuierlicher Durchführung der Maßnahmen in der Interventionsgruppe (zehn Monate nach der Schulung). Es kamen auch unterschiedliche Verfahren zur Befragung der Erzieher/innen, der Eltern sowie der Kinder zur Anwendung. Der »Fragebogen zu Stärken und Schwächen« (SDQ-deu) wurde von den Erzieher/innen und Eltern ausgefüllt. Die relationale Aggression wurde mittels der Subskala der Preschool Social Behavior Scale – Teacher Form erhoben (Crick, Casas & Mosher, 1997). Die Skala besteht aus sechs Items zur Beschreibung von Verhaltensweisen, die ein Kind einsetzt, um die Beziehungen von Kindern mit anderen Kindern zu schädigen. Zudem wurden die Eltern und Erzieher/innen gebeten, die Skala zur Erfassung sozial-emotionaler Kompetenzen (Version für Eltern) aus dem Verhaltensbeurteilungsbogen für Vorschulkinder (VBV–EL 3–6, Döpfner, Berner, Fleischmann & Schmidt, 1993) auszufüllen. Für die Erzieher/innen der Interventionsgruppe beinhaltete der Fragebogen zum dritten Messzeitpunkt überdies Fragen zur Akzeptanz von Papilio. Die Eltern erhielten zum ersten und dritten Messzeitpunkt einen Fragebogen, der unter anderem Fragen zur familiären Situation, belastenden Lebensereignissen, Geburtsrisiken, (früheren) schweren Erkrankungen, zu den finanziellen und räumlichen Verhältnissen, zur Ausbildung und beruflichen Situation der Eltern sowie zu sozialen Kontakten der Kinder und Teilnahme an Freizeitaktivitäten umfasste. Bei der Befragung der Kinder der Interventionsgruppe wurde die Methode der Peer-Nominierungen nach Alsaker (2004) verwendet (siehe Mayer et al., 2007). Die Kinder wurden hierbei gebeten, die Namen jener Kinder aus der Gruppe zu nennen, mit denen es spielt, der/die sein bester Freund oder seine beste Freundin ist und den das Kind auf eine imaginäre Busreise mitnehmen würde.

Um die Effekte der Intervention durch Papilio zu prüfen, wurde eine zweifaktorielle multivariate Varianzanalyse mit Messwiederholung für die Einschätzungen der Erzieher/innen vom ersten bis dritten Messzeitpunkt berechnet. Besonderes Augenmerk wurde auf die Interaktionseffekte von Gruppe und Zeit gelegt, da diese die Wirksamkeit der Intervention widerspiegeln. In Hinblick auf den Gesamtproblemwert des SDQ-deu ließ sich eine Abnahme in der Interventions- und der Kontrollgruppe feststellen, die in der Interventionsgruppe deutlicher ausfiel. Ebenso konnte bei den Analysen der einzelnen Problemskalen des SDQ-deu aufgedeckt werden, dass beide Gruppen einen Rückgang der Einschätzungen von Hyperaktivität und Aufmerksamkeitsproblemen aufwiesen, dieser in der Interventionsgruppe aber stärker ausgeprägt war als in der Kontrollgruppe (signifikanter Interaktionseffekt). Dies bedeutet, dass Kinder, die an Papilio teilgenommen hatten, am Ende weniger Hyperaktivität und Aufmerksamkeitsprobleme aufwiesen als die Kinder der Kontrollgruppe. Auf den übrigen Problemskalen des SDQ (emotionale Probleme, externalisierende Verhaltensauffälligkeiten, Peer-Probleme) kam es sowohl in der Interventions- als auch in der Kontrollgruppe zu einer leichten Abnahme der Problemwerte. Das prosoziale Verhalten (SDQ) stieg in beiden Gruppen an, wobei die Zunahme in der Interventionsgruppe stärker ausfiel als in der Kontrollgruppe. Die Auswertung der Ergebnisse zur relationalen Aggression erbrachten keine signifikanten Effekte. Im Hinblick auf die Auswertung der Skala zur Erfassung der sozial-emotionalen Kompetenzen (VBV–ER 3–6) konnte nur ein Gruppenvergleich ohne Messwiederholung berechnet werden, da diese Skala den Erzieher/innen nur zum dritten Befragungszeitpunkt vorgelegt wurde. Es zeigte sich hierbei nur ein signifikantes Ergebnis in der Subskala »Konfliktlösekompetenz«, bei der die Kinder der Interventionsgruppe bessere Werte aufwiesen als die Kinder der Kontrollgruppe. Zugleich nahmen die Prozentwerte der Peer-Nominierungen der Kinder vom ersten zum dritten Messzeitpunkt zu, was auf eine signifikante Verbesserung der Akzeptanz von Gleichaltrigen in der Interventionsgruppe über die Zeit hinweist.

7.5.3 Evaluation des Präventionsprogramms »Faustlos«

Evaluationen des nordamerikanischen Ursprungsprogramms »Second Step« erbrachten, dass es Kindern, die im Alter von drei bis fünf Jahren gefördert worden waren, besser gelang, über ihre Gefühle zu sprechen und in schwierigen sozialen Situationen weniger aggressiv zu reagieren (McMahon, Washburn, Felix, Yakin & Childrey, 2000). Belegt werden konnte, dass sich die körperlichen und verbalen Aggressionen verminderten und sich das prosoziale Verhalten der Kinder steigerte (Frey, Hirschstein & Guzzo, 2000).

Ebenso wie das nordamerikanische Ursprungsprogramm »Second Step« wurden auch die verschiedenen Versionen des Faustlos-Programms im deutschen Sprachraum wissenschaftlich überprüft. Schick und Cierpka (2006) evaluierten das Faustlos-Curriculum für den Kindergarten. Sie führten 2003 und 2004 eine Prä-Post-Studie mit 124 Kindern im Alter von vier Jahren und fünf Monaten bis sechs Jahren aus 14 Kindergärten durch. Sieben Kindergärten gehörten der Interventionsgruppe (n = 64 Kinder) und sieben der Vergleichsgruppe (n = 60 Kinder) an, die nicht an Faustlos teilnahmen. Die Stichprobenakquise erfolgte im Raum Heidelberg und Mannheim. Nachdem die Erzieher/innen die Faustlos-Fortbildung durchlaufen hatten, führten sie das Programm in ihrer Einrichtung durch. Begleitend zur Durchführung wurden die Erzieher/innen vom Projektteam in ungefähr zweimonatigen Abständen supervidiert. Um die Effekte aus der Perspektive der Kinder zu erfassen, wurden die Kinder interviewt. Dabei wurden folgende Fähigkeiten zur Gewaltprävention von den Kindern erfasst: Fähigkeit zur Identifikation von Gefühlen, kreatives Lösen sozialer Probleme, sozial kompetente (gegenüber aggressiven) Einstellungen, Generierung negativer Konsequenzen aggressiven Verhaltens und Wissen um Beruhigungsstrategien. Das Ausmaß an Verhaltensproblemen und prosozialem Verhalten der Kinder schätzten die Eltern und Erzieher/innen (wie in den Evaluationen von Kindergarten *plus* und Papilio) mit der deutschen Version des »Strengths and Difficulties Questionnaire« (SDQ-deu) ein.

Um das aggressive Verhalten der Kinder und deren Ängstlichkeit/Depressivität von den Erzieher/innen einschätzen zu lassen, entwickelten die an dem Projekt beteiligten Wissenschaftler in Anlehnung an die »Child Behavior Checklist« (Döpfner, Schmeck & Berner, 1994), an die von Schick (2000) überarbeitete »General Anxiety Scale for Children« und an die Inhalte der Curriculum-Lektionen die »Kompetenz-Angst-Aggressionsliste« (KAAL; Schick, 2003) mit drei Skalen: Aggressivität, sozial-emotionale Kompetenz und Ängstlichkeit. Zusätzlich wurden systematische Verhaltensbeobachtungen durchgeführt. Das zugrunde liegende Beobachtungssystem wurde in einem mehrstufigen Prozess ebenfalls aus verschiedenen etablierten Verfahren zusammengestellt. Es umfasst sieben einander ausschließende Kategorien: keine Beobachtung möglich, neutrales Verhalten (z. B. »Beobachtet, schaut zu«), verbale Kompetenz (z. B. »Unterbricht andere höflich«), nonverbale Kompetenz (z. B. »Ignoriert Störungen und Provokationen«), emotionale Kompetenz (z. B. »Zeigt Mitgefühl, tröstet andere«), verbale Aggressionen (z. B. »Beleidigt andere«), körperliche Aggressionen (»Stößt, beißt andere«). Insgesamt wurden für jedes Kind 96 Beobachtungssequenzen à fünf Sekunden angestrebt.

Um anhand der Interviewdaten mit den Kindern zu überprüfen, ob sich deren Fähigkeiten zur Gewaltprävention erweiterten, wurden zweifaktorielle Varianzanalysen mit Messwiederholung gerechnet. Auf allen Skalen des eigens dafür entwickelten Faustlos-Interviews ergaben sich signifikante Zeit × Gruppe-Interaktionen, die auf eine Wirksamkeit von Faustlos hinweisen. Post-hoc-Analysen zeigten, dass die Faustlos-Kinder im Unterschied zu den Kindern in der Vergleichsgruppe bei der Nachuntersuchung Emotionen besser identifizieren konnten, mehr Emotionsindikatoren benannten, mehr Lösungsideen für soziale Probleme generierten, angaben, häufiger sozial kompetent auf die vorgegebenen Situationen zu reagieren, mehr negative Konsequenzen aggressiven Verhaltens antizipierten sowie mehr Beruhigungstechniken abrufen konnten. In der Vergleichsgruppe zeigten sich keine positiven Veränderungen. Einzige Ausnahme bildete hier die ebenfalls signifikante Zunahme der Anzahl der Emotionsindikatoren. Insgesamt zeigten sich durch Faustlos für den Kindergarten deutliche Verbesserungen des Wissens der Kinder zu Emotionen und Strategien der Emotionsregulation, die für die Gewaltprävention gebraucht werden.

Die Auswertungen der Auskünfte der Eltern und Erzieher/innen über Verhaltensauffälligkeiten und sozial-emotional kompetente Verhaltensweisen der Kinder erbrachten keine Auswirkungen des Faustlos-Curriculums auf das kindliche Verhalten. Die Erziehungskräfte gaben allerdings an, dass die Kinder durch Faustlos häufiger mit anderen Kindern verhandeln, mehr konstruktive Vorschläge machen und sich beim Spielen häufiger mit Anderen abwechseln. Wurden die Effekte von Faustlos anhand der Verhaltensbeobachtungen analysiert, so zeigte sich ein signifikanter Interaktionseffekt für das Ausmaß an verbaler

Aggression. Verbale Aggressionen nahmen in der Interventionsgruppe im Vergleich zur Kontrollgruppe deutlich ab.

Zum Abschluss der Studie wurden zehn Erzieher/innen, die Faustlos durchgeführt hatten, um eine Gesamtbeurteilung des Curriculums gebeten. Sowohl ihnen als auch den Kindern gefiel Faustlos im Durchschnitt »eher gut«. Die Eltern reagierten im Mittel »eher positiv« auf das Programm. Die Fortbildung und die Supervisionsveranstaltungen wurden von den Erzieher/innen im Mittel als »gut« beurteilt. Neun der zehn Fachkräfte gaben an, persönlich von der Durchführung profitiert zu haben. Alle würden Faustlos weiterempfehlen. Als Kritikpunkt an dem Programm wurde der hohe Zeitaufwand genannt. Die genannten Verbesserungsvorschläge bezogen sich vor allem darauf, dass Curriculum durch mehr Spiele, Lieder, Bilderbücher usw. noch kindgerechter und weniger »kopflastig« zu gestalten. Zusammenfassend halten Schick und Cierpka (2006) fest, »dass Erzieherinnen das Faustlos-Curriculum durchweg positiv beurteilen und belegen, dass das Programm deutliche Verbesserungen der sozialkognitiven Gewaltpräventionskompetenzen von Kindern bewirkt« (S. 470).

Das Faustlos-Programm für Grundschulen wurde über zwei Messzeitpunkte im Raum Heidelberg/Mannheim (von März 2000 bis Juni 2001) evaluiert (Schick & Cierpka, 2003). Die Untersuchungsstichprobe setzte sich aus insgesamt 21 Grundschulen zusammen. 30 Klassen wurden der Interventions- und 14 Klassen der Kontrollgruppe zugeordnet. Auch hier wurden die Kinder interviewt (jeweils ein zufällig ausgewähltes Mädchen und ein Junge aus jeder Klasse) und die Lehrkräfte sowie Eltern per Fragebogen um ihre Einschätzungen gebeten. Die Ergebnisse zeigten sowohl in den Kinderinterviews als auch in den Einschätzungen der Eltern eine Abnahme der kindlichen ängstlichen oder depressiven Verhaltensweisen durch die Faustlos-Lektionen, die bei den Kindern in der Kontrollgruppe durch den Regelunterricht nicht erreicht wurde. Geschlechtsspezifische Analysen ergaben, dass das Ausmaß an Externalisierungsstörungen bei den Jungen in beiden Gruppen abgenommen hatte, während bei den Mädchen nur in der Interventionsgruppe eine signifikante Reduktion an Externalisierungsstörungen zu verzeichnen war. Dieses Veränderungsmuster zeigte sich auch bei der Fähigkeit zur Perspektivenübernahme, der Kooperationsfähigkeit und des Einhaltens sozialer Regeln. In der abschließenden Gesamtbeurteilung durch die Lehrkräfte bewerteten diese die Unterrichtsmaterialien und die Rollenspiele als »sehr gut« bis »gut«. Auch den Schülern gefiel Faustlos »gut« bis »sehr gut«. Aus Sicht der Lehrer habe sich durch Faustlos das Sozialverhalten der Schüler verbessert und das aggressive Verhalten reduziert. Auch ein positiver Einfluss auf das Klassenklima sei beobachtet worden. 77 % der Lehrerinnen gaben an, Faustlos auch in ihrer nächsten Klasse einzusetzen.

Eine weitere Evaluationsstudie für Faustlos für Grundschulkinder erfolgte über vier Messzeitpunkte mit 13 Grundschulklassen aus sechs Düsseldorfer Schulen (Bowi, Ott & Tress, 2008). Die Befragungen fanden jeweils vor Beginn des Programmes, nach Beendigung der Lektionen für das erste Schuljahr, sowie nach Beendigung der Lektionen für das zweite und dritte Schuljahr statt. In die Berechnungen einbezogen wurden die Daten von 266 Schülerinnen und Schüler im Alter von 5;4 bis 10;3 Jahren (Mittelwert 7,56 Jahre). Die Ergebnisse erbrachten einen signifikant stärker ausgeprägten Rückgang der Aggressionskennwerte bei den Kindern, die an Faustlos teilgenommen hatten im Vergleich zu den Kindern der Kontrollgruppe (nach Selbsteinschätzungen der Kinder). Dabei waren es vor allem die Jungen, die von Faustlos profitierten. Zudem zeigte sich in der Faustlos-Gruppe ein stärkerer Anstieg in der Empathiefähigkeit. Ein zu Beginn der Studie noch festgestellter Vorteil der Kinder der Kontrollgruppe in diesem Bereich verschwand im Verlauf der vier Messzeitpunkte. Die zusätzlich erhobenen Rückmeldungen durch die Lehrkräfte waren positiv (z. B. Reduktion der Eskalationen, einfachere Regelung von Konflikten, Zuwachs an verbalen Kompetenzen). Eine Studie zur Effektivität des deutschsprachigen Curriculums für die Sekundarstufe steht noch aus (Schick & Cierpka, 2009).

7.5.4 Vergleich der Evaluationsergebnisse der drei Präventionsprogramme

Die Evaluationen der Präventionsprogramme wurden nach einer ähnlichen Vorgehensweise durchgeführt und können gut miteinander verglichen werden.

Konzeptionelle Unterschiede. Die Evaluationen von Kindergarten *plus* und Papilio umfassen einen Messzeitpunkt mehr als die Evaluationsstudie von Faustlos, in der nur kurzfristige Effekte überprüft werden können. Die Abstände zwischen den Befragungen differieren zwischen den drei Studien. Während bei Kindergarten *plus* zwischen dem ersten und zweiten Messzeitpunkt mit 2,5 Monaten der geringste Abstand liegt, sind es bei Papilio sechs bis acht Monate und bei Faustlos sogar zehn Monate. Die Stichprobe der Papilio-Evaluation ist mit 645 Kindern die umfangreichste. Die Anzahl der einbezogenen Einrichtungen fällt mit 37 Kindergärten bei der Evaluation von Kindergarten *plus* am größten aus. Die Kinder der Studie zu Kindergarten *plus* waren zum ersten Messzeitpunkt mit 60,3 Monaten durchschnittlich vier Monate älter als in der Studie von Papilio. Bei Faustlos waren die Kinder ebenfalls durchschnittlich fünf Jahre alt. Bei allen drei Evaluationen beruhte die Teilnahme der Kindergärten auf Freiwilligkeit. Bei Papilio wurden die Kindergärten der Interventions- und Kontrollgruppe randomisiert zugeordnet, das heißt mittels einer Warte-Kontrollgruppe. Bei Faustlos finden sich zu diesem Punkt keine detaillierten Angaben. In der Studie zum Programm Kindergarten *plus* war eine randomisierte Zuordnung zu den Gruppen organisatorisch nicht möglich.

Befragt wurden in allen drei Studien die Eltern, die pädagogischen Fachkräfte und Kinder. Bei der Evaluation von Faustlos für den Kindergarten kamen zusätzlich noch Beobachtungsverfahren zum Einsatz.

Als gemeinsames Erhebungsinstrument wurde in allen Untersuchungen der »Fragebogen zu Stärken und Schwächen« (SDQ-deu) eingesetzt. Ebenso wurden in den Studien die soziodemographischen Daten der Kinder erhoben. Als Messinstrumente zur Erfassung von sozialen und emotionalen Kompetenzen sowie zum Beziehungsverhalten (z. B. Aggression) der Kinder wurden verschiedene Skalen ausgewählt (▶ Tab. 7.4). In allen drei Studien wurden die Erzieher/innen zusätzlich um eine Gesamteinschätzung des Curriculums gebeten.

Tab. 7.4: Vergleich der Evaluationen von Kindergarten *plus*, Papilio und Faustlos für den Kindergarten

	Kindergarten *plus*	Papilio	Faustlos
Stichprobe	• 424 Kinder aus • 37 Kindergärten (24 IG, 13 KG) • 215 Mädchen, 209 Jungen • Interventionsgruppe: 228 Kinder • Kontrollgruppe: 196 Kinder	• 645 Kinder aus • 25 Kindergärten • 318 Mädchen, 327 Jungen • Interventionsgruppe: 314 Kinder • Kontrollgruppe: 331 Kinder	• 124 Kinder aus • 14 Kindergärten • 59 Mädchen, 65 Jungen • Interventionsgruppe: 64 Kinder • Kontrollgruppe: 60 Kinder
Akquise	• Niedersachsen • Teilnahme freiwillig	• Raum Augsburg • Teilnahme freiwillig	• Raum Heidelberg/Mannheim • Teilnahme freiwillig
Alter	• 3- bis 6-Jährige • T1: 60.3 Monate (SD = 6.0)	• 3- bis 6-Jährige • T1: M = 56.6 Monate (SD = 7.9)	• 4,5- bis 6-Jährige
Anzahl Messzeitpunkte (Mzp)	• 3 Mzp.: 2009–2010 • T1: vor Beginn von Kindergarten *plus* • T2: ca. 2,5 Monate später (nach Programm-Durchführung) • T3: ca. 1 Jahr nach Beginn der Studie	• 3 Mzp.: 2003–2004 • T1: vor Schulung der Erzieher/innen • T2: ca. 6–8 Monate später: nach Einführung aller Maßnahmen • T3: ca. 10 Monate nach Schulung: nach kontinuierlicher Durchführung, d. h. 2–4 Monate nach T2	• 2 Mzp.: 2003–2004 • T1: Okt./Nov. 2003 • T2: Aug./Sept. 2004, d. h. ca. 10 Monate später
Datenquellen	• Erzieher/innen • Eltern • Kinder	• Erzieher/innen • Eltern • Kinder	• Erzieher/innen • Eltern • Kinder

7.5 Evaluation der drei Präventionsprogramme

Tab. 7.4: Vergleich der Evaluationen von Kindergarten plus, Papilio und Faustlos für den Kindergarten – Fortsetzung

	Kindergarten *plus*	Papilio	Faustlos
Mess-instrumente	• **Erzieher/innen und Eltern:** – Soziodemographische Daten, – Fragebogen zu Stärken und Schwächen (SDQ-deu), – Skala »Positives Konfliktverhalten«, • **Kinder:** – »Skala zur Erfassung des Emotionswissens« (SEW, deutsche Version des TEC)	• **Erzieher/innen und Eltern:** – Soziodemographische Daten, – Fragebogen zu Stärken und Schwächen (SDQ-deu), – Skala »relationale Aggression« aus Preschool Social Behavior Scale-Teacher Form, – Skala zur Erfassung sozial-emotionaler Kompetenzen aus dem Verhaltensbeurteilungsbogen für Vorschulkinder (VBV-EL 3–6), • **Kinder:** – Peer-Nominierungen	• **Erzieher/innen und Eltern:** – Soziodemographische Daten, – Fragebogen zu Stärken und Schwächen (SDQ-deu), – Kompetenz-, Angst-, Aggressionsliste (Extraktion verschiedener Skalen), – Gesamtbeurteilung Curriculum, • **Beobachter:** – Beobachtungsverfahren für soziales u. aggressives Verhalten (Eigenentwicklung) • **Kinder:** – »Faustlos-Interview«
Methode	• Varianzanalyse mit Messwiederholung, • Effektstärken Cohen's d, • Analyse der Risikogruppen	• Varianzanalyse mit Messwiederholung, • Effektstärken Hedges' d, • Analyse der Risikogruppen	• Varianzanalyse mit Messwiederholung

Anmerkungen: Mzp... Messzeitpunkt; T1... 1. Messzeitpunkt; T2... 2. Messzeitpunkt; T3... 3. Messzeitpunkt.

Ein wichtiger Unterschied der drei Evaluationsstudien ist darin zu sehen, dass es das Anliegen des Papilio-Programmes ist, dass die Elemente im Kindergartenalltag dauerhaft integriert werden, wohingegen Kindergarten *plus* nach etwa neun Wochen und Faustlos in der Kindergartenversion nach ca. einem Jahr abgeschlossen ist.

Aus der Literatur zur Evaluation von Papilio und Faustlos für den Kindergarten ist nicht zu erkennen, ob Kovariaten in die Berechnungen einbezogen wurden. Zudem wurden die Faktoren »Geschlecht« und »Alter« der Kinder nicht als Faktoren in die Auswertung einbezogen mit der Begründung, dass der Vergleich zwischen Interventions- und Kontrollgruppe bezüglich dieser beiden Variablen zum ersten Messzeitpunkt keinen signifikanten Unterschied ergab.

Durchführungstreue. Angaben zur Durchführungstreue liegen für Kindergarten *plus* und Faustlos für den Kindergarten vor. 26 der 28 ausfüllenden Trainerinnen von Kindergarten *plus* hätten sich zu mindestens 70 % an die Vorgaben gehalten. Bei Faustlos gaben die elf ausfüllenden Kita-Fachkräfte an, sich zu 93 % an die Vorgaben des Curriculums gehalten zu haben, wobei sich in den Supervisionssitzungen gezeigt habe, dass »die Vorschläge zur Übertragung des Gelernten nicht sehr konsequent umgesetzt wurden« (Schick & Cierpka, 2006, S. 465). Alles in allem kann aber vorausgesetzt werden, dass in allen Studien eine ausreichende Durchführungstreue gewährleistet ist.

Varianzanalysen mit Messwiederholung. Die Varianzanalysen mit Messwiederholung des »Fragebogens zu Stärken und Schwächen« (SDQ-deu) erbrachten beim Papilio-Programm drei signifikante Zeit×Gruppenzugehörigkeit-Interaktionseffekte: beim Gesamtproblemwert, bei der Skala »Hyperaktivität/Aufmerksamkeitsprobleme« und beim »prosozialen Verhalten«. Diese Effekte belegen eine deutlichere Abnahme der Probleme bzw. Zunahme des prosozialen Verhaltens bei der Interventions- im Vergleich zur Kontrollgruppe und verweisen auf eine Wirksamkeit von Papilio.

Bei der Untersuchung zu Kindergarten *plus* zeigten sich ebenfalls direkt nach der Durchführung des Programms bei den Kindern der Interventionsgruppe durchgängig eine Abnahme der psychischen Auffälligkeiten und eine Zunahme der Kompetenzen im Sinne kurzfristiger positiver Effekte, die bei den Kindern der Kontrollgruppe nicht zu beobachten waren. Im Follow-up nach acht Monaten ließen sich diese vorteilhaften Effekte von Kindergarten *plus* nicht bestätigen. Dass sich die Effekte nicht verstetigen ließen, ist vor allem durch die besonders positive Entwicklung der Kinder der Kontrollgruppe begründet (Klinkhammer, 2013).

Die Evaluation des Faustlos-Programmes durch Ratingurteile ergab keinen spezifischen Effekt auf den Skalen des SDQ-deu und der Kompetenz-, Angst- und Aggressionsliste und zwar weder bei den Eltern- noch bei den Kita-Fachkräften. Anhand der Verhaltensbeobachtungen wurde bei der Evaluation von Faustlos ein signifikanter »Gruppe×Zeit«-Interaktionseffekt bei der verbalen Aggression aufgedeckt. Dieser zeigt eine Abnahme der verbalen Aggressionen bei den Kindern der Interventionsgruppe, die sich bei den Kindern der Kontrollgruppe nicht beobachten ließ. Bei den Evaluationen von Kindergarten *plus* und Papilio wurden keine Verhaltensbeobachtungen als Erhebungsmethode verwendet.

Gesamtbeurteilungen. Die Erzieher/innen, die Kindergarten *plus*, Papilio und Faustlos für den Kindergarten durchgeführt haben, gaben im Rahmen der Evaluationen eine Gesamtbeurteilung des jeweiligen Programmes bzw. einzelner Elemente ab. Dabei konnte für das Papilio-Programm allerdings keine gesonderte Bewertung durch die Fachkräfte in den Veröffentlichungen gefunden werden. Es ließ sich lediglich eine kurze Angabe entdecken, dass sich die Kommunikation im Team, die Berufszufriedenheit und die Selbstwirksamkeitseinschätzungen durch die Einführung von Papilio laut Erzieher/innen verbessert hätten und sie sich in ihrer Berufsrolle bestärkt fühlen würden.

In der Faustlos-Evaluation beurteilten die elf ausfüllenden pädagogischen Fachkräfte die Fortbildung und Supervisionsveranstaltung im Durchschnitt mit »gut«. Sowohl ihnen als auch den Kindern hätte Faustlos insgesamt »eher gut« gefallen. Ein ähnliches Meinungsbild zeigt sich bei der Gesamtbeurteilung von Kindergarten *plus* durch 28 Trainerinnen. Den Kindern hätte das Programm »gut« (M = 2,1 in Schulnoten) gefallen und auch die Trainerinnen selbst vergaben im Mittel ein »gut« (M = 1,9). Alle 11 Faustlos-Erzieher/innen würden das Curriculum weiterempfehlen. Für eine Weiterempfehlung von Kindergarten *plus* sprachen sich 75 % der Trainerinnen »auf jeden Fall« aus. 17,9 % würden eine Durchführung »eher« anraten und zwei Trainerinnen lehnten eine Weiterempfehlung von Kindergarten *plus* tendenziell ab (»eher nein«). Hinsichtlich einer Verbesserung der sozialen und emotionalen Kompetenzen im Sinne einer abschließenden allgemeinen Wirksamkeitseinschätzung, beurteilten die Faustlos-Erzieher/innen im Durchschnitt »sehr« bis »ein bisschen« positive Veränderungen bei den Kindern wahrgenommen zu haben. Bei Kindergarten *plus* gaben die Erzieher/innen an, bei knapp 25 % eine kurzfristige und ca. 30 % der Kindern eine langanhaltende Verbesserung der sozialen und emotionalen Kompetenzen beobachtet zu haben. Übereinstimmend bemerkten die Erzieher/innen beider Programme, dass die Durchführung der Programme zu viel Zeit in Anspruch nehme und zum Teil zu »kopflastig« sei.

Kinderinterviews. Im Kinderinterview von Faustlos für den Kindergarten wurden Verbesserungen der Kinder der Interventionsgruppe in folgenden Bereichen dokumentiert, die sich an den Lektionen von Faustlos orientieren: Emotionen identifizieren, Emotionsindikatoren benennen, Lösungsideen für soziale Probleme generieren, sozial kompetent auf vorgegebene Situationen reagieren, negative Konsequenzen aggressiven Verhaltens antizipieren und Abrufen von Beruhigungsstrategien. In der Kontrollgruppe wurden keine Veränderungen festgestellt mit der Ausnahme, dass auch in dieser Gruppe die Anzahl der richtigen Emotionsindikatoren zunahm (wenn auch geringfügiger). Inhaltlich ähnlich zur Erkennung von Emotionsindikatoren von Faustlos ist die »Skala zur Erfassung des Emotionswissens«, die bei der Evaluation von Kindergarten *plus* im Kinderinterview verwendet wurde. Auch mit der SEW wurde zwischen dem zweiten und dritten Messzeitpunkt eine Zunahme des Emotionsverständnisses bei den Kindern der Interventions- und Kontrollgruppe dokumentiert, die in der Interventionsgruppe zwischen dem zweiten und dritten Messzeitpunkt stärker ausfiel (Klinkhammer, 2013). Das Emotionswissen umfasste hierbei die Komponenten: Mimiken erkennen, Anlässe zuordnen, emotionale Perspektivenübernahme, Emotionsregulation, Verbergen von Emotionen im Ausdruckverhalten sowie gemischte Emotionen im Ausdruckverhalten.

Analyse der Risikokinder. Bei der Evaluation von Papilio und Kindergarten *plus* wurden die Veränderungen der Kinder, die zum ersten Messzeitpunkt (anhand des SDQ-Gesamtproblemwertes) als unauffällig, grenzwertig und auffällig identifiziert wurden, separaten Analysen unterzogen. Eine gesonderte Betrachtung von Kindern, die unter Risikobedingungen aufwachsen, findet sich in der Evaluation von Faustlos für den Kindergarten nicht. Bei der Evaluation von Papilio wurden die Unterschiede in den Risikogruppen nur zwischen den ersten beiden Messzeitpunkten untersucht. Bei den Analysen konnte belegt werden, dass auf allen Subskalen die als grenzwertig und als auffällig eingestuften Kinder zwischen dem ersten und zweiten Messzeitpunkt stärker von Papilio profitierten als die unauffälligen Kinder. Zwischen den als grenzwertig und auffällig eingestuften Kindern zeigten sich keine signifikanten Differenzen.

Die in der Evaluation von Kindergarten *plus* durchgeführten Analysen der Risikogruppen der Kinder (unauffällig, grenzwertig, auffällig) erbrachten eine kurz- und langfristige Verbesserung der Probleme mit Gleichaltrigen bei den als grenzwertig eingeschätzten Kindern. Bei den auffälligen Kindern konnten ein kurzfristiger Rückgang der externalisierenden Verhaltensauffälligkeiten und der Hyperaktivität bzw. der Aufmerksamkeitsprobleme sowie Fortschritte beim prosozialen Verhalten und beim positiven Konfliktverhalten nachgewiesen werden. Langfristig holten die auffälligen Kinder der Interventionsgruppe hinsichtlich des Emotionswissens auf, sodass sie zum dritten Messzeitpunkt das gleiche Niveau wie die Kinder der Kontrollgruppe aufwiesen. Dieser beim Emotionswissen aufgedeckte Effekt, der auf die Wirksamkeit von Kindergarten *plus* verweist, ist nur bedingt interpretierbar, da die Kinder der Kontrollgruppe schon zum ersten Messzeitpunkt ein ausgeprägteres Emotionsverständnis aufwiesen. Offenbar gelang es den Kindern der Interventionsgruppe zwischen dem zweiten und dritten Messzeitpunkt, das gleiche Niveau wie die Kinder der Kontrollgruppe beim Emotionswissen zu erreichen (Klinkhammer, 2013).

7.6 Zusammenfassung

Insgesamt konnte mit dem SDQ nur die langfristige Wirksamkeit des Präventionsprogrammes Papilio belegt werden, wenn man dafür eine Abnahme des Gesamtproblemwertes und der Hyperaktivität bzw. Aufmerksamkeitsprobleme sowie eine Zunahme des prosozialen Verhaltens zugrunde legt. Bei den Kovarianzanalysen mit Messwiederholung bei Kindergarten *plus* legen Post-hoc-Einzelvergleiche (mit Bonferroni-Korrektur) beim SDQ zunächst einen positiven Verlauf der Interventionsgruppe zwischen den ersten beiden Messzeitpunkte nahe, der zwischen dem zweiten und dem dritten Befragungszeitpunkt aber nicht stabilisiert werden konnte. Bei Faustlos für den Kindergarten ergab sich bei den Erzieher- und Elterneinschätzungen kein signifikanter Effekt. Lediglich im Interview mit den Kindern und beim Beobachtungsverfahren zeigten sich einzelne positive Effekte, die für eine Wirksamkeit des Programmes sprechen. Da die Inhalte der Interviews eng an die Lektionen von Faustlos angelehnt sind, sind die Ergebnisse aus dieser Datenquelle vorsichtig zu interpretieren. Zudem wurden bei Faustlos nur zwei Messzeitpunkte untersucht und es wäre möglich, dass sich die Werte längerfristig nochmal ändern könnten. Auf längere Sicht ist insgesamt von einer abnehmenden Wirksamkeit aller Interventionen auszugehen (Beelmann & Raabe, 2007).

8 Ausblick

Auf den vorangegangenen Seiten haben wir Modelle und Komponenten der emotionalen Kompetenz kennen gelernt und deren Entwicklung, Hintergründe und Folgen bei jungen Menschen vorgestellt. Betrachtet wurden bedeutungsvolle Einflüsse, wie etwa die biologische Konstitution in Form von Geschlecht oder Temperament, die sprachliche Entwicklung, die Interaktionsroutinen zwischen Eltern und Kindern oder die sozioökonomischen Verhältnisse der Familie, die sich im Sinne von Schutz- und Risikofaktoren auf die Entwicklung des Emotionswissens und der Emotionsregulation der nachwachsenden Generation auswirken. Als Risikofaktoren werden Bedingungen, Prozesse oder Merkmale verstanden, die die Wahrscheinlichkeit für ein negatives Ergebnis bzw. das Auftreten von Problemverhalten erhöhen. Insofern wird bei den Risikofaktoren angenommen, dass sie als Ursachen an der Entstehung des Problems beteiligt sind. Beispiele für Risikofaktoren sind die Kriminalität der Eltern oder eine hohe Impulsivität im Kindesalter. Weil nicht alle Kinder, die Risikofaktoren ausgesetzt sind, psychopathologische Auffälligkeiten entwickeln (z. B. Cicchetti, Ganiban & Barnett, 1991), wurde der Begriff »Schutzfaktor« als Gegenpol eingeführt. Schutzfaktoren sind Einflussgrößen, die die negativen Auswirkungen von belastenden Faktoren mildern oder aufheben und eine positive Entwicklung fördern (Scheithauer & Petermann, 1999). Je mehr Risikofaktoren vorliegen, die zur Gefährdung eines Heranwachsenden beitragen, desto größer ist die Chance, dass er oder sie eine psychosoziale Störung entwickelt.

Die Frage danach, ab welchem Punkt ein Kind oder Jugendlicher lediglich »emotionale Defizite« aufweist und ab welchem Punkt er oder sie bereits als »psychisch krank« gilt, lässt sich im Alltag nicht leicht beantworten; der Ermessensspielraum ist gewaltig. Meist erfolgt die Einstufung durch Experten anhand von Diagnose-Kriterien (z. B. ICD-10, »Internationale Klassifikation psychischer Störungen«, Dilling, 2005), die die Anzahl, Dauer und Intensität von Symptomen abfragen, bei Heranwachsenden im Vergleich mit Altersgenossen. Doch bei manchen Diagnosen sind Probleme der Emotionsregulation Teil des Kriteriums, so zum Beispiel die Impulskontrolle bei ADHS oder bei aggressiven Störungen des Sozialverhaltens (Stadler & Danielsson, 2013). Bei anderen sind sie Begleiterscheinung der Störung, so zum Beispiel beim Asperger Syndrom und anderen Autismus-Spektrum Störungen (Altgassen & Kretschmer, 2013). Bei wieder anderen Diagnosen zählen Schwierigkeiten, der eigenen Gefühle Herr zu werden, zu den Folgen der Erkrankung, so etwa bei Posttraumatischen Belastungsstörungen infolge von Missbrauch oder Vernachlässigung (Schmid, 2013). Auch wenn den meisten problembelasteten Kindern und Jugendlichen gemeinsam ist, dass sie Schwierigkeiten mit der Handhabung ihrer Gefühle haben (In-Albon, 2013; Morris et al., 2007), so können die maladaptiven Formen der Emotionsregulation sowohl für die Entstehung als auch für die Aufrechterhaltung und die Intensivierung von psychischen Problemen von Bedeutung sein (von Salisch & Klein, 2015). Noch unklar ist zurzeit, ob diese Defizite störungsübergreifend sind, oder ob sich spezifische Defizite bei unterschiedlichen psychischen Störungen finden lassen (Schipper, Kullik, Samson, Koglin & Petermann, 2013). Greuel, Reinhold, Wenglorz und Heinrichs (2015) konnten in einer klinischen Stichprobe von Kindern und Jugendlichen verschiedener Diagnosen zwar eine geringere Nutzung adaptiver Strategien der Emotionsregulation als bei der Normstichprobe feststellen, aber keine diagnosespezifischen Defizite bei der Emotionsregulation.

8.1 Emotionale Kompetenz und psychische Probleme

Kinder, die Defizite im Bereich der emotionalen Fertigkeiten (z. B. im Emotionsausdruck, -erkennen oder -regulation) aufweisen, haben ein erhöhtes Risiko für die Entwicklung von Verhaltens- und emotionalen Störungen. Diese Beziehung lässt sich schon im Kleinkindalter nachweisen. Briggs-Gowan, Carter, Skuban & McCue-Horwitz (2001, nach Petermann & Wiedebusch, 2008) erfassten bei ein- bis zweijährigen Kindern die Prävalenz sozial-emotionaler Auffälligkeiten und Verhaltensstörungen und setzten diese in Beziehung zu ihrer emotionalen Entwicklung. Nach Angaben der Eltern zeigten ungefähr 6 % der Einjährigen und 12 bis 16 % der Zweijährigen emotionale und Verhaltensauffälligkeiten. Bei einem Drittel der zweijährigen Kinder, die auffällig waren, bestanden mangelnde sozial-emotionale Fertigkeiten.

Treten Störungen in der sozial-emotionalen Entwicklung auf, sodass einem Kind die erfolgreiche Bewältigung einer Entwicklungsaufgabe nicht gelingt, dann erhöht sich die Wahrscheinlichkeit, dass das Kind auch weitere Aufgaben nicht bewältigen kann (z. B. Greenspan & Greenspan, 1988). Das Risiko weiterer Beeinträchtigungen und insgesamt einer negativen Entwicklung nimmt zu – auch im Hinblick auf spätere Anforderungen in der Schule. Ein differenzierendes Ergebnis erbrachte die Studie von Rubin, Coplan, Fox und Calkins (1995). Sie analysierten die Zusammenhänge zwischen der Häufigkeit von Sozialkontakten Vier- bis Fünfjähriger, ihrer Fähigkeit zur Emotionsregulation und dem Auftreten von Verhaltensauffälligkeiten. Kinder, die viele Sozialkontakte hatten, aber ihre Emotionen nur schlecht steuern konnten, wiesen nach Aussage ihrer Eltern mehr externalisierende Verhaltensstörungen auf als Kinder der Vergleichsgruppen. Hingegen zeigten Kinder, die nur wenige soziale Kontakte aufwiesen und ihre Emotionen schlecht regulieren konnten, stärker ausgeprägte ängstliche Verhaltensweisen und litten nach Elternangaben unter vergleichsweise mehr internalisierenden Verhaltensstörungen. Kinder, die nur wenige Sozialkontakte hatten, aber ihre Emotionen gut regulieren konnten, verhielten sich unauffällig. Petermann und Wiedebusch (2008) folgern aus diesen Resultaten, dass eine unzureichende Emotionsregulation auch bei Kindern, die viele Sozialkontakte haben, ein Risikofaktor für das Auftreten von Verhaltensproblemen sein kann. Umgekehrt entwickeln Kinder, die nur über wenige soziale Kontakte verfügen, zwar mit größerer Wahrscheinlichkeit, aber nicht zwangsläufig Verhaltensauffälligkeiten. »Eine gute Emotionsregulation scheint bei diesen Kindern ein Schutzfaktor zu sein, der das Auftretensrisiko von Verhaltensauffälligkeiten senkt« (Petermann & Wiedebusch, 2008, S. 21).

Während maladaptive Formen der Emotionsregulation Risikofaktoren darstellen mögen, können adaptive Formen der Emotionsregulation als Schutzfaktoren fungieren, etwa wenn es Heranwachsenden gelingt, soziale Unterstützung in Beziehungen zu gleichaltrigen Freunden (von Salisch, Zeman et al., 2014) oder Erwachsenen zu erhalten und dadurch einen Ausweg aus der Abwärtsspirale in Richtung Problemverhalten zu finden. Kinder und Jugendliche, die über altersangemessene emotionale Kompetenz verfügen, können in anderen Entwicklungsbereichen leichter Kompetenzen ausbilden. Wie bereits erwähnt, sind Mädchen und Jungen mit gut ausgeprägter emotionaler Kompetenz bei den Gleichaltrigen beliebter, verfügen über mehr positive Beziehungen zu pädagogischen Fachkräften, passen sich erfolgreicher an das soziale Umfeld an und verhalten sich prosozialer, indem sie eher bereit sind zu teilen und zu kooperieren (z. B. National Institute of Child Health and Human Development Early Child Care Research Network, 2008; Denham & Burton, 2003; Mayer et al., 2007; Perren, Groeben, Stadelmann & von Klitzing, 2008). Auf die engen Zusammenhänge zwischen emotionaler und sozialer Kompetenz wurden bereits im Modell von Denham und Brown (2010) in Kapitel 6 hingewiesen.

Ein geringes Verständnis für emotionsbezogene Ausdrucksformen und Situationen erwies sich bei Schulanfängern als Prädiktor für das Auftreten von internalisierenden Verstimmungen mehrere Jahre später (Fine, Izard, Mostow, Trentacosta & Ackerman, 2003). Eine Meta-Analyse über diese und 18 weitere Studien belegte zusammenfassend, dass Schwierigkeiten mit der Emotionswahrnehmung und Emotionsregulation mit kleiner Effektstärke ($r = -.17$) dazu beitrugen, internalisierendes Problemverhalten zu erklären. Interessanterweise war es beim externalisierenden Problemverhalten ähnlich: Je geringer Emotionswissen und Emotionsregulation ausgeprägt waren, desto wahrscheinlicher traten die aggressiven oder hyperaktiven Problemverhaltensweisen auf. Auch wenn die Ergebnisse konsistent waren, so war die Effektstärke ebenfalls gering ($r = -.17$) (Trentacosta & Fine, 2010).

Studien, in denen man psychopathologisch bereits auffällig gewordene Kinder auf Besonderheiten in ihrem Emotionsausdruck, -wissen oder -regulation untersuchte, belegen diese Zusammenhänge. Rita Casey (1996) ging in vier Untersuchungen der Annahme nach, dass »children with certain internalizing and externalizing disorders manifest characteristic patterns in several aspects of their emotional functioning that differentiate them from normal children« (S.

162). Sie konnte ihre Vermutung belegen, dass Kinder mit psychischen Störungen im Vergleich zu gesunden Kindern typische Muster des emotionalen Ausdrucksverhaltens aufweisen und auch auf das emotionale Ausdrucksverhalten anderer Personen mit charakteristischem Verhalten reagieren. Beispielsweise konnte Casey (1996) belegen, dass Kinder mit einer Aufmerksamkeits- und Hyperaktivitätsstörung häufiger den mimischen Ausdruck veränderten und mehr positive mimische Emotionsausdrücke zeigten als Kinder mit Störungen des Sozialverhaltens oder depressive Kinder. Aggressive Kinder waren negativer in ihrem verbalen Ausdruck. Die depressiven Kinder zeigten weniger Ausdruck im Gesicht als die Kinder der anderen Störungskategorien. Casey (1996) nimmt an, dass die Entstehung einer Störung mit der emotionalen Entwicklung eng verknüpft ist und dass sich die Suche nach Ursachen sehr schwierig gestaltet. Zu ähnlichen Ergebnissen kamen Eisenberg et al. (2001). Sie stellten fest, dass Kinder mit externalisierenden Verhaltensauffälligkeiten im Vergleich zu Kindern mit internalisierenden Auffälligkeiten und gesunden Kindern häufiger negative Emotionen (in Form von Ärger) äußern, sich impulsiver verhalten und über geringere Fähigkeiten zur Emotionsregulation verfügen. Hingegen sind Kinder mit internalisierenden Störungen nicht impulsiver, zeigen aber mehr Traurigkeit und haben ebenfalls unzureichende Fähigkeiten zur Emotionsregulation (siehe auch Garber, Braafladt & Zeman, 1991). Weibliche Jugendliche, die wegen nicht-suizidalen selbstverletzenden Verhaltens in einer jugendpsychiatrischen Station aufgenommen waren, zeigten ebenfalls mehr Schwierigkeiten bei der Impulskontrolle, hatten einen begrenzten Zugriff auf Emotionsregulationsstrategien sowie eine geringere Klarheit bezüglich ihrer eigenen Gefühle als eine gesunde Kontrollgruppe altersgleicher weiblicher Jugendlicher (In-Albon, Tschan, Schwarz & Schmid, 2015).

Sophie Melfsen (1999) untersuchte Aspekte der emotionalen Kompetenz bei sozial ängstlichen Kindern. Sie ging ebenfalls davon aus, »dass psychische Störungen mit starker emotionaler Komponente, wie den Angststörungen, durch ein spezifisches Muster an emotionaler Kompetenz gekennzeichnet sind« (S. 181). Nach Auskunft der Mütter waren die sozial ängstlichen Kinder im Vergleich zu den sozial nicht-ängstlichen bereits im Säuglingsalter anschmiegsamer und zeigten länger andauernde Schwierigkeiten bei der Eingewöhnung in den Kindergarten. In drei Studien wurden der willentliche und spontane mimische Emotionsausdruck sowie die Emotionserkennung bei 50 sozial ängstlichen Kindern und 25 Kontrollkindern untersucht. In der ersten Studie wies Melfsen (1999) nach, dass die sozial ängstlichen Kinder eine reduzierte Gesamtzahl an mimischer Bewegung und ein eingeschränktes Repertoire an mimischen Ausdrücken zeigten. Auch qualitativ unterschieden sich die sozial ängstlichen Kinder von den Kindern der Kontrollgruppe hinsichtlich ihrer Emotionsausdrucksfähigkeit: die sozial ängstlichen Kinder ließen willentlich weniger genaue mimische Ausdrücke erkennen. Die Ergebnisse der zweiten Studie wiesen darauf hin, dass die sozial ängstlichen Kinder in der spontanen Mimik einen verringerten Ausdruck von Freude, jedoch nicht von Ärger oder Frustration zeigten. Die Resultate der dritten Studie belegten, dass die sozial ängstlichen Kinder beim Dekodieren von emotionalen Gesichtsausdrücken nicht mehr Fehler machten als die sozial nicht-ängstlichen Kinder, dass sie aber (mit Ausnahme für den Ausdruck »Ekel«) längere Reaktionszeiten benötigten. Außerdem deuteten sie häufiger Emotionen in neutrale Gesichter (Melfsen, 1999).

Die Fähigkeit, traurige und ängstliche Gesichtsausdrücke zu erkennen, korrelierte bei 11- bis 14-Jährigen negativ mit der Diagnose emotionaler Störungen und aggressivem Verhalten. Ebenso waren Kinder, die emotional gestörtes oder aggressives Verhalten zeigten, in der Wahrnehmung von Traurigkeit und Angst im mimischen Ausdruck beeinträchtigt (Blair & Coles, 2000, nach Petermann & Wiedebusch, 2008). Darüber hinaus konnten mangelnde emotionale Fertigkeiten im sprachlichen Emotionsausdruck bei vier- bis sechsjährigen Jungen mit aggressiven Verhaltensstörungen (im Vergleich zu unauffälligen Gleichaltrigen) nachgewiesen werden. Kinder mit externalisierendem Problemverhalten haben demnach oft Einschränkungen, ihre Emotionen sprachlich auszudrücken. Zusammenfassend kann festgehalten werden, dass es Heranwachsenden, die sich ihrer eigenen Gefühle bewusst sind und mit ihnen umgehen können, leichter fällt, Emotionen bei ihren Mitmenschen zu erkennen und zu deuten, um angemessen darauf reagieren zu können.

Diese Ergebnisse zu den engen Verbindungen zwischen Emotionswahrnehmung, Emotionsverständnis und Emotionsregulation auf der einen Seite und psychischen Problemen auf der anderen Seite erhalten Gewicht dadurch, dass nach der repräsentativen deutschen KiGGS-Studie (Hölling et al., 2014) seit mehr als zehn Jahren nahezu unverändert etwa 20 % der Drei- bis Siebzehnjährigen nach Elternangaben auf dem »Fragebogen zu Stärken und Schwächen« (SDQ-deu) unter psychischen Auffälligkeiten im auffälligen oder grenzwertigen Bereich leiden; offenbar zum Teil schon jahrelang und mit gravierenden Folgen für ihr Wohlergehen und das ihres sozialen Umfelds in Familie und Schule. Angesichts der hohen Bedeutung, die der emotionalen Kompetenz für die psychische Gesundheit (Trentacosta & Fine, 2010), die Einbindung in unterstützende Sozialbeziehungen und den Schulerfolg (Durlak et al., 2011; Zins, Bloodworth, Weissberg & Walberg, 2007) zukommt, scheint es dringend notwendig, die Entwicklung emotionaler Fertigkeiten durch präventive Maßnahmen zu unterstützen (Trentacosta & Izard, 2007). Im Gegensatz zu den allgemeinen kognitiven Fähigkeiten, die mit dem Alter zunehmen, aber durch Erfahrung oder Übung kaum zu beeinflussen sind, ist emotionale Kompetenz durchaus lernbar, und zwar auch nachhaltig mit Lernerfolgen, die über längere Zeit erhalten bleiben und sich auf verschiedene Bereiche beziehen (Durlak et al., 2011). Statt mit spezialisierten Präventionsprogrammen einzelne Brandherde zu löschen, erscheint es gewinnbringender, Kindern und Jugendlichen jene elementaren Fähigkeiten zu vermitteln, die ihre Zukunftschancen verbessern. Präventionsprogramme und andere Maßnahmen des sozial-emotionalen Lernens sind besonders wirksam, wenn sie früh beginnen. Kindergärten und Schulen bieten ein geeignetes Umfeld, um alle Kinder und Jugendliche zu erreichen.

8.2 Folgen emotionaler Kompetenz im Erwachsenenalter

Durch die notwendige Beschränkung auf die Entwicklung in Kindheit und Jugend bleibt die Frage offen, wie sich ein Mehr oder Weniger an emotionaler Kompetenz auf den späteren Lebenserfolg auswirkt, bilden diese frühen Lebensabschnitte doch lediglich den Startpunkt einer lebenslang andauernden Entwicklung oder genauer: »ein spezielles Fenster der Gelegenheit für emotionale Lektionen« (Goleman, 2009, S. 251). Zins et al. (2007, S. 192) sind der Meinung, dass die früh erworbenen emotionalen Fähigkeiten als »Schlüssel-Kompetenzen« anzusehen sind, die Kinder und Jugendliche für den Erfolg im Leben benötigen. Unter »Lebenserfolg« ist generell eine Zufriedenheit im Leben zu verstehen, Glücklichsein in Freundschaften, Familie und Partnerschaften sowie beruflicher Erfolg. Menschen, die im Leben erfolgreich sind, gelingt es, ihre Erwachsenen-Rollen (als Freund/in, Ehemann/-frau, Mitarbeiter/in, Elternteil) angemessen auszufüllen; sie können sich an verschiedene Situationen anpassen und kommen in den praktischen Dingen des Lebens zurecht. Empirische Ergebnisse belegen beispielsweise, dass Fähigkeiten zur Emotionsregulation zum »Erfolg« einer Ehe beitragen (Bloch, Haase & Levenson, 2014). Emotional kompetentere Erwachsene scheinen nach einer repräsentativen Studie mit objektiven Indikatoren auch körperlich gesünder zu sein, auch wenn bekannte Gesundheits-Prädiktoren wie Geschlecht, Sozialschicht oder Aspekte der Lebensführung einbezogen wurden (Mikolajczak, Avalosse, Vancorenland, Verniest, Callens, van Broeck et al., 2015).

Naheliegend ist, dass Kinder und Jugendliche, die – wie in Kapitel 6 dargestellt – im Zusammenhang mit ihrer emotionalen Kompetenz in der Schule größeren Erfolg haben, auch eher zufriedenstellende berufliche Laufbahnen einschlagen können. In der Hochschule scheinen Studierende, die über gute Fähigkeiten im Bereich der emotionalen Intelligenz (gemessen mit dem MSCEIT) verfügen, ebenfalls bessere Leistungen im Studium zu erzielen, auch wenn ihre kognitive Intelligenz und lernförderliche Persönlichkeitsmerkmale kontrolliert wurden. Emotionale Intelligenz trug in einer Studie zu einer verbesserten Varianzaufklärung bei der Erklärung der Studienleistungen bei, und zwar insbesondere bei den jungen Männern (z. B. Lanciano & Curci, 2014). In der nordamerikanischen Medical School sagten Fähigkeiten zur Emotionsregulation der Studierenden (gemessen mit dem MSCEIT) über ihre allgemeinen kognitiven Fähigkeiten und ihre Gewissenhaftigkeit hinaus ihre kommunikativen und interpersonalen Fähigkeiten am Krankenbett voraus, die bekanntlich dazu beitragen, die Genesung der Patienten zu beschleunigen oder eben nicht (Libbrecht, Lievens, Carette & Côté, 2014). In pädagogischen Berufsfeldern ist die emotionale Kompetenz von großer Bedeutung für Berufszufriedenheit und psychische Gesundheit (z. B. Lehr, Schmitz & Hillert, 2008). Wohl entwickelte Fähigkeiten zur Emotionswahrnehmung und zur Emotionsregulation (Berking, 2008) tragen vermutlich dazu bei, dass Lehrkräfte zu dem Verhalten besser in der Lage sind, das ihren ausgebrannten Kolleg/innen schlechter gelingt, nämlich kognitiv anregend zu unterrichten, ein angemessenes Tempo bei der Vermittlung des Stoffs einzuhalten und ihren Schülerinnen und Schülern Engagement und Interesse an ihrer Person und ihrem Lernzuwachs zu vermitteln. Hervorzuheben ist, dass diese Beurteilungen des Unterrichts von psychisch gesunden und emotional erschöpften Lehrkräften auf Urteilen der Schülerschaft beruhen, auf deren Lernfortschritt der Unterricht letztlich abzielt (Klusmann, Kunter, Trautwein & Baumert, 2006; Kunter et al., 2011). Vor diesem Hintergrund ist erklärlich, dass Schülerinnen und Schüler von emotional ausgebrannten Grundschullehrkräften aus einer bundesweiten repräsentativen Stichprobe niedrigere Testleistungen in Mathematik und Lesen aufwiesen (Klusmann & Richter, 2014). Insofern sind Fähigkeiten zur Wahrnehmung (»Achtsamkeit«) und Regulation eigener Emotionen durch die Lehrkraft sowie ihre Fähigkeit, lernhinderliche (z. B. Langeweile) und lernförderliche Emotionen (z. B. Interesse) in ihrer Klasse zu erkennen, wichtige Bedingungen für ihren Erfolg bei der Wissensvermittlung und der Erziehung von jungen Menschen. Insgesamt legen diese Ergebnisse nahe, dass die emotionale Kompetenz über die kognitiven Fähigkeiten hinaus Erfolg und Zufriedenheit in vielen Berufsfeldern beeinflusst, vor allem in solchen, in denen zwischenmenschliche Beziehungen und Interaktionen im Mittelpunkt stehen.

In diesem Buch sind wir über weite Strecken davon ausgegangen, dass es die Erwachsenen (also Eltern und pädagogischen Fachkräfte) und die Gleichaltrigen (also Peer-Gruppen und Freunde) sind, die die Kinder und Jugendlichen bei der Ausbildung ihrer emotionalen Kompetenz voranbringen. Diese Perspektive ist zu einseitig und eigentlich nicht zu halten. Denn das Emotionswissen wird im Gespräch gemeinsam konstruiert und Merkmale der Kinder und Jugendlichen nehmen Einfluss auf die Emotionsregulation ihrer Freunde, ihrer Eltern und anderer pädagogischer Fachkräfte. Eine Mehrpersonen-Perspektive, die die wechselseitige Einflussnahme der jeweiligen Interaktionspartner berücksichtigt, steht im Bereich der Emotionen noch aus. Ihr werden zukünftige Forschungen gewidmet sein.

Literatur

Ackerman, B. P., Abe, J. A. & Izard, C. E. (1998). Differential emotions theory and emotional development: Mindful of modularity. In M. F. Mascolo & S. Griffin (Hrsg.), *What develops in emotional development?* (S. 85–106). New York: Plenum Press.

Albanese, O., de Stasio, S., Di Chiacchio, C., Fiorilli, C. & Pons, F. (2010). Emotion comprehension: The impact of nonverbal intelligence. *Journal of Journal of Genetic Psychology, 171*(2), 101–115.

Alsaker, F. D. & Projektteam Mobbing im Kindergarten und in der Schule (2004). *Pathways to Victimization. Fragebogen für Lehrpersonen im Kindergarten zu jedem Kind (Wave 1, Sample 1).* Universität Bern: Institut für Psychologie.

Altgassen, M. & Kretschmer, A., (2013). Emotionsregulation bei Autismusspektrumstörungen. In T. In-Albon (Hrsg), *Emotionsregulation und psychische Störungen im Kindes- und Jugendalter* (S. 95–114). Stuttgart: Kohlhammer.

Amsterlaw, J., Lagatutta, K. H. & Meltzoff, A. N. (2009). Young children's reasoning about the effects of emotional and physiological states on academic performance. *Child Development, 80,* 115–133.

Arsenio, W. (2006). Happy victimization: Emotion dysregulation in the context of instrumental, proactive aggression. In D. K. Snyder, J. A. Simpson & J. N. Hughes (Hrsg.), *Emotion regulation in couples and families. Pathways to dysfunction and health* (S. 101–121). Washington, DC: American Psychological Association.

Arsenio, W. F., Cooperman, S. & Lover, A. (2000). Affective predictors of preschoolers' aggression and peer acceptance: direct and indirect effects. *Developmental Psychology, 36*(4), 438–448.

Arsenio, W. F. & Kramer, R. (1992). Victimizers and their victims: children's conceptions of the mixed emotional consequences of moral transgressions. *Child Development, 63* (4), 915–927.

Bafunno, D. & Camodeca, M. (2013). Shame and guilt development in preschoolers: The role of context, audience and individual characteristics. *Developmental Psychology, 10*(2), 128–143.

Bandura, A. (1986). *Social foundations of thought and action: A social cognitive theory.* Englewood Cliffs, NJ: Prentice Hall.

Banerjee, M. (1997). Hidden emotions: preschoolers' knowledge of appearance-reality and emotion display rules. *Social Cognition, 15*(2), 107–132.

Bar-On, R. (2002). *Bar-On Emotional Quotient Inventory: User's manual.* Toronto: Multi Healt Systems.

Baumeister, R. F., Vohs, K. D., & Tice, D. M (2007). The strength model of self-control. *Current Directions in Psychological Science, 16,* 351–355.

Beck, L., Kumschick, I. R., Eid, M. & Klann-Delius, G. (2012). Relationship between language comprehension and emotional competence in middle childhood. *Emotions, 12* (3), 503–514.

Beelmann, A. & Raabe, T. (2007). *Dissoziales Verhalten von Kindern und Jugendlichen. Erscheinungsformen, Entwicklung, Prävention und Intervention.* Göttingen: Hogrefe.

Beland, K. (1988). *Second Step. A violence-prevention curriculum. Grades 1–3.* Seattle: Committee for Children.

Bengtsson, H. & Arvidsson, A. (2011). The impact of developing social perspective-taking skills on emotionality in middle and late childhood. *Social Development, 20*(2), 353–375.

Bennett, D. S., Bendersky, M. & Lewis, M. (2005). Antecedents of emotion knowledge: Predictors of individual differences in young children. *Cognition and Emotion, 19*, 375–396.

Bennett, L. H. & Knight, M. (1996). Children's understanding of the distinction between real and apparent emotions: a training study. *Journal of Genetic Psychology, 157*(3), 267–274.

Berdan, L., Keane, S. & Calkins, S. (2008). Temperament and externalizing behavior: Social preference and perceived acceptance as protective factors. *Developmental Psychology, 44*(4), 957–968.

Berking, M. (2008). *Training emotionaler Kompetenzen*. Heidelberg: Springer.

Berlin, L. J. & Cassidy, J. (2003). Mothers' self-reported control of their preschool children's emotional expressiveness: A longitudinal study of associations with infant-mother attachment and children's emotion regulation. *Social Development, 12*(4), 477–495.

Bierman, K. L., Nix, R. L., Heinrichs, B. S., Domitrovitch, C. E., Gest, S. D., Welsh, J. A. & Gill, S. (2014). Effects of head start REDI on children's outcomes 1 year later in different Kindergarten contexts. *Child Development, 85*, 140–159.

Birch, S. H. & Ladd, G. W. (1997). The teacher-child relationship and children's early school adjustment. *Journal of School Psychology, 35*, 61–79.

Blair, C. (2002). School readiness: Integrating cognition and emotion in a neurobiological conceptualization of child functioning at school entry. *American Psychologist, 57*, 111–127.

Blair, C., Denham, S., Kochanoff, A. & Whipple, B. (2004). Playing it cool: Temperament, emotion regulation, and social behavior in preschoolers. *Journal of School Psychology, 42*(6), 419–443.

Blair, C. & Dennis, T. (2010). An optimal balance: The integration of emotion and cognition in context. In S. Calkins & M. Bell (Hrsg.), *Child Development at the intersection of Emotion and Cognition* (S. 17–35). Washington D.C.: American Psychological Association.

Blair, C., Granger, D. & Razza, R. (2005). Cortisol reactivity is positively related to executive function in preschool children attending head start. *Child Development 76*(3), 554–567.

Blair, C. & Razza, R. P. (2007). Relating effortful control, executive function, and false belief understanding to emerging math and literacy ability in kindergarten. *Child Development, 78*, 647–663.

Blair, R. J. & Coles, M. (2000). Expression recognition and behavioral problems in early adolescence. *Cognitive Development, 15*, 421–434.

Blankson, A. N., O'Brien, M. O., Leerkes, E. M., Marcovitch, S., Calkins, S. & Weaver, J. M. (2012). Developmental dynamics of emotion and cognition processes in preschoolers. *Child Development, 83*, 1–20.

Bloch, L., Haase, C. M., & Levenson, R. W. (2014). Emotion regulation predicts marital satisfaction: More than a wives' tale. *Emotion, 14*, 130–144.

Bøe, T., Sivertsen, B., Heiervang, E., Goodman, R., Lundervold, A. J. & Hysing, M. (2014). Socioeconomic status and child mental health: The role of parental emotional well-being and parenting practices. *Abnormal Child Psychology, 42*(5), 705–715.

Bonekamp, E. & von Salisch, M. (2007). Ärgerregulierung bei Jungen mit ADHS. *Zeitschrift für Kinder- und Jugendpsychiatrie und Psychotherapie, 35*, 189–198.

Bos, W., Tarelli, I., Bremerich-Vos, A., Schwippert, K. (2012). *IGLU 2011. Lesekompetenzen von Grundschulkindern in Deutschland im internationalen Vergleich*. Münster: Waxmann.

Bovenschen, I. (2006). *Bindungsentwicklung im Vorschulalter. Die Fähigkeit zur Perspektivenübernahme als kognitive Grundlage der zielkorrigierten Partnerschaft*. Hamburg: Kovač.

Bowi, U., Ott, G. & Tress, W. (2008). Faustlos – Gewaltprävention in der Grundschule. *Praxis der Kinderpsychologie und Kinderpsychiatrie, 57*, 509–520.

Brackett, M. A., Rivers, S. E., Shiffman, S., Lerner, N. & Salovey, P. (2006). Relating emotional abilities to social functioning: A comparison of self-report and performance measures of emotional intelligence. *Personality and Social Psychology, 91*, 780–795.

Braungart-Rieker, J., Hill-Soderlung, A. & Karrass, J. (2010). Fear and anger reactivity trajectories from 4 to 16 months: the roles of temperament, regulation, and maternal sensitivity. *Developmental Psychology, 46*(4), 791–804.

Brezinka, V. (2003). Zur Evaluation von Präventivinterventionen für Kinder mit Verhaltensstörungen. *Kindheit und Entwicklung, 12*(2), 71–83.

Briggs-Gowan, M. J., Carter, A. S., Skuban, E. & McCue-Horwitz, S. (2001). Prevalence of social-emotional and behavioral problems in a community sample of 1- and 2-year-old children. *Journal of the American Academy of Child and Adolescent Psychiatry, 40*, 811–819.

Brody, L. (2000). The socialization of gender differences in emotional expression: Display rules, infant temperament, and differentiation. In A. Fischer (Hrsg.), *Gender and emotion. Social psychological perspectives* (S. 24–47). Cambridge: Cambridge University Press.

Brody, L. & Hall, J. (2010). Gender and emotion in context. In M. Lewis, J. Haviland-Jones & L. Barrett (Hrsg.), *Handbook of emotions* (S. 395–408). New York: Guilford Press.

Brown, J. R. & Dunn, J. (1996). Continuities in emotion understanding from three to six years. *Child Development, 6*(3), 789–802.

Bruene-Butler, L., Hampson, J., Elias, M. J., Clabby, J. F. & Schuyler, T. (1997). The improving social awareness-social problem solving project. In G. W. Albee & T. P. Gullotta (Hrsg.), *Primary prevention works* (S. 239–267). Thousand Oaks: Sage Publications.

Bullock, M. & Russell, J. A. (1986). Concepts of emotion in developmental psychology. In C. E. Izard & P. B. Read (Hrsg.), *Measuring emotions in infants and children* (Bd. 2, S. 203–237). Cambridge: Cambridge University Press.

Buyse, E., Verschueren, K. & Doumen, S. (2011). Preschoolers' attachment to mother and risk for adjustment problems in Kindergarten: Can teachers make a difference? *Social Development, 20*(1), 33–50.

Cameron Ponitz, C. E., McClelland, M. M., Matthews, J. S. & Morrison, F. J. (2009). A structured observation of behavioral self-regulation and its contribution to kindergarten outcomes. *Developmental Psychology, 45*, 605–619.

Carlson, S. M. & Wang, T. (2007). Inhibitory control and emotion regulation in preschool children. *Cognitive Development, 22*, 489–510.

Casey, R. J. (1996). Emotional competence in children with externalizing and internalizing disorders. In M. Lewis & M. W. Sullivan (Hrsg.), Emotional development in atypical children (S. 161–183). Mahwah: Lawrence Erlbaum Associates.

Cassano, M., Perry-Parrish, C. & Zeman, J. (2007). Influence of gender on parental socialization of children's sadness regulation. *Social Development, 16*(2), 210–231.

Cervantes, C. A. & Callanan, M. A. (1998). Labels and explanations in mother-child emotion talk: Age and gender differentiation. *Developmental Psychology, 34*(1), 88–98.

Chaplin, T., Cole, P. & Zahn-Waxler, C. (2005). Parental socialization of emotion expression: Gender differences and relations to child adjustment. *Emotion, 5*(1), 80–88.

Charman, T., Ruffman, T. & Clements, W. (2002). Is there a gender difference in false belief development? *Social Development, 11*(1), 1–10.

Chen, X. & French, D. C. (2008). Children's social competence in cultural context. *Annual Review of Psychology, 59*(1), 591–616.

Cicchetti, D. & Curtis, W. J. (2005). An event-related potential study of the processing of affective facial expressions in young children who experienced maltreatment during the first year of life. *Development and Psychopathology, 17*(3), 641–677.

Cicchetti, D., Ganiban, J. & Barnett, D. (1991). Contributions from the study of highrisk populations to understanding the development of emotion regulation. In J. Garber & K. A. Dodge (Hrsg.), *The development of emotion regulation and dysregulation* (S. 15-48). Cambridge: Cambridge University Press.

Cierpka, M. (2009). *Faustlos. Wie Kinder Konflikte gewaltfrei lösen lernen* (6. Auflage). Freiburg: Herder.

Clark, S. E. & Symons, D. K. (2000). A longitudinal study of Q-sort attachment security and self-processes at age 5. *Infant and Child Development, 9*, 91–104.

Cole, P. M. (1986). Children's spontaneous control of facial expression. *Child Development, 57*, 1309–1321.

Cole, P. M., Armstrong, L. M., & Pemberton, C. K. (2010). The role of language in the development of emotion regulation. In S. D. Calkins & M. A. Bell (Hrsg.), *Development at the intersection of cognition and emotion* (S. 59–78). Washington, DC: American Psychological Association.

Cole, P. M., Dennis, T. A., Smith-Simon, K. E. & Cohen, L. H. (2008). Preschoolers' emotion regulation strategy understanding: Relations with emotion socialization and child self-regulation. *Social Development, 18*, 324–352.

Cole, P. M., Martin, S. E. & Dennis, T. A. (2004). Emotion regulation as a scientific construct: methodological challenges and directions for child development research. *Child Development, 75*(2), 317–333.

Cole, P. M., Tan, P. Z., Hall, S. E., Zhang, Y., Crnic, K. A., Blair, C. B. & Li, R. (2011). Developmental changes in anger expression and attention focus: learning to wait. *Developmental Psychology, 47*(4), 1078–1089.

Colwell, M. J. & Hart, S. (2006). Emotion framing: does it relate to children's emotion knowledge and social behavior? *Early Child Development and Care, 176*(6), 591–603.

Committee for Children (1991). *Second step: A violence prevention curriculum, Preschool-Kindergarten*. Seattle, WA: Committee for Children.

Crick, N. R., Casas, J. F. & Mosher, M. (1997). Relational and overt aggression in preschool. *Developmental Psychology, 35*, 376–385.

Crick, N. R. & Dodge, K. A. (1994). A review and reformulation of social information-processing. Mechanism in children's social adjustment. *Psychological Bulletin, 115*, 74–101.

Crosnoe, R. & Elder, Jr. G. H. (2002). Adolescent twins and emotional distress: The interrelated influence of nonshared environment and social structure. *Child Development, 73*(6), 1761–1774.

Cummings, E. M. & Keller, P. S. (2006). Marital discord and children's emotional self-regulation. In D. K. Snyder, J. A. Simpson & J. N. Hughes (Hrsg.), *Emotion regulation in couples and families. Pathways to dysfunction and health* (S. 163–182). Washington, DC: American Psychological Association.

Cummings, E. M., Goeke-Morey, M. C. & Papp, L. M. (2002). A family-wide model for the role of emotion in family functioning. *Marriage & Family Review, 34*(1–2), 13–34.

Cutting, A. L. & Dunn, J. (1999). Theory of mind, emotion understanding, language, and family background: Individual differences and interrelations. *Child Development, 70*(4), 853–865.

David, K. M. & Murphy, B. C. (2007). Interparental conflict and preschoolers' peer relations: The moderating roles of temperament and gender. *Social Development, 16*(1), 1–23.

Davidson, R. J. (1994). On emotion, mood, and related affective constructs. In P. Ekman & R. J. Davidson (Hrsg.), *The nature of emotion. Fundamental questions* (S. 51–55). New York: Oxford University Press.

Davies, P. T. & Cummings, E. M. (1994). Marital conflict and child adjustment: An emotional security hypothesis. *Psychological Bulletin, 116*(3), 387–411.

Davis, E. L. & Levine, L. J. (2013). Emotion regulation strategies that promote learning: Reappraisal enhances children's memory for educational information. *Child Development, 84*, 361–374.

Davis, T. (1995). Gender differences in masking negative emotions: Ability or motivation? *Developmental Psychology, 31*, 660–667.
De Rosnay, M. & Harris, P. (2002). Individual differences in children's understanding of emotion: The roles of attachment and language. *Attachment and Human Development, 4*(1), 39–54.
De Rosnay, M., Pons, F., Harris, P. L. & Morrell, J. M. B. (2004). A lag between understanding false belief and emotion attribution in young children: Relationships with linguistic ability and mothers' mental-state language. *British Journal of Developmental Psychology, 22*, 197–218.
Dearing, E., Berry, D. & Zaslow, M. (2006). Poverty during early childhood. In K. McCartney & D. Phillips (Hrsg.), *Blackwell handbook of early childhood development* (S. 399–423). Malden: Blackwell Publishing.
Denham, S. (1986). Social cognition, social behavior, and emotion in preschoolers: Contextual validation. *Child Development, 57*, 194–201.
Denham, S. A. (1998). *Emotional development in young children.* New York: Guilford Press.
Denham, S. A. & Auerbach, S. (1995). Mother-child dialogue about emotions and preschoolers' emotional competence. *Genetic, Social, and General Psychology Monographs, 121*, 311–337.
Denham, S. A., Bassett, H. H. & Zinsser, K. (2012). Early childhood teachers as socializers of young children's emotional competence. *Early Childhood Education Journal, 40* (3), 137–143.
Denham, S. A., Bassett, H., Way, E., Mincic, M., Zinsser, K. & Graling, K. (2012). Preschoolers' emotion knowledge: self-regulatory foundations, and predictions of early school success. *Cognition and Emotion, 26*(4), 667–679.
Denham, S. A., Bassett, H. H., Zinsser, K. & Wyatt, T.M. (2014). How preschoolers' social-emotional learning predicts their early school success: Developing theory-promoting, competency-based assessments. *Infant & Child Development, 23*(4), 426–454.
Denham, S. A., Blair, K. A., DeMulder, E., Levitas, J., Sawyer, K., Auerbach-Major, S. & Queenan, P. (2003). Preschool Emotional Competence: Pathway to Social Competence? *Child Development, 74*(1), 238–256.
Denham, S. A. & Brown, C. E. (2010). Plays nice with others: Social-emotional learning and academic success. *Early Education and Development, 21*, 652–680.
Denham, S. A. & Burton, R. (2003). *Social and emotional prevention and intervention programming for preschoolers.* New York: Kluwer Academic/Plenum.
Denham, S. A. & Kochanoff, A. T. (2002). Parental contributions to preschoolers' understanding of emotion. *Marriage & Family Review, 34*(3-4), 311–343.
Denham, S. A. & Zoller, D. (1991). »When my hamster died, I cried«: Preschoolers' attributions of the causes of emotions. *Journal of Genetic Psychology, 152*, 371–373.
Denham, S. A., Zoller, D. & Couchoud, E. A. (1994). Socialization of preschoolers' emotion understanding. *Developmental Psychology, 30*(6), 928–936.
Denton, K. & Zarbatany, L. (1996). Age differences in support processes in conversations between friends. *Child Development, 67*, 1360–1373.
Devine, R. T. & Hughes, C. (2014). Relations between false belief understanding and executive function in early childhood: A Meta-Analysis. *Child Development, 85*(5), 1777–1794.
Dietz, L. J., Jennings, K. D. & Abrew, A. J. (2005). Social skill in self-assertive strategies of toddlers with depressed and nondepressed mothers. *Journal of Genetic Psychology, 166*(1), 94–116.
Dilling, H. (2005). *Internationale Klassifikation psychischer Störungen. ICD-10 Kapitel V (F); klinisch-diagnostische Leitlinien.* Bern: Huber.
Donaldson, S. K. & Westerman, M. A. (1986). Development of children's understanding of ambivalence and causal theories of emotions. *Developmental Psychology, 22*(5), 655–662.

Döpfner, M., Berner, W., Fleischmann, T. & Schmidt, M. (1993). *Verhaltensbeurteilungsbogen für Vorschulkinder VBV 3-6.* Göttingen: Beltz Test GmbH.

Döpfner, M., Schmeck, K. & Berner, W. (1994). *Handbuch: Elternfragebogen über das Verhalten von Kindern und Jugendlichen. Forschungsergebnisse zur deutschen Fassung der Child Behavior Checklist (CBCL).* Köln: Arbeitsgruppe Kinder-, Jugend- und Familiendiagnostik.

Dougherty, L. R. (2006). Children's emotionality and social status: A meta-analytic review. *Social Development, 15*(3), 394–417.

Downs, A., Strand, P. & Cerna, S. (2007). Emotion understanding in english- and spanish-speaking preschoolers enrolled in head start. *Social Development, 16*(3), S. 410–439.

Duncan, G. J., Dowsett, C. J., Claessens, A. M. K., Huston, A. C., Klebanov, P., Pagani, L. S., Feinstein, L., Engel, M., Brooks-Gunn, J. S., Duckworth, H. K. & Japel, C. (2007). School readiness and later achievement. *Developmental Psychology, 43,* 1428–1446.

Dunn, J., Bretherton, I. & Munn, P. (1987). Conversations about feeling states between mothers and their young children. *Developmental Psychology, 23*(1), 132–139.

Dunn, J. & Brown, J. (1994). Affect expression in the family, children's understanding of emotions, and their interactions with others. *Merrill-Palmer Quarterly, 40*(1), 120–137.

Dunn, J., Brown, J., Slomkowski, C. Tesla, C. & Youngblade, L. (1991). Family talk about feeling states and children's later understanding of others' emotions. *Developmental Psychology, 27*(3), 448–455.

Dunn, J. & Hughes, C. (1998). Young children's understanding of emotions within close relationships. *Cognition and Emotion, 12*(2), 171–190.

Dunsmore, J. C., Booker, J. A. & Ollendick, T. H. (2013). Parental emotion coaching and child emotion regulation as protective factors for children with oppositional defiant disorder. *Social Development, 22*(3). 444–466.

Dunsmore, J. C., Noguchi, R. J. P., Garner, P. W., Casey, E. C. & Bhullar, N. (2008). Gender-specific linkages of affective social competence with peer relations in preschool children. *Early Education and Development, 19*(2), 211–237.

Dunsmore, J. C., Karn, M. (2001): Mothers' beliefs about feelings and children's emotional understanding. Early Education and Development, 12(1),117–138.

Dunsmore, J. C. & Smallen, L. S. (2001). Parents' expressiveness and young children's emotion decoding with parents and unknown adults. *Journal of Genetic Psychology, 162*(4), 478–494.

Durlak, J. A., Weissberg, R. P., Dymnicki, A. B., Taylor, R. D. & Schellinger, K. B. (2011). The impact of enhancing students' social and emotional learning: A meta-analysis of school-based universal interventions. *Child Development, 82*(1), S. 405–432.

Eisenberg, N. (1998). The socialization of emotional competence. Building interventions based on theory and research. In D. Pushkar, W. Bukowski, A. Schwartzman, D. Stack & D. White (Hrsg.), *Improving competence across the lifespan* (S. 59–78). New York: Plenum Press.

Eisenberg, N., Cumberland, A. & Spinrad, T. L. (1998). Parental socialization of emotion. *Psychological Inquiry, 9*(4), 241–273.

Eisenberg, N., Cumberland, A., Spinrad, T. L., Fabes, R. A., Shepard, S. A., Reiser, M., Murphy, B. C., Losoya, S. H. & Guthrie, I. K. (2001). The Relations of Regulation and Emotionality to Children's Externalizing and Internalizing Problem Behavior. *Child Development, 72*(4), 1112–1134.

Eisenberg, N., Fabes, R. A., Carlo, G., & Karbon, M. (1992): Emotional responsivity to others: Behavioral correlates and socialization antecedents. *New Directions for Child and Adolescent Development, 57*–73.

Eisenberg, N., Fabes, R. A., Guthrie, I. K., Murphy, B., Poulin, R., & Shepard, S. (1996). The relations of regulation and emotionality to problem behavior in elementary school children. *Development and Psychopathology, 8,* 141–162.

Eisenberg, N., Fabes, R. A. & Murphy, B. C. (1996). Parents' reactions to children's negative emotions: Relations to children's social competence and comforting behavior. *Child Development, 67*(5), 2227–2247.

Eisenberg, N., Valiente, C., Morris, A. S., Fabes, R. A., Cumberland, A., Reiser, M., Gershoff, E., Shepard, S. & Losoya, S. (2003). Longitudinal relations among parental emotional expressivity, children's regulation, and quality of socioemotional functioning. *Developmental Psychology, 39*, 3–19.

Eisner, M., Ribeaud, D., Jünger, R. & Meidert, U. (2008). *Frühprävention von Gewalt und Aggression. Ergebnisse des Zürcher Interventions- und Präventionsprojekt an Schulen.* Zürich: Rüegger.

Ekman, P. & Davidson, R. J. (1994). *The nature of emotion. Fundamental questions.* New York: Oxford University Press.

Ekman, P. (1988). *Gesichtsausdruck und Gefühl. 20 Jahre Forschung von Paul Ekman.* Paderborn: Junfermann.

Ekman, P. (1992). Facial expressions of emotion: New findings, new questions. *Psychological Science, 3*(1), 34–38.

Ekman, P. (1994). All emotions are basic. In P. Ekman & R. Davidson (Hrsg.), *The nature of emotion* (S. 15–19). New York: Oxford University Press.

Fabes, R., Eisenberg, N., Hanish, L. & Spinrad, T. (2001). Preschoolers' spontaneous emotion vocabulary: Relations to likability. *Early Education and Development, 12*(1), 11–27.

Fan, H., Jackson, T., Yang, X., Tang, W. & Zhang, J. (2010). The factor structure of the Mayer-Salovey-Caruso Emotional Intelligence Test V2.0: A meta-analytic structural equation modeling approach. *Personality and Individual Differences, 48*, 781–785.

Fantuzzo, J., Sekino, Y. & Cohen, H. L. (2004). An examination of the contributions of interactive peer play to salient classroom competencies for urban Head Start children. *Psychology in the Schools, 41*, 323–336.

Farina, E., Albanese, O. & Pons, F. (2007). Making inferences and individual differences in emotion understanding. *Psychology of Language and Communication, 11*(2), 3–19.

Field, T. (1998). Early interventions for Infants of Depressed Mothers. *Pediatrics, 102*, 1305–1310.

Field, T., Healy, B. T., Goldstein, S. & Guthertz, M. (1990). Behavior-state matching and synchrony in mother-infant interactions of nondepressed versus depressed dyads. *Developmental Psychology, 26*(1), 7–14.

Fine, S.E., Izard, C. E., Mostow, A. J., Trentacosta, C. J. & Ackerman, B. P. (2003). First grade emotion knowledge as a predictor of fifth grade self-reported internalizing behaviors in children from economically disadvantaged families. *Development and Psychopathology, 15*, 331–342.

Fine, S. E., Izard, C. E. & Trentacosta, C. J. (2006). Emotion situation knowledge in elementary school: Models of longitudinal growth and preschool correlates. *Social Development, 15*(4), 730–751.

Fiori, M. & Antonakis, J. (2011). The ability model of emotional intelligence: Searching for valid measures. *Personality and Individual Differences, 50*, 329–334

Fiori, M., Antonietti, J. P., Mikolajczak, M., Luminet, O., Hansenne, M. & Rossier, J. (2014). What is the ability emotional intelligence test (MSCEIT) good for? An evaluation using item response theory. *PLoS One, 9*, e98827. Published online 2014 Jun 5.

Fischer, K., Shaver, P. & Carnochan, P. (1990). How emotions develop and how they organize development. *Cognition and Emotion, 4*, 81–127.

Fivush, R. (1989). Exploring sex differences in the emotional content of mother-child conversations about the past. *Sex Roles, 20*, 675–691.

Fonagy, P. (2004). The developmental roots of violence in the failure of mentalization. In F. Pfäfflin & G. Adshead (Hrsg.), *A matter of security: The application of attachment theory to forensic psychiatry and psychotherapy* (S. 13–56). New York: Jessica Kingsley.

Frey, K. S., Hirschstein, M. K. & Guzzo, B. A. (2000). Second Step: Preventing aggression by promoting social competence. *Emotional and Behavioral Disorders, 8*(2), 102–112.

Fridlund. A. (2014). *Human facial expression: An evolutionary view.* San Diego, CA: Academic Press.
Friederich, T. (2010). Die Bedeutung von Gesundheitsförderung und Prävention in Kindertageseinrichtungen. In Sachverständigenkommission des 13. Kinder- und Jugendberichts (Hrsg.), *Mehr Chancen für gesundes Aufwachsen. Materialien zum 13. Kinder- und Jugendbericht* (S. 197–256). München: Deutsches Jugendinstitut.
Friedlmeier, W., Corapci, F. & Cole, P. M. (2011). Socialization of emotions in cross-cultural perspective. *Social and Personality Psychology Compass, 5,* 410–427.
Friedlmeier, W. & Holodynski, M. (1999). *Emotionale Entwicklung: Funktion, Regulation und soziokultureller Kontext von Emotionen.* Heidelberg: Spektrum.
Ganzeboom, H. B., de Graaf, P. M. & Treiman, D. J. (1992). A standard international socio-economic index of occupational status. *Social Science Research, 21*(1), 1–56.
Garber, J., Braafladt, N. & Zeman, J. (1991). The regulation of sad affect: An information-processing perspective. In J. Garber & K. A. Dodge (Hrsg.), *The development of emotion regulation and dysregulation* (S. 208–240). Cambridge.
Gardner, H. (1993). *Multiple intelligences: The theory in practice.* New York, NY: Basic Books.
Garner, P. W. & Estep, K. (2001). Emotional competence, emotion socialization, and young children's peer-related social competence. *Early Education and Development, 12*(1), 29–48.
Garner, P. W., Jones, D. C., Gaddy, G. & Rennie, K. M. (1997). Low-income mothers' conversations about emotions and their children's emotional competence. *Social Development, 6*(1), 37–52.
Garner, P. W., Mahatmya, D., Brown, E. L. & Vesely, C. K. (2014). Promoting desirable outcomes among culturally and ethnically diverse children in social emotional learning programs: a multilevel heuristic model. *Educational Psychology Review, 26*(1), 165–189.
Garner, P. W., Robertson, S. & Smith, G. (1997). Preschool children's emotional expressions with peers: The roles of gender and emotion socialization. *Sex Roles, 36*(11/12), 675–691.
Garner, P. W. & Spears, F. M. (2000). Emotion regulation in low-income preschoolers. *Social Development, 9*(2), 246–264.
Garner, P. W. & Waajid, B. (2008). The association of emotion knowledge and teacher-child relationships to preschool children's school-related developmental outcomes. *Journal of Applied Developmental Psychology, 29,* 89–100.
Garside, R. B. & Klimes-Dougan, B. (2002). Socialization of discrete negative emotions: Gender differences and links with psychological distress. *Sex Roles, 47,* 115–128.
Gendron, M., Robertson, D., van der Vyver, J. M. & Barrett, L. F. (2014). Perceptions of emotions from facial expressions are not culturally universal: Evidence from a remote culture. *Emotion, 24,* 251–262.
Gnepp, J. & Chilamkurti, C. (1988). Children's use of personality attributions to predict other people's emotional and behavioral reactions. *Child Development, 59*(3), 743–754.
Gnepp, J. & Gould, M. E. (1985). The development of personalized inferences: Understanding other people's emotional reactions in light of their prior experiences. *Child Development, 56*(6), 1544–1464.
Gnepp, J., McKee, E. & Domanic, J. A. (1987). Children's use of situational information to infer emotion: Understanding emotionally equivocal situations. *Developmental Psychology, 23*(1), 114–123.
Goleman, D. (2009). *Emotionale Intelligenz.* München: Deutscher Taschenbuch Verlag.
Gottman, J. M., Katz, L. F. & Hooven, C. (1997). *Meta-emotion. How families communicate emotionally.* Mahwah, NJ: Lawrence Erlbaum Associates.
Gottman, J.M. & Mettetal, G. (1986). Speculations about social and affective development: Friendship and acquaintanceship through adolescence. In J.M. Gottman & J. Parker (Hrsg.), *Conversations of friends. Speculations on affective development* (S. 91–113). Cambridge: Cambridge University Press.

Graziano, P. A., Reavis, R. D., Keane, S. P. & Calkins, S. D. (2007). The role of emotion regulation in children's early academic success. *Journal of School Psychology, 45*, 3–19.
Grazzani, I. & Ornaghi, V. (2011). Emotional state talk and emotion understanding: a training study with preschool children. *Child Language, 38*(5), 1124–1139.
Greenspan, S. I. & Greenspan, N. T. (1988). *Das Erwachen der Gefühle. Die emotionale Entwicklung des Kindes*. München: Piper.
Greuel, J.F., Reinhold, N., Wenglorz, M. & Heinrichs, N. (2015). Selbstberichtete Strategien zur Emotionsregulation bei Kindern und Jugendlichen mit psychischen Störungen, *Praxis der Kinderpsychologie und Kinderpsychiatrie, 64*, 368-385.
Griffin, S. & Mascolo, M. F. (1998). On the nature, development, and function of emotions. In M. F. Mascolo & S. Griffin (Hrsg.), *What develops in emotional development?* (S. 3–27). New York: Plenum Press.
Grob, A. & Smolenski, C. (2005). *Fragebogen zur Erhebung der Emotionsregulation bei Kindern und Jugendlichen (FEEL-KJ)*. Bern: Huber.
Gross, A. L. & Ballif, B. (1991). Children's understanding of emotion from facial and situations: A review. *Developmental Review, 11*, 368–398.
Gross, J. J. (1998). The emerging field of emotion regulation: An integrative review. *Review of General Psychology, 2*, 271–299.
Gross, J. J. (Hrsg.). (2014). *Handbook of emotion regulation* (2. Aufl.). New York: Guilford Press.
Gross, J. J., Richards, J. M. & John, O. P. (2006). Emotion regulation in everyday life. In D. K. Synder, J. A. Simpson, & J. N. Hughes (Hrsg.), *Emotion regulation in couples and families: Pathways to dysfunction and health* (S. 13–35). Washington, DC: American Psychological Association.
Gross, J. J. & Thompson, R. A. (2007). Emotion regulation. Conceptual foundations. In J. J. Gross (Hrsg.), *Handbook of emotion regulation* (S. 3–24). New York: Guilford Press.
Grossmann, K. E. (1997). Bindungserinnerungen und adaptive Perspektiven. In G. Lüer & U. Lass (Hrsg.), *Erinnern und Behalten. Wege zur Erforschung des menschlichen Gedächtnisses* (S. 321–337). Göttingen: Vandenhoeck & Ruprecht.
Grusec, J. E. (2011). Socialization processes in the family: Social and emotional development. *Annual Review of Psychology, 62*(1), 243–269.
Grych, J. H. & Fincham, F. D. (1990). Marital conflict and children's adjustment: A cognitive-contextual framework. *Psychological Bulletin, 108*(2), 267–290.
Gunzenhauser, C., Fäsche, A., Friedlmeier, W. & von Suchodoletz, A. (2014). Face it or hide it: parental socialization of reappraisal and response suppression. *Frontiers in Psychology, Emotion Science*, 03 January 2014, doi: 10.3389/fpsyg.2013.00992
Gunzenhauser, C., & von Suchodoletz, A. (2014). Preschool children's use of suppression influences subsequent self-control but does not interfere with verbal memory. *Learning and Individual Differences, 32*, 219–224.
Gut, J., Reimann, G. & Grob, A. (2012). Kognitive, sprachliche, mathematische und sozial- emotionale Kompetenzen als Prädikatoren späterer schulischer Leistungen: Können die Leistungen eines Kindes in den IDS dessen Schulnoten drei Jahre später vorhersagen? *Zeitschrift für Pädagogische Psychologie, 26*, 213–220.
Halberstadt, A. G. & Lozada, F. (2011). Emotion development in infancy through the lens of culture. *Emotion Review, 3*(2), 158–168.
Halberstadt, A. G., Denham, S. A. & Dunsmore, J. C. (2001). Affective social competence. *Social Development, 10*(1), 79–119.
Hänel, M. K. (2015). *Sozial-emotionale Kompetenzen und akademische Vorläuferfähigkeiten im Vorschulalter*. Leuphana Universität Lüneburg. Unveröffentlichte Dissertation.
Hanson, M. & SooHoo, T. (2008). Cultural influences on young children's social competence. In W. H. Brown, S. L. Odom & S. R. McConnell (Hrsg.), *Social competence of young children. Risk, disability, & intervention* (S. 61–76). Baltimore: Paul H. Brookes Pub.

Harold, G. T., Shelton, K. H., Goeke-Morey, M. C. & Cummings, E. M. (2004). Marital conflict, child emotional security about family relationships and child adjustment. *Social Development, 13*(3), 350–376.

Harris, P. L. (1985). What children know about situations that provoke emotion. In M. Lewis & C. Saarni (Hrsg.), *The Socialization of emotions* (S. 161–185). New York: Plenum Press.

Harris, P. L. (1992). *Das Kind und die Gefühle. Wie sich das Verständnis für die anderen Menschen entwickelt*. Bern: Huber.

Harris, P. L. (1994). The child's understanding of emotion: Developmental change and the family environment. *Journal of Child Psychology and Psychiatry, 35*(1), 3–28.

Harris, P. L., de Rosnay, M. & Ronfard, S. (2014). The mysterious emotional life of little red riding hood. In K. H. Lagattuta (Hrsg.), *Children and Emotion: New insights into developmental affective science* (S. 106–118). Basel: Karger.

Harris, P. L., Donnelly, K., Guz, G. R. & Pitt-Watson, R. (1986). Children's understanding of the distinction between real and apparent emotion. *Child Development, 57*(4), 895–909.

Harris, P. L., Johnson, C. N., Hutton, D., Andrews, G. & Cooke, T. (1989). Young children´s theory of mind and emotion. *Cognition and Emotion, 3*(4), 379–400.

Harris, P. L., Olthof, T. & Meerum Terwogt, M. (1981). Children's knowledge of emotion. *Child Psychology and Psychiatry, 22*(3), 247–261.

Harter, S. (1986). Cognitive-developmental processes in the integration of concepts about emotions and the self. *Social Cognition, 4*, 119–151.

Harter, S. (1999). *The construction of the self. A developmental perspective*. New York: Guilford.

Harter, S. & Whitesell, N. R. (1989). Developmental changes in children's understanding of simple, multiple, and blended emotions concepts. In C. Saarni & P. L. Harris (Hrsg.), *Children´s understanding of emotions* (S. 81–116). Cambridge: Cambridge University Press.

Hascher, T. (1994). *Emotionsbeschreibung und Emotionsverstehen. Zur Entwicklung des Emotionsvokabulars und des Ambivalenzverstehens im Kindesalter*. Münster: Waxmann.

Hasselhorn, M. & Lohaus, A. (2007). Schuleintritt. In M. Hasselhorn & W. Schneider (Hrsg.), *Handbuch der Entwicklungspsychologie* (S. 489–500). Göttingen: Hogrefe.

Hastings, P. D., Kahle, S. S. & Han, G. H. (2014). Developmental affective psychophysiology: Using physiology to inform our understanding of emotional development. In K. H. Lagattuta (Hrsg.), *Children and Emotion: New insights into developmental affective science* (S. 13–28). Basel: Karger.

Haviland, J. M. & Lelwica, M. (1987). The induced affect response: 10-week-old infants' responses to three emotion expressions. *Developmental Psychology, 23*(1), 97–104.

Heckman, J. J. (2006). Skill formation and the economics of investing in disadvantaged children. *Science, 312*, 1900–1902.

Heckman, J. J., Moon, S. H., Pinto, R., Savelyev, P. A. & Yavitz, A. (2010). The rate of return to the HighScope Perry Preschool Program. *Journal of Public Economics, 94*, 114–128.

Herba, C. M., Landau, S., Russell, T., Ecker C. & Phillips, M. L. (2006). The development of emotion-processing in children: Effects of age, emotion, and intensity. *Child Psychology and Psychiatry, 47*(11), 1098–1106.

Hinde, R. A. (1988). *Das Verhalten der Tiere. Eine Synthese aus Ethologie und vergleichender Psychologie*. Frankfurt: Suhrkamp.

Hoehl, S. (2014). Emotion processing in infancy. In K. H. Lagattuta (Hrsg.), *Children and Emotion: New insights into developmental affective science* (S. 1–12). Basel: Karger.

Hoffner, C. & Badzinski, D. M. (1989). Children's integration of facial and situational cues to emotion. *Child Development, 60*(2), 411–422.

Hölling, H., Schlack, R., Petermann, F., Ravens-Sieberer, U., Mauz, E. & KiGGS Study Group (2014). Psychische Auffälligkeiten und psychosoziale Beeinträchtigungen bei

Kindern und Jugendlichen im Alter von 3 bis 17 Jahren in Deutschland – Prävalenz und zeitliche Trends zu 2 Erhebungszeitpunkten (2003–2006 und 2009–2012). *Bundesgesundheitsblatt, 57,* 807–819.
Holodynski, M. (2004). The miniaturization of expression in the development of emotional self-regulation. *Developmental Psychology, 40,* 16–28.
Holodynski, M. (2006). *Emotionen – Entwicklung und Regulation.* Heidelberg: Springer.
Howe, N., Aquan-Assee, J., Bukowski, W. M., Lehoux, P. M. & Rinaldi, C. M. (2001). Siblings as confidants: Emotional understanding, relationship warmth, and sibling self-disclosure. *Social Development, 10*(4), 439–454.
Hubbard, J. A. & Coie, J. D. (1994). Emotional correlates of social competence in children's peer-relationships. *Merrill-Palmer Quarterly, 40,* 1–20.
Hughes, C. & Dunn, J. (2002). »When I say a naughty word.« Children's accounts of anger and sadness in self, mother and friend: Longitudinal findings from ages four to seven. *British Journal of Developmental Psychology, 20,* 515–535.
Hurrelmann, K. & Settertobulte, W. (2002). Prävention und Gesundheitsförderung im Kindes- und Jugendalter. In F. Petermann (Hrsg.), *Lehrbuch der klinischen Kinderpsychologie und -psychotherapie* (S. 131–148). Göttingen: Hogrefe.
Hyson, M. C. (1994). *The emotional development of young children. Building an emotion-centered curriculum.* New York: Teachers College Press.
In-Albon, T. (2013). *Emotionsregulation und psychische Störungen im Kindes- und Jugendalter.* Stuttgart: Kohlhammer.
In-Albon, T., Tschan, T., Schwarz, D. & Schmid, M. (2015). Die Emotionsregulation bei Jugendlichen mit Nicht-Suizidalem Selbstverletzendem Verhalten. *Praxis der Kinderpsychologie und Kinderpsychiatrie, 64,* ((
Izard, C. E. (1994). Innate and universal facial expressions: Evidence from developmental and cross-cultural research. *Psychological Bulletin, 115*(2), 288–299
Izard, C. E. (1999). *Die Emotionen des Menschen. Eine Einführung in die Grundlagen der Emotionspsychologie* (4. Aufl.). Weinheim: Beltz PVU.
Izard, C. E., Fine, S., Mostow, A., Trentacosta, C. J. & Campbell, J. (2002). Emotion processes in normal and abnormal development and preventive intervention. *Development and Psychopathology, 14*(4), 761–787.
Izard, C. E., Fine, S., Schultz, D., Mostow, A., Ackerman, B. & Youngstrom, E. (2001). Emotion knowledge as a predictor of social behavior and academic competence in children at risk. *Pscholocial Science, 12,* 18–23.
Janke, B. (1999). Naive Psychologie und die Entwicklung des Emotionswissens. In W. Friedlmeier & M. Holodynski (Hrsg.), *Emotionale Entwicklung: Funktion, Regulation und soziokultureller Kontext von Emotionen* (S. 70–78). Heidelberg: Spektrum.
Janke, B. (2002). *Entwicklung des Emotionswissens bei Kindern.* Göttingen: Hogrefe.
Janke, B. (2006). *Skala zur Erfassung des Emotionswissens für 3- bis 10-jährige Kinder.* Heidelberg: Pädagogische Hochschule.
Janke, B. (2007). Entwicklung von Emotionen. In M. Hasselhorn & W. Schneider (Hrsg.), *Handbuch der Entwicklungspsychologie* (S. 347–358). Göttingen: Hogrefe.
Janke, B. (2008). Emotionswissen und Sozialkompetenz von Kindern im Alter von drei bis zehn Jahren. *Empirische Pädagogik, 22*(2), 127–144.
Janke, B. (2010). Was kannst du tun, um dich nicht mehr zu fürchten? Strategien zur Furchtregulation im Kindergartenalter. *Praxis der Kinderpsychologie und -psychiatrie, 59,* 561–575.
Janke, B., Teichert, K. & Becker, E. (2015). *Emotion Knowledge and Language in Children with SLI and Typically Developing Children. A Longitudinal Study with a German Sample.* Poster auf der Tagung der Society for Research in Child Development, Philadelphia, USA.
Janosz, M., Archambault, I., Morizot, J., Pagani, L. S. (2008). School engagement trajectories and their differential predictive relations to dropout. *Journal of Social Issues, 64,* 21–40.
Jaursch, S. & Beelmann, A. (2008). Förderung sozialer Kompetenz bei Vorschulkindern: Ein sozial-kognitives Trainingsprogramm zur Prävention kindlicher Verhaltensproble-

me. In T. Malti & S. Perren (Hrsg.), *Soziale Kompetenz bei Kindern und Jugendlichen. Entwicklungsprozesse und Förderungsmöglichkeiten* (S. 165–181). Stuttgart: Kohlhammer.

Joseph, D. L. & Newman, D. A. (2010). Emotional intelligence: An integrative meta-analysis and cascading model. *Applied Psychology, 95,* 54–78.

Josephs, I. E. (1993). *The regulation of emotional expression in preschool children.* Münster: Waxmann.

Kanevski, R. & von Salisch, M. (2011). *Peernetzwerke und Freundschaften in Ganztagsschulen. Auswirkungen der Ganztagsschule auf die Entwicklung sozialer und emotionaler Kompetenzen von Jugendlichen.* Weinheim: Juventa.

Kats-Gold, I. & Priel, B. (2009). Emotion, understanding, and social skills among boys at risk of attention deficit hyperactivity disorder. *Psychology in the Schools, 46*(7), 658–678.

Katz, L. F. & Gottman, J. M. (1996). Spillover effects of marital conflict: In search of parenting and coparenting mechanisms. *New Directions for Child and Adolescent Development,* (74), 57–76.

Katz, L. F., Hessler, D. M. & Annest, A. (2007). Domestic violence, emotional competence, and child adjustment. *Social Development, 16*(3), 513–538.

Keller, M., Brandt, A. & Sigurdardottir, G. (2010). »Happy« and »unhappy« victimizers: The development of moral emotions from childhood to adolescence. In W. Koops, D. Brugman, T. J. Ferguson & A. F. Sanders (Hrsg.), *The development and structure of conscience* (S. 253–268). Hove: Psychology Press.

Keppler, A.; Stöcker, K.; Grossmann, K. E.; Grossmann, K. & Winter, M. (2002). Kindliche Bindungserfahrungen und Repräsentation von Partnerschaften im jungen Erwachsenenalter. In M. von Salisch (Hrsg.), *Emotionale Kompetenz entwickeln. Grundlagen in Kindheit und Jugend* (S. 157–178). Stuttgart: Kohlhammer.

Kerr, D. C. R., Capaldi, D. M., Pears, K. C. & Owen, L. D. (2009). A prospective three generational study of fathers' constructive parenting: Influences from family of origin, adolescent adjustment, and offspring temperament. *Developmental Psychology, 45*(5), 1257–1275.

Ketelaars, M. P., van Weerdenburg, M., Verhoeven, L., Cuperus, J. M. & Jansonius, K. (2010). Dynamics of the Theory of Mind construct: A developmental perspective. *European Journal of Developmental Psychology, 7*(1), 85–103.

Klasen, H., Woerner, W., Rothenberger, A. & Goodman, R. (2003). Die deutsche Fassung des Strengths and Difficulties Questionnaire (SDQ-deu). Übersicht und Bewertung erster Validierungs- und Normierungsbefunde. *Praxis der Kinderpsychologie und Kinderpsychiatrie, 52,* 491–502.

Klimes-Dougan, B., Pearson, T. E., Jappe, L., Mathieson, L., Simard, M. R., Hastings, P. & Zahn-Waxler, C. (2014). Adolescent emotion socialization: A longitudinal study of friends' responses to negative emotions. *Social Development, 23,* 395–412.

Klinkhammer, J. (2013). *Evaluation des Präventionsprogrammes »Kindergarten plus« zur Förderung der sozialen und emotionalen Kompetenzen.* Unveröffentlichte Dissertation, Leuphana Universität Lüneburg.

Klusmann, U. & Richter, D. (2014). Beanspruchungserleben von Lehrkräften und Schülerleistung: Eine Analyse des IQB-Ländervergleichs in der Primarstufe. *Zeitschrift für Pädagogik, 60,* 202–224.

Klusmann, U., Kunter, M., Trautwein, U., Baumert, J. (2006). Lehrerbelastung und Unterrichtsqualität aus der Perspektive von Lehrenden und Lernenden. *Zeitschrift für Pädagogische Psychologie, 20,* 161–173.

Kochanska, G. (1995). Children's temperament, mothers' discipline, and security of attachment: Multiple pathways to emerging internalization. *Child Development, 66* (3), 597–615.

Kochanska, G. (2002). Mutually responsive orientation between mothers and their young children: A context for the early development of conscience. *Current Directions in Psychological Science, 11,* 191–195.

Kochanska, G., Gross, J. N., Lin M. H. & Nichols, K. E. (2002). Guilt in young children: development, determinants, and relations with a broader system of standards. *Child Development, 73*(2), 461–482.

Kohlberg, L. (1984). *Essays on moral development. The psychology of moral development.* San Francisco: Harper & Row.

Kong, D. T. (2014). Mayer–Salovey–Caruso Emotional Intelligence Test (MSCEIT/MEIS) and overall, verbal, and nonverbal intelligence: Meta-analytic evidence and critical contingencies. *Personality and Individual Differences, 66*, 171–175.

Krajewski, K. & Schneider, W. (2006). Mathematische Vorläuferfertigkeiten im Vorschulalter und ihre Vorhersagekraft für die Mathematikleistungen bis zum Ende der Grundschulzeit. *Psychologie in Erziehung und Unterricht, 53*, 246–262.

Kromm, H., Färber, M. & Holodynski, M. (2015). Felt or false smiles? Volitional regulation of emotional expression in 4-, 6-, and 8-Year-Old Children. *Child Development, 86*(2), 579–597.

Kucirkova, N. & Tompkins, V. (2014). Personalization in mother-child emotion talk across three contexts. *Infant and Child Development, 23*(2), 153–169.

Kunter, M., Baumert, J., Blum, W., Klusmann, U., Krauss, S. & Neubrand, M. (Hrsg.). (2011). *Professionelle Kompetenz von Lehrkräften – Ergebnisse des Forschungsprogramms COACTIV*. Münster: Waxmann.

Kwint, L. (1934). Ontogeny of motility of the face. *Child Development, 5*, 1–12.

Labouvie-Vief, G., DeVoe, M. R., & Bulka, D. (1989). Speaking about feelings: Conceptions of emotion across the life span. *Psychology and Aging, 4*, 425–437.

Labouvie-Vief, G., Hakim-Larson, J., DeVoe, M. R. & Schoeberlein, S. (1989). Emotions and self-regulation: A life span view. *Human Development, 32*, 279–299.

Ladd, G. W., Birch, S. H. & Buhs, E. S. (1999). Children's social and scholastic lives in Kindergarten: Related spheres of influence? *Child Development, 70*(6), 1373–1400.

Lagattuta, K. H. (2005). When you shouldn‹t do what you want to do: Young children's understanding of desires, rules, and emotions. *Child Development, 76*(3), 713–733.

Lagattuta, K. H. (2008). Young children's knowledge about the influence of thoughts on emotions in rule situations. *Developmental Science, 11*(6), 809–818.

Lagattuta, K. H., Wellman, H. M. & Flavell, J. H. (1997). Preschoolers' understanding of the link between thinking and feeling: Cognitive cuing and emotional change. *Child Development, 68*(6), 1081–1104.

Laible, D., Murphy, T. P. & Augustine, M. (2013). Constructing emotional and relational understanding: The role of mother-child reminiscing about negatively valenced events. *Social Development, 22*(2), 300–318.

Lamm, B. (2013). Entwicklung im kulturellen Kontext: Entwicklungspfade der Emotionsregulation. In P. Genkova, T. Ringeisen & F. Leong (Hrsg.), *Handbuch Stress und Kultur* (S. 81–95). Wiesbaden: Springer Fachmedien.

Lanciano, T. & Curci, A. (2014). Incremental validity of emotional intelligence ability in predicting academic achievement. *American Journal of Psychology*, 127(4), 447–461.

Larsen, J. T., To, Y. & Fireman, G. (2007) Children's understanding and experience of mixed emotions. *Psychological Science, 18*, 186–191.

Larson, R. & Brown, J. (2007). Emotional development in adolescence: What can be learned from a high school theater program? *Child Development, 78*(4), 1083–1099.

Larson, R.W., Moneta, G., Richards, M. H. & Wilson, S. (2002). Continuity, stability, and change in daily emotional experience across adolescence. *Child Development, 73* (4), 1151–1165.

Lazarus, R. S. (1991). *Emotion and adaptation*. New York: Oxford University Press.

LeDoux, J. (1998). *Im Netz der Gefühle. Wie Emotionen entstehen*. München: dtv.

Lehr, D., Schmitz, E. & Hillert, A. (2008). Bewältigungsmuster und psychische Gesundheit. Eine clusteranalytische Untersuchung zu Bewältigungsmustern im Lehrerberuf. *Zeitschrift für Arbeits- und Organisationspsychologie, 52*, 3–16.

Lemerise, E. A. & Arsenio, W. (2000). An integrative model of emotion processes and cognition in social information processing. *Child Development, 71*, 107–118.

Lemerise, E. A. & Harper, B. (2014). Emotional competence and social relations. In K. H. Lagattuta (Hrsg.), *Children and Emotion: New insights into developmental affective science* (S. 106–118). Basel: Karger.

Lengua, L. J. & Kovacs, E. A. *(2005)*. Bidirectional associations between temperament and parenting and the prediction of adjustment problems in middle childhood. *Journal of Applied Developmental Psychology, 26,* 21–38.

Lewis, M. (1992). *Scham. Annäherung an ein Tabu.* Hamburg: Ernst Kabel Verlag.

Lewis, M. (2014). *The rise of consciousness and the development of emotional life.* New York: Guilford Press.

Lewis, M., Alessandri, S. M. & Sullivan, M. W. (1992). Differences in shame and pride as a function of children's gender and task difficulty. *Child Development, 63*(3), 630–638.

Lewis, M., Stanger, C. & Sullivan, M. W. (1989). Deception in 3-Year-Olds. *Developmental Psychology, 25*(3), 439–443.

Lewis, M., Sullivan, M. W. & Vasen, A. (1987). Making faces: Age and emotion differences in the posing of emotional expressions. *Developmental Psychology, 23*(5), 690–697.

Lewis, M. D., Lamm, C., Segalowitz, S. J., Stieben, J. & Zelazo, P. D. (2006). Neurophysiological correlates of emotion regulation in children and adolescents. *Cognitive Neuroscience, 18*(3), 430–443.

Libbrecht, N., Lievens, F., Carette, B. & Côté, S. (2014). Emotional Intelligence Predicts Success in Medical School. *Emotion, 14*(1), 64–73.

Lohaus, A. & Domsch, H. (Hrsg.). (2009). *Psychologische Förder- und Interventionsprogramme für das Kindes- und Jugendalter.* Heidelberg: Springer.

Lösel, F. & Plankensteiner, B. (2005). *Präventionseffekte sozialer Kompetenztrainings für Kinder.* Berlin: Deutsches Forum für Kriminalprävention.

Love, J., Tarullo, L., Raikes, H. & Chazan-Cohen, R. (2006). Head Start: What do we know about its effectiveness? What do we need to know? In K. McCartney & D. Phillips (Hrsg.), *Blackwell Handbook of Early Childhood Development* (S. 550–575). Malden: Blackwell Publishing Ltd.

Lunkenheimer, E. S., Shields, A. M. & Cortina, K. S. (2007). Parental emotion coaching and dismissing in family interaction. *Social Development, 16*(2), 232–248.

Lutz, C. (1987). Goals, events, and understanding in Ifaluk emotion theory. In D. Holland & N. Quinn (Hrsg.), *Cultural models in language and thought* (S. 290–312). New York: Cambridge University Press.

Maasberg, A. (2007). Bündnisse für Gesundheit im Elementarbereich – Erfahrungen, Strukturen und Handlungsmöglichkeiten in den Settings Kita und Schule. In Gesundheit Berlin (Hrsg.), *Dokumentation 12. bundesweiter Kongress Armut und Gesundheit.* Berlin.

MacCann, C., Joseph, D. L., Newman, D. A. & Roberts, R. D. (2014). Emotional intelligence is a second-stratum factor of intelligence: Evidence from hierarchical and bifactor models. *Emotion, 14,* 358–374.

Malatesta, C. Z. & Haviland, J. (1982). Learning display rules: The socialization of emotion expression in infancy. *Child Development, 53,* 991–1003.

Markus, H. R. & Kitayama, S. (1991). Culture and the self: Implications for cognition, emotion, and motivation. *Psychological Review, 98*(2), 224–253.

Martin, A., Razza, R. A. & Brooks-Gunn, J. (2012). Sustained attention at age 5 predicts attention-related problems at age 9. *International Journal of Behavioral Development, 36,* 413–419.

Martin, L. L. & Clore, G. L. (2001). *Theories of mood and cognition: A user's guidebook.* Mahwah, NJ: Erlbaum.

Martini, T., Root, C. A. & Jenkins, J. M. (2004). Low and middle income mothers' regulation of negative emotion: Effects of children's temperament and situational emotional responses. *Social Development, 13*(4), 515–530.

Mascolo, M. F. & Griffin, S. (1998). *What develops in emotional development?* New York: Plenum Press.

Maul, A. (2012). Higher standards of validity evidence are needed in the measurement of emotional intelligence. *Emotion Review, 4,* 411–412.
Mavroveli, S., Petrides, K. V., Rieffe, C. & Bakker, F. (2007). Trait emotional intelligence, psychological well-being, and peer-rated social competence in adolescence. *British Journal of Developmental Psychology, 25,* 263–275.
Mayer, H., Heim, P. & Scheithauer, H. (2007). *Papilio. Ein Programm für Kindergärten.* Augsburg: beta Institutsverlag.
Mayer, J. D. & Salovey, P. (1997). What is emotional intelligence? In P. Salovey & D. Sluyter (Hrsg), *Emotional development and emotional intelligence: Implications for educators* (S. 3–31). New York: Basic Books.
Mayer, J. D., Salovey, P. & Caruso, D. R. (2012). The validity of the MSCEIT: Additional analyses and evidence. *Emotion Review, 4,* 403–408.
Maywald, J. & Valentien, S. (2009). *Kindergarten plus: Ein Programm der Deutschen Liga für das Kind. Handbuch für Erzieherinnen und Erzieher mit CD-ROM* (2. Auflage). Berlin: Deutsche Liga für das Kind.
McClelland, M.M. & Cameron, C.E. (2012). Self-Regulation in Early Childhood: Improving Conceptual Clarity and Developing Ecologically Valid Measures. *Child Development Perspectives, 6,* 136–142.
McClelland, M. M., Cameron, C. E., Connor, C., Farris, C., Jewkes, A. & Morrison, F. J. (2007). Links between behavioral self-regulation and preschoolers' literacy, vocabulary, and math skills. *Developmental Psychology 43,* 947–959.
McCoy, K. P., George, M. R. W., Cummings, E. M. & Davies, P. T. (2013). Constructive and destructive marital conflict, parenting, and children's school and social adjustment. *Social Development, 22*(4), 641–662.
McDowell, D. J. & Parke, R. D. (2000). Differential knowledge of display rules for positive and negative emotions: Influences from parents, influences on peers. *Social Development, 9*(4), 415–432.
McLeod, J. D. & Owens, T. J. (2004). Psychological well-being in the early life course: Variations by socioeconomic status, gender, and race/ethnicity. *Social Psychology Quarterly, 67*(3), 257–278.
McMahon, S. D., Washburn, J., Felix, E. D., Yakin, J. & Childrey, G. (2000). Violence prevention: Program effects on urban preschool and kindergarten children. *Applied and Preventive Psychology, 9*(4), 271–281.
Melfsen, S. S. (1999). *Sozial ängstliche Kinder. Untersuchungen zum mimischen Ausdrucksverhalten und zur Emotionserkennung.* Marburg: Tectum.
Merten, J. (2003). *Einführung in die Emotionspsychologie.* Stuttgart: Kohlhammer.
Mesquita, B., de Leersnyder, J. & Albert, D. (2014). The cultural regulation of emotions. In J. Gross (Hrsg.), *Handbook of emotion regulation* (2. Auflage) (S. 284–301). New York: Guilford Press.
Meyer, W.-U., Schützwohl, A. & Reisenzein, R. (2001). *Einführung in die Emotionspsychologie.* Bern: Huber.
Mikolajczak, M., Avalosse, H., Vancorenland, S., Verniest, R., Callens, M., van Broeck, N., Fantini-Houwel, C. & Mierop, A. (2015). A Nationally Representative Study of Emotional Competence and Health. *Emotion, 15* ((.
Miller, A. & Olson, S. L. (2000). Emotional expressiveness during peer conflicts: A predictor of social maladjustment among high-risk preschoolers. *Journal of Abnormal Child Psychology, 28*(4), 339–352.
Miller, A. L., Gouley, K. K., Seifer, R., Zakriski, A., Eguia, M. & Vergnani, M. (2005). Emotion knowledge skills in low-income elementary school children: Associations with social status and peer experiences. *Social Development, 14*(4), 637–651.
Montirosso, R., Peverelli, M., Frigerio, E., Crespi, M. & Borgatti, R. (2009). The development of dynamic facial expression recognition at different intensities in 4- to 18-year-olds. *Social Development, 19*(1), 71–92.
Morris, A. S., Silk, J. S., Steinberg, L., Myers, S. S. & Robinson, L. R. (2007). The role of the family context in the development of emotion regulation. *Social Development, 16* (2), 361–388.

Morris, A. S., Silk, J. S., Steinberg, L., Sessa, F. M., Avenevoli, S., & Essex, M. J. (2002). Temperamental vulnerability and negative parenting as interacting predictors of child adjustment. *Journal of Marriage and Family, 64*, 461–471.

Morris, P., Mattera, S. K., Castells, N., Bangser, M., Bierman, K. & Raver, C. (2014). *Impact Findings from the Head Start CARES Demonstration: National Evaluation of Three Approaches to Improving Preschoolers' Social and Emotional Competence.* OPRE Report 2014-44. Washington, DC: Administration for Children and Families, U.S. Department of Health and Human Services.

Mostow, A., Izard, C. E., Fine, S. & Trentacosta, C. (2002). Modeling emotional, cognitive, and behavioral predictors of peer acceptance. *Child Development, 73*, 1775–1787.

Nation, M., Crusto, C., Wandersman, A., Kumpfer, K. L., Seybolt, D., Morrissey-Kane, E. & Davino, K. (2003). What works in prevention. Principles of effective prevention programs. *American Psychologist, 58*, 449–456.

National Institute of Child Health and Human Development Early Child Care Research Network (2008). Social Competence with Peers in Third Grade: Associations with Earlier Peer Experiences in Child Care. *Social Development, 17*(3), 419–453.

Nelson, C. A. & Fivush, R. (2004). The emergence of autobiographical memory: A social cultural developmental theory. *Psychological Review, 111*, 486–511.

Nelson, J. A., Leerkes, E. M., Perry, N. B., O'Brien, M., Calkins, S. D. & Marcovitch, S. (2013). European American and African American Mothers' Emotion Socialization Practices Relate Differently to their Children's Academic and Social-Emotional Competence. *Social Development, 22*(3), 485–498.

Nguyen, L. & Frye, D. (1999). Children's Theory of Mind: Understanding of desire, belief and emotion with social referents. *Social Development, 8*(1), 70–92.

Nunner-Winkler, G. & Sodian, B. (1988). Children's understanding of moral emotions. *Child Development, 59*, 1323–1338.

Nunner-Winkler, G. (2007). Frühe emotionale Bindungen und Selbstbindung an Moral. In C. Hopf & G. Nunner-Winkler (Hrsg.), *Frühe Bindungen und moralische Entwicklung.* (S. 177–202). Weinheim: Juventa.

O'Kearney, R. & Dadds, M. (2004). Developmental and gender differences in the language of emotions across the adolescent years. *Cognition and Emotion, 18*(7), 913–938.

Oades-Sese, G. V., Esquivel, G. B., Kaliski, P. K. & Maniatis, L. (2011). A longitudinal study of the social and academic competence of economically disadvantaged bilingual preschool children. *Developmental Psychology, 47*, 747–764.

Oatley, K. & Jenkins, J. M. (1996). *Understanding emotions.* Cambridge: Blackwell Publishers.

Odom, S., McConnell, S. & Brown, W. (2008). Social competence of young children: Conceptualization, assessment, and influences. In W. H. Brown, S. L. Odom & S. R. McConnell (Hrsg.), *Social competence of young children. Risk, disability & intervention* (S. 3–30). Baltimore: Paul H. Brookes Publishing Co.

Ontai, L. L. & Thompson, R. A. (2002). Patterns of attachment and maternal discourse effects on children's emotion understanding from 3 to 5 years of age. *Social Development, 11*(4), 433–450.

Ornaghi, V. & Grazzani, I. (2013). The relationship between emotional-state language and emotion understanding: A study with school-age children. *Cognition and Emotion, 27*(2), 356–366.

Ortony, A. & Turner, T. J. (1990). What's basic about basic emotions? *Psychological Review, 97*(3), 315–331.

Otterpohl, N., Imort, S., Lohaus, A. & Heinrichs, N. (2012). Kindliche Regulation von Wut. *Kindheit und Entwicklung, 21*(1), 47–56.

Otto, J. H., Euler, H. A. & Mandl, H. (Hrsg.). (2000a). *Emotionspsychologie. Ein Handbuch.* Weinheim: Beltz PVU.

Otto, J. H., Euler, H. A. & Mandl, H. (2000b). Begriffsbestimmungen. In J. H. Otto, H. A. Euler & H. Mandl (Hrsg.), *Emotionspsychologie. Ein Handbuch* (S. 11–18). Weinheim: Beltz PVU.

Oyserman, D., Coon, H. M. & Kemmelmeier, M. (2002). Rethinking individualism and collectivism: Evaluation of theoretical assumptions and meta-analyses. *Psychological Bulletin, 128*(1), 3–72.

Panksepp, J., Knutson, B. & Pruitt, D. L. (1998). Toward a neuroscience of emotion: The epigenetic foundations of emotional development. In M. F. Mascolo & S. Griffin (Hrsg.), *What develops in emotional development?* (S. 53–84). New York: Plenum Press.

Papini, D. R., Farmer, F. F., Clark, S. M. & Micka, J. (1990) Early adolescent age and gender differences in patterns of emotional self-disclosure to parents and friends. *Adolescence, 25,* 959–976.

Pekrun, R. (1988). *Emotion, Motivation und Persönlichkeit.* München: PVU.

Perren, S., Groeben, M., Stadelmann, S. & von Klitzing, K. (2008). Selbst- und fremdbezogene soziale Kompetenzen: Auswirkungen auf das emotionale Befinden. In T. Malti & S. Perren (Hrsg.), *Soziale Kompetenz bei Kindern und Jugendlichen. Entwicklungsprozesse und Förderungsmöglichkeiten* (S. 89–107). Stuttgart: Kohlhammer.

Perren, S. & Malti, T. (2008). Soziale Kompetenz entwickeln: Synthese und Ausblick. In T. Malti & S. Perren (Hrsg.), *Soziale Kompetenz bei Kindern und Jugendlichen. Entwicklungsprozesse und Förderungsmöglichkeiten* (S. 265–274). Stuttgart: Kohlhammer.

Perry-Parrish, C. & Zeman, J. (2011). Relations among sadness regulation, peer acceptance, and social functioning in early adolescence: The role of gender. *Social Development, 20*(1), 135–153.

Petermann, F., Natzke, H., Gerken, N. & Walter, H. J. (2006). *Verhaltenstraining für Schulanfänger* (2. Auflage). Göttingen: Hogrefe.

Petermann, F. & Wiedebusch, S. (2008). *Emotionale Kompetenz bei Kindern* (2. Auflage). Göttingen: Hogrefe.

Petrides, K. V., Chamorro-Premuzic, T., Frederickson, N. & Furnham, A. (2005). Explaining individual differences in scholastic behaviour and achievement. *British Journal of Educational Psychology, 75,* 239–255.

Piaget, J. (1972). *Sprechen und Denken des Kindes.* Düsseldorf: Schwann.

Plutchik, R. (1989). Measuring emotions and their derivatives. In: R. Plutchik & H. Kellerman (Hrsg.), *The Measurement of Emotions* (S. 1–35). New York: Academic Press.

Pons, F. &. Harris, P. (2002). *Test of emotion comprehension (TEC).* Oxford: Oxford University Press.

Pons, F. & Harris, P. (2005). Longitudinal change and longitudinal stability of individual differences in children's emotion understanding. *Cognition and Emotion, 19*(8), 1158–1174.

Pons, F., Harris, P. & de Rosnay, M. (2004). Emotion comprehension between 3 and 11 years: Developmental periods and hierarchical organization. *Developmental Psychology, 1*(2), 127–152.

Pons, F., Lawson, J., Harris, P. L. & de Rosnay, M. (2003). Individual differences in children's emotion understanding: Effects of age and language. *Scandinavian Journal of Psychology, 44,* 347–353.

Qualter, P., Gardner, K., Pope, D. J., Hutchinson, J. M., & Whiteley, H. E. (2012). Ability emotional intelligence, trait emotional intelligence, and academic success in British secondary schools: A 5-year-longitudinal study. *Learning and Individual Differences, 22,* 83–91.

Raikes, H. A. & Thompson, R. A. (2006). Family emotional climate, attachment security and young children's emotion knowledge in a high-risk sample. *Developmental Psychology, 24*(1), 89–104.

Raikes, H. A. & Thompson, R. A. (2008). Conversations about emotion in high-risk dyads. *Attachment and Human Development, 10*(4), 359–377.

Randell, A. C. & Peterson, C. C. (2009). Affective qualities of sibling disputes, mothers' conflict attitudes, and children's theory of mind development. *Social Development, 18* (4), 857–874.
Ratner, C. (1999). Eine kulturpsychologische Analyse der Emotionen. In W. Friedlmeier & M. Holodynski (Hrsg.), *Emotionale Entwicklung: Funktion, Regulation und soziokultureller Kontext von Emotionen* (S. 243–258). Heidelberg: Spektrum Akademischer Verlag.
Raver, C. C. & Spagnola, M. (2002). When my mommy was angry, I was speechless. *Marriage & Family Review, 34*(1-2), 63–88.
Razza, R. A., Martin, A. & Brooks-Gunn, J. (2012). Anger and children's socioemotional development: Can parenting elicit a positive side to a negative emotion? *Child and Family Studies, 21*(5), 845–856.
Reese, E., Bird, A. & Tripp, G. (2007). Children's self-esteem and moral self: Links to parent-child conversations regarding emotion. *Social Development, 16*(3), 460–478.
Reichle, B. & Gloger-Tippelt, G. (2007). Familiale Kontexte und sozial-emotionale Entwicklung. *Kindheit und Entwicklung, 16*(4), 199–208.
Richards, J. M. & Gross, J. J. (2000). Emotion regulation and memory: The cognitive costs of keeping one's cool. *Journal of Personality and Social Psychology, 79*, 410–424.
Rimm-Kaufman, S. E. & Kagan, J. (2005). Infant predictors of kindergarten behavior: The contribution of inhibited and uninhibited temperament types. *Behavioral Disorders, 30*(4), 331–347.
Roazzi, A., Dias, M. B., Minervino, C. M., Roazzi, M. & Pons, F. (2009). Children's comprehension of emotion: A cross-cultural investigation. In E. Yaniv & D. Elizur (Hrsg.), *Theory and construction and multivariate analysis. Applications of the Facet Approach* (S. 109–123). Jerusalem: FTA Publications.
Roben, C. K. P., Cole, P. M. & Armstrong, L. M. (2013). Longitudinal relations among language skills, anger expression, and regulatory strategies in early childhood. *Child Development, 84*, 891–905.
Roggman, L. A., Boyce, L. K. & Cook, G. A. (2009). Keeping kids on track: Impacts of a parenting-focused early head-start program on attachment security and cognitive development. *Early Education and Development, 20*(6), 920–941.
Röhrle, B. (2010). Evaluationsprogramme zu Strategien der Gesundheitsförderung und Prävention – was können sie leisten? In Sachverständigenkommission des 13. Kinder- und Jugendbericht (Hrsg.), *Mehr Chancen für gesundes Aufwachsen. Materialien zum 13. Kinder- und Jugendbericht* (S. 69–154). München: Deutsches Jugendinstitut.
Romero, C., Master, A., Paunesku, D., Dweck, C. S. & Gross, J. J. (2014). Academic and emotional functioning in middle school: The role of implicit theories. *Emotion, 14*, 227–234.
Rose, A. J., Carlson, W., & Waller, E. M. (2007). Prospective associations of co-rumination with friendship and emotional adjustment: Considering the socioemotional trade-offs of co-rumination. *Developmental Psychology, 43*, 1019–1031.
Rose, A. J., Schwarz-Mette, R. A., Glick, G. C., Smith, R. L. & Luebbe, A. M. (2014). An observational study of co-rumination in adolescent friendships. *Developmental Psychology, 50*, 2199–2209.
Rose-Krasnor, L. (1997). The nature of social competence: A theoretical review. *Social Development, 6*, 111–135.
Roth, I. & Reichle, B. (2008). *Prosoziales Verhalten lernen: »Ich bleibe cool!« – ein Trainingsprogramm für die Grundschule*. Weinheim: Beltz.
Rothbart, M. K. & Sheese, B. E. (2007). Temperament and emotion regulation. In J. J. Gross (Hrsg.), *Handbook of emotion regulation* (S. 331–350). New York: Guilford Press.
Rothbart, M. K., Ahadi, S. A., Hershey, K. L. & Fisher, P. (2001). Investigations of temperament at three to seven years: The children's behavior questionnaire. *Child Development, 72*(5), 1394–1408.

Rothbart, M. K. & Bates, J. E. (2006). Temperament. In N. Eisenberg (Hrsg.), *Handbook of child psychology* (S. 99-166). New York: Wiley.

Rubin, K. H., Coplan, R. J., Fox, N. A. & Calkins, S. D. (1995). Emotionality, emotion regulation, and preschoolers' social adaptation. *Development and Psychopathology, 7* (1), 49-62.

Rudolph, U., Schulz, K. & Tscharaktschiew, N. (2013). Moral emotions: An analysis guided by Heider's naive action analysis. *Advances in Psychology, 2*(2), 69-92.

Russell, J. A. (1989). Culture, scripts, and children's understanding of emotion. In C. Saarni & P. L. Harris (Hrsg.), *Children's understanding of emotion* (S. 293-318). Cambridge: Cambridge University Press.

Russell, J. A., & Widen, S. C. (2002). A label superiority effect in children's categorization of facial expressions. *Social Development, 11*(1), 30-52.

Russell, J. A., Fernández-Dols, J. M., Manstead, A. & Wellenkamp, J. (Hrsg.). (1996). *Everyday conceptions of emotion: An introduction to the psychology, anthropology, and linguistics of emotions.* Hingham, MA: Kluwer.

Saarni, C. & Buckley, M. (2002). Children's understanding of emotion communication in families. *Marriage & Family Review, 34* (3-4), 213-242.

Saarni, C. (1984). An observational study of children's attempts to monitor their expressive behavior. *Child Development, 55*(4), 1504-1513.

Saarni, C. (1990). Emotional competence. In R. Thompson (Hrsg), *Nebraska symposium: Socioemotional development* (S. 115-161). Lincoln, NB: University of Nebraska Press.

Saarni, C. (1999). *The development of emotional competence.* New York: Guilford.

Saarni, C. (2001). Cognition, context, and goals: Significant components in social-emotional effectiveness. *Social Development, 10*(1), 125-129.

Saarni, C. (2002). Die Entwicklung von emotionaler Kompetenz in Beziehungen. In von Salisch, M. (Hrsg), *Emotionale Kompetenz entwickeln* (S. 3-30). Stuttgart: Kohlhammer.

Saarni, C. (2010). The interface of emotional development with social context. In M. Lewis, J. Haviland-Jones & L. Barrett (Hrsg.), *Handbook of emotions* (S. 332-347). New York: Guilford Press.

Saarni, C., Campos, J. J., Camras, L. & Witherington, D. (2006). Emotional development: Action, communication, and understanding. In N. Eisenberg (Hrsg), *Handbook of Child Psychology, Vol. 3, Social, emotional, and personality development* (6. Auflage) (S. 226-229). New York: Wiley.

Saarni, C. & Harris, P. L. (Hrsg.). (1989). *Children's understanding of emotion.* Cambridge: Cambridge University Press.

Sallquist, J. V., Eisenberg, N., Spinrad, T. L., Reiser, M., Hofer, C., Zhou, Q., Liew, J. & Eggum, N. (2009). Positive and negative emotionality: Trajectories across six years and relations with social competence. *Emotion, 9*(1), 15-28.

Salovey, P. & Mayer, J. (1990). Emotional Intelligence. *Imagination, cognition and personality, 9*(3), 185-211.

Salovey, P. & Sluyter, D. (1997). *Emotional development and emotional intelligence: Implications for educators.* New York: Basic Books.

Salovey, P., Hsee, C. K. & Mayer, J. D. (2001). Emotional intelligence and the self-regulation of affect. In W. G. Parrott (Hrsg.). *Emotions in social psychology. Essential readings* (S. 185-197). Philadelphia: Psychology Press.

Sawyer, K. S., Denham, S., Blair, K. & Levitas, J. (2002). The contribution of older siblings' reactions to emotions to preschoolers' emotional and social competence. *Marriage & Family Review, 34*(3-4), 182-212.

Schachter, S. (1964). The interaction of cognitive and physiological determinants of emotional state. In L. Berkowitz (Hrsg), *Advances in experimantal psychology* (S. 49-80). New York/London: Academic Press.

Scheithauer, H. & Barquero, B. (2005). *Zwischenbericht zur Evaluation des Projektes Papilio. Primärprävention von Verhaltensproblemen und Förderung sozial-emotionaler Kompetenz im Kindergarten. Ein Beitrag zur entwicklungsorientierten Sucht- und Gewaltprävention.* Augsburg: beta-Institut.

Scheithauer, H., Bondü, R., Niebank, K. & Mayer, H. (2007). Prävention von Verhaltensproblemen und Förderung prosozialen Verhaltens bei Hoch- und Niedrig-Risikokindern im Kindergarten: Erste Ergebnisse der Augsburger Längsschnittstudie zur Evaluation des Programms Papilio (ALEPP). *Praxis der Rechtspsychologie, 17*(2), 376–391.

Scheithauer, H., Mehren, F. & Petermann, F. (2003). Entwicklungsorientierte Prävention aggressiv- dissozialen Verhaltens. *Kindheit und Entwicklung, 12*(2), 84–99.

Scheithauer, H. & Petermann, F. (1999). Zur Wirkungsweise von Risiko- und Schutzfaktoren in der Entwicklung von Kindern und Jugendlichen. *Kindheit und Entwicklung, 8* (1), 3–14.

Scherer, K. R. (2009). The dynamic architecture of emotion: Evidence for the component process model. *Cognition and Emotion, 23*, 1307–1351.

Schick, A. & Cierpka, M. (2003). Faustlos: Evaluation eines Curriculums zur Förderung sozial-emotionaler Kompetenzen und zur Gewaltprävention in der Grundschule. *Kindheit und Entwicklung, 12*(2), 100–110.

Schick, A. & Cierpka, M. (2005). Faustlos – Förderung sozialer und emotionaler Kompetenzen in Grundschule und Kindergarten. *Psychotherapie, Psychosomatik, Medizinische Psychologie, 55*(11), 462–468.

Schick, A. & Cierpka, M. (2006). Evaluation des Faustlos-Curriculums für den Kindergarten. *Praxis der Kinderpsychologie und Kinderpsychiatrie, 55*(6), 459–474.

Schick, A. & Cierpka, M. (2009). Gewaltprävention in weiterführenden Schulen: Das Faustlos-Curriculum für die Sekundarstufe. *Praxis der Kinderpsychologie und Kinderpsychiatrie, 58*(8), 655–671.

Schick, A. (2003). *Kompetenz-Angst-Aggressionsliste (KAAL)*. Heidelberg: Heidelberger Präventionszentrum.

Schick, A. (2000). *Das Selbstwertgefühl von Scheidungskindern. Determinanten und Angst-Puffer-Funktion*. Regensburg: Roderer.

Schipper, M., Kullik, A., Samson, A. C., Koglin, U. & Petermann, F. (2013). Emotionsdysregulation im Kindesalter. *Psychologische Rundschau, 64*, 228–234.

Schmid, M. (2013). Traumafolgestörungen und deren Auswirkungen auf die implizite und explizite Emotionsregulationsfähigkeit. In T. In-Albon (Hrsg), *Emotionsregulation und psychische Störungen im Kindes- und Jugendalter* (S. 170–198). Stuttgart: Kohlhammer.

Schmidt-Atzert, L. (1996). *Lehrbuch der Emotionspsychologie*. Stuttgart: Kohlhammer.

Schmidt-Atzert, L. (2000). Struktur der Emotionen. In J. H. Otto, H. A. Euler & H. Mandl (Hrsg.), *Emotionspsychologie. Ein Handbuch* (S. 30–44). Weinheim: Beltz PVU.

Schmidt-Atzert, L., Peper, M. & Stemmler, G. (2014). *Emotionspsychologie* (2. Aufl.). Stuttgart: Kohlhammer.

Schmitt, K., Gold, A. & Rauch, W. A. (2012). Defizitäre adaptive Emotionsregulation bei Kindern mit ADHS. *Zeitschrift für Kinder- und Jugendpsychiatrie und Psychotherapie, 40*, 95–103.

Schober, P. & Spieß, C. K. (2013). Early childhood education activities and care arrangements of disadvantaged children in Germany. *Child Indicators Research, 6*, 709–735.

Schönpflug, W. (2000). Geschichte der Emotionskonzepte. In J. H. Otto, H. A. Euler & H. Mandl (Hrsg.), *Emotionspsychologie. Ein Handbuch* (S. 19–29). Weinheim: Beltz PVU.

Schult, C. A. (2002). Children's understanding of the distinction between intentions and desires. *Child Development, 73*(6), 1727–1747.

Schulte, M. J., Ree, M. J. & Carretta, T.R. (2004). Emotional intelligence: Not much more than g and personality. *Personality and Individual Differences, 37*, 1059–1068.

Schultz, D., Izard, C. E. & Ackerman, B. P. (2000). Children's anger attribution bias: Relations to family environment and social adjustment. *Social Development, 9*(3), 284–301.

Schultz, D., Izard, C. E., Ackerman, B. & Youngstrom, E. (2001). Emotion knowledge in economically disadvantaged children: Self-regulatory antecedents and relations to social difficulties and withdrawal. *Development and Psychopathology, 13,* 53–67.

Schulz, K. (2011). *Moralische Emotionen.* Unveröffentlichte Dissertation. Chemnitz: Technische Universität Chemnitz.

Schwenck, C., Schmitt, D., Sievers, S., Romanos, M., Warnke, A. & Schneider, W. (2011). Kognitive und emotionale Empathie bei Kindern und Jugendlichen mit ADHS und Störung des Sozialverhaltens. *Zeitschrift für Kinder- und Jugendpsychiatrie und Psychotherapie, 39,* 265–276.

Shaver, P., Schwartz, J., Kirson, D. & O'Connor, C. (1987). Emotion knowledge: Further Exploration of a Prototype Approach. *Journal of Personality and Social Psychology, 52,* 1061–1086.

Shields, A., Dickstein, S., Seifer, R., Giusti, L., Magee, K.D. & Spritz, B. (2001). Emotional competence and early school adjustment: A study of preschoolers at risk. *Early Education and Development, 12,* 73–96.

Shipman, K. L. & Zeman, J. (2001). Socialization of children's emotion regulation in mother-child dyads: A developmental psychopathology perspective. *Development and Psychopathology, 13*(2), 317–336.

Shipman, K. L., Schneider, R., Fitzgerald, M. M., Sims, C., Swisher, L. & Edwards, A. (2007). Maternal emotion socialization in maltreating and non-maltreating families: Implications for children's emotion regulation. *Social Development, 16*(2), 268–285.

Sidera, F., Serrat, E., Rostan, C. & Sanz-Torrent, M. (2011). Do children realize that pretend emotions might be unreal? *Journal of Genetic Psychology, 172,* 50–55.

Siegler, R. S., DeLoache, J. S. & Eisenberg, N. (2005). *Entwicklungspsychologie im Kindes- und Jugendalter.* Heidelberg: Spektrum Akademischer Verlag.

Silk, J. S., Shaw, D. S., Skuban, E. M., Oland, A. A. & Kovacs, M. (2006). Emotion regulation strategies in offspring of childhood-onset depressed mothers. *Child Psychology and Psychiatry, 47*(1), 69–78.

Silk, J. S., Steinberg, L. & Morris, A. S. (2003). Adolescents' emotion regulation in daily life: Links to depressive symptoms and problem behavior. *Child Development, 74*(6), 1869–1880.

Sirin, S.R. (2005). Socioeconomic status and academic achievement. A meta-analytic review of research. *Review of Educational Research, 75,* 417–453.

Smith, M. (2001). Social and Emotional Competencies: Contributions to young African-American Children's Peer Acceptance. *Early Education and Development, 12*(1), 49–72.

Spangler, G. (1999). Frühkindliche Bindungserfahrungen und Emotionsregulation. In W. Friedlmeier & M. Holodynski (Hrsg.), *Emotionale Entwicklung: Funktion, Regulation und soziokultureller Kontext von Emotionen* (S. 176–196). Heidelberg: Spektrum, Akademischer Verlag.

Sroufe, L. A. (1996). *Emotional development. The organization of emotional life in the early years.* Cambridge: Cambridge University Press.

Stadler, C. & Danielsson, C. (2013). Emotionswahrnehmung und Emotionsregulation bei Störungen des Sozialverhaltens. In T. In-Albon (Hrsg), *Emotionsregulation und psychische Störungen im Kindes- und Jugendalter* (S. 131–148). Stuttgart: Kohlhammer.

Stegge, H. & Meerum Terwogt, M. (2007). Awareness and regulation of emotion in typical and atypical development. In J. J. Gross (Hrsg.), *Handbook of emotion regulation* (S. 269–286). New York: Guilford Press.

Stormshak, E. A., Bullock, B. M. & Falkenstein, C. A. (2009). Harnessing the power of sibling relationships as a tool for optimizing social-emotional development. *New Directions for Child and Adolescent Development, 126,* 61–77.

Strayer, J. (1986). Children's attributions regarding the situational determinants of emotion in self and others. *Developmental Psychology, 22*(5), 649–654.

Tenenbaum, H. E., Alfieri, L., Brooks, P. J. & Dunne, G. (2008). The effects of explanatory conversations on children's emotion understanding. *British Journal of Developmental Psychology, 26*(2), 249–263.

Tenenbaum, H. R., Ford, S. & Alkhedairy, B. (2011). Telling stories: Gender differences in peers' emotion talk and communication style. *British Journal of Developmental Psychology, 29*(4), 707–721.

Tenenbaum, H. E., Visscher, P., Pons, F. & Harris, P. (2004). Emotional understanding in Quechua children from an agro-pastoralist village. *International Journal of Behavioral Development, 28*(5), 471–478.

Thompson, R. A. (1990). Emotion and self-regulation. In R. A. Thompson (Hrsg.), *Nebraska Symposium on Motivation* (S. 367–467). Lincoln: University of Nebraska Press.

Thompson, R. A. (1994). Emotion regulation: A theme in search of definition. *Monographs of the Society for Research in Child Development, 59*(2–3), 25–52.

Thompson, R. A. (2006). The Development of the Person: Social Understanding, Relationships, Conscience, Self. In N. Eisenberg (Hrsg.), *Handbook of Child Psychology* (S. 24–98). New York: Wiley.

Thompson, R. A. & Meyer, S. (2007). Socialization of Emotion Regulation in the Family. In J. J. Gross (Hrsg.), *Handbook of Emotion Regulation* (S. 249–268). New York: Guilford Press.

Tonks, J., Williams, W. H., Frampton, I., Yates, P. & Slater, A. (2007). Assessing emotion recognition in 9-15-years olds: Preliminary analysis of abilities in reading emotions from faces, voices, and eyes. *Brain Injury, 21*, 623–629.

Tracy, J. L., Robins, R. W. & Lagattuta, K. H. (2005). Can children recognize pride? *Emotion, 5*(3), 251–257.

Trentacosta, C. & Fine, S. E. (2010). Emotion knowledge, social competence, and behavior problems in childhood and adolescence: A meta-analytic review. *Social Development, 19*, 1–29.

Trentacosta, C. J. & Izard, C. E. (2007). Kindergarten children's emotion competence as a predictor of their academic competence in first grade. *Emotion, 7*(1), 77–88.

Trommsdorff, G., & Heikamp, T. (2013). Socialization of emotions and emotion regulation in cultural context. In S. Barnow & N. Balkir (Hrsg.), *Cultural variations in psychopathology: From research to practice* (S. 67–92). Cambridge: Hogrefe.

Tucker, C. J. & Updegraff, K. (2009). The relative contributions of parents and siblings to child and adolescent development. *New Directions for Child and Adolescent Development*, (126), 13–28.

Ulich, D., Kienbaum, J. & Volland, C. (1999) Emotionale Schemata und Emotionsdifferenzierung. In W. Friedlmeier & M. Holodynski (Hrsg.), *Emotionale Entwicklung: Funktion, Regulation und soziokultureller Kontext von Emotionen* (S. 52–69). Heidelberg: Spektrum Akademischer Verlag.

Underwood, M. K., Coie, J. D. & Herbsman, C. R. (1992). Display rules for anger and aggression in school-age children. *Child Development, 63*(2), 366–380.

Underwood, M. K., Hurley, J. C., Johanson, C. A. & Mosley, J. E. (1999). An experimental, observational investigation of children's responses to peer provocation: Developmental and gender differences in middle childhood. *Child Development, 70*(6), 1428–1446.

Valiente, C., Fabes, R. A., Eisenberg, N. & Spinrad, T. L. (2004). The Relations of Parental Expressivity and Support to Children's Coping With Daily Stress. *Journal of Family Psychology, 18*, 97–106.

von Salisch, M. (1991). *Kinderfreundschaften. Emotionale Kommunikation im Konflikt.* Göttingen: Hogrefe.

von Salisch, M. (2000). *Wenn Kinder sich ärgern. Zur Emotionsregulierung in der Entwicklung.* Göttingen: Hogrefe.

von Salisch, M. (2001). Children's emotional development: Challenges in their relationships to parents, peers, and friends. *International Journal of Behavioral Development, 25*, 310–319.

von Salisch, M. (Hrsg.). (2002). *Emotionale Kompetenz entwickeln. Grundlagen in Kindheit und Jugend.* Stuttgart: Kohlhammer.

von Salisch, M. & Gunzenhauser, C. (2015). Sozialisation und Emotion. In K. Hurrelmann, U. Bauer, M. Grundmann & S. Walper (Hrsg), *Handbuch Sozialisationsforschung* (8. Auflage) (S. 753–766). Weinheim: Beltz.
von Salisch, M., Hänel, M. & Denham, S. A. (2015a). Self-regulation, language skills, and emotion knowledge in young children from northern Germany, *Early Education and Development, 2*, 1–15.
von Salisch, M., Hänel, M. & Denham, S. (2015b). Emotionswissen, exekutive Funktionen und Veränderungen bei Aufmerksamkeitsproblemen von Vorschulkindern. *Kindheit und Entwicklung, 24*, 78–85.
von Salisch, M., Hänel, M. & Freund, P. A. (2013). Emotion understanding and cognitive abilities in young children. *Learning and Individual Differences, 26*, 15–19.
von Salisch, M. & Klein, A. M. (2015). Emotionsregulation und Problemverhalten von Kindern und Jugendlichen. *Praxis der Kinderpsychologie und Kinderpsychiatrie, 64*, 338–342.
von Salisch, M, Klinkhammer, J. & Hänel, M. (2015). Welche kognitiven Fähigkeiten von jungen Kindern sagen ihre Fortschritte beim Wissen über Emotionen voraus? In P. Cloos, K. Koch & C. Mähler (Hrsg.), *Entwicklung und Förderung in der frühen Kindheit. Interdisziplinäre Perspektiven* (S. 115–132). Weinheim: Beltz Juventa.
von Salisch, M. & Kunzmann, U. (2005). Emotionale Entwicklung über die Lebensspanne. In J. Asendorpf (Hrsg.), *Soziale, emotionale und Persönlichkeitsentwicklung. Enzyklopädie der Psychologie* (Bd. 3, S. 2–74). Göttingen: Hogrefe.
von Salisch, M., Lüpschen, N. & Kanevski, R. (2013). Wer hat Freundschaften und wer verliert sie? Notwendige sozial-emotionale Kompetenzen im frühen Jugendalter. *Praxis der Kinderpsychologie und Kinderpsychiatrie, 62*, 179–196.
von Salisch, M. & Pfeiffer, I. (1998). Ärgerregulierung in den Freundschaften von Schulkindern – Entwicklung eines Fragebogens. *Diagnostica, 44*, 41–53.
von Salisch, M. & Vogelgesang, J. (2005). Anger regulation among friends: Assessment and development from childhood to adolescence. *Social and Personal Relationships, 22*(6), 837–855.
von Salisch, M., Zeman, J., Lüpschen, N. & Kanevski, R. (2014). Prospective relations between adolescents' social-emotional competencies and their friendships. *Social Development, 23*(4), 684–701.
von Scheve, C. (2009). *Emotionen und soziale Strukturen. Die affektiven Grundlagen sozialer Ordnung*. Frankfurt: Campus.
Walden, T. A. (1991). Infant social referencing. In J. Garber & K. A. Dodge (Hrsg.), *The development of emotion regulation and dysregulation* (S. 69–88). Cambridge: Cambridge University Press.
Waters, E. & Sroufe, L. A. (1983). Social competence as a developmental construct. *Developmental Review, 2*, 79–97.
Waters, S. F. & Thompson, R. A. (2014). Children's perceptions of the effectiveness of strategies for regulating anger and sadness. *Behavioral Development, 38*(2), 174–181.
Watson, J. B. (1930). *Behaviorismus*. Köln: Kiepenheuer & Witsch.
Webb, C. A., Schwab, Z. J., Weber, M., DelDonno, S., Kipman, M., Weiner, M. R. & Killgore, W. D. S. (2013). Convergent and divergent validity of integrative versus mixed model measures of emotional intelligence. *Intelligence, 41*, 149–156.
Webster-Stratton, C. & Taylor, T. (2001). Nipping early risk factors in the bud: Preventing substance abuse, delinquency, and violence in adolescence through interventions targeted at young children (0–8 Years). *Prevention Science, 2*(3), 165–192.
Weiner, B. (2006). *Social motivation, justice, and the moral emotions. An attributional approach*. Mahwah, NJ: Lawrence Erlbaum Associates.
Weinert, S. (2007). Spracherwerb. In M. Hasselhorn & W. Schneider. (Hrsg), *Handbuch der Entwicklungspsychologie* (S. 221–232). Göttingen: Hogrefe.
Weisberg, D. P. & Beck, S. R. (2012). The development of children's regret and relief. *Cognition and Emotion, 26*, 820–935.
Wertfein, M. (2006). *Emotionale Entwicklung und elterliche Förderung im Vor- und Grundschulalter*. Saarbrücken: VDM, Müller.

Williams, C. & Bybee, J. (1994). What do children feel guilty about? Developmental and gender differences. *Developmental Psychology, 30*, 617–623.

Willoughby, M., Kupersmidt, J., Voegler-Lee, M. & Bryant, D. (2011). Contributions of Hot and Cool Self-Regulation to Preschool Disruptive Behavior and Academic Achievement. *Developmental Neuropsychology, 36*, 162–180.

Wilson, S. J., Lipsey, M. W. & Derzon, J. H. (2003). The effects of school-based intervention programs on aggressive behavior: A meta-analysis. *Consulting and Clinical Psychology, 71*(1), 136–149.

Wimmer, H. & Perner, J. (1983). Beliefs about beliefs: Representation and constraining function of wrong beliefs in young children's understanding of deception. *Cognition, 13*(1), 103–128.

Wolf, C. (1995). Sozio-ökonomischer Status und berufliches Prestige. Ein kleines Kompendium sozialwissenschaftlicher Skalen auf Basis der beruflichen Stellung und Tätigkeit. *ZUMA-Nachrichten, 19*(37), 102–136.

Youniss, J. & Smollar, J. (1985). *Adolescent relations with mothers, fathers, and friends*. Chicago: University of Chicago Press.

Zajdel, R. T., Bloom, J. M., Fireman, G. & Larsen, J. T. (2013). Children's understanding and experience of mixed emotions: the roles of age, gender, and empathy. *Journal of Genetic Psychology, 174*(5–6), 582–603.

Zeman, J. & Garber, J. (1996). Display rules for anger, sadness, and pain: It depends on who is watching. *Child Development, 67*(3), 957–973.

Zeman, J. & Shipman, K. (1997). Social-contextual influences on expectancies for managing anger and sadness: The transition from middle childhood to adolescence. *Developmental Psychology, 33*(6), 917–924.

Zeman, J., Perry-Parrish, C. & Cassano, M. (2010). Parent-child discussions of anger and sadness: The importance of parent and child gender during middle childhood. *New Directions for Child and Adolescent Development, 128*, 65–83.

Zentner, M. & Scherer, K. R. (2000). Partikuläre und integrative Ansätze. In J. H. Otto, H. A. Euler & H. Mandl (Hrsg.), *Emotionspsychologie. Ein Handbuch* (S. 151–164). Weinheim: Beltz PVU.

Zentner, M. (1999). Temperament und emotionale Entwicklung. In W. Friedlmeier & M. Holodynski (Hrsg.), *Emotionale Entwicklung: Funktion, Regulation und soziokultureller Kontext von Emotionen* (S. 156–175). Heidelberg: Spektrum Akademischer Verlag.

Zimmer, R. (2002). Gesundheitsförderung im Kindergarten. *Bundesgesundheitsblatt – Gesundheitsforschung – Gesundheitsschutz, 45*(12), 964–969.

Zimmermann, L. K. & Stansbury, K. (2003). The influence of temperamental reactivity and situational context on the emotion-regulatory abilities of 3-year-old children. *Journal of Genetic Psychology, 164*(4), 389–409.

Zins, J. E., Bloodworth, M. R., Weissberg, R. P. & Walberg, H. J. (2007). The scientific base linking social and emotional learning to school success. *Journal of Educational and Psychological Consultation, 17*, 191–210.

Zins, J. E., Weissberg, R. P., Wang, M. C. & Walberg, H. J. (2005). *Building Academic Success on Social and Emotional Learning. What does the Research say?* New York: Teachers College Press.

Stichwortverzeichnis

A

Affektive Soziale Kompetenz 29
Angst 15, 18 f., 36, 38, 40, 42–44, 63, 66 f., 71, 79 f., 87, 96, 101, 129, 160
Ärger 15, 18–20, 36 f., 40–44, 50, 55, 62 f., 65–67, 71–73, 76 f., 80, 82, 85 f., 88, 90–92, 94, 96, 99, 101, 106, 129, 134, 137 f., 141, 159
Aufmerksamkeit 22, 59, 61, 72–74, 79, 112, 114, 118 f.

B

Berufserfolg 24, 162
Bindungsqualität 48, 83, 86, 91 f., 101

D

Darbietungsregeln 44, 50, 52, 60, 85, 89, 96, 103

E

Elterliche Bestrafung 58
Eltern 28, 34, 36, 38, 44, 57 f., 61, 69 f., 73, 78 f., 81–83, 86 f., 89–91, 93, 96, 102, 104, 126, 130, 133, 138, 140, 144 f., 147
Emotion, Begriff 12 f.
Emotionale Ambivalenz 35, 52 f., 66, 71, 89, 111
Emotionale Intelligenz 20–22, 24, 113, 161
Emotionale Kompetenz, Modelle 20, 25–27, 32, 34 f., 58, 99, 107
Emotionale Perspektivenübernahme 35, 46–48, 72 f., 76 f., 87, 89 f., 93, 100, 134, 149
Emotionsausdruck 14 f., 17, 20, 22, 25 f., 34–37, 39–41, 44, 51, 60 f., 64, 67, 76, 88, 90, 92, 97 f., 103, 159 f.
Emotionserfassung 16, 18–20, 22

Emotionsregulation 18–20, 22, 30, 35, 58, 60–63, 67 f., 70, 72 f., 77, 80 f., 83 f., 86, 90 f., 97 f., 103, 109, 112, 114 f., 117, 119, 147, 157–159, 161
Emotionssozialisation 94, 104
Emotionstheorien 13
Emotionswahrnehmung 20, 39–41, 65, 87, 95, 97, 133, 135, 147, 158–161
Emotionswissen 18–20, 35, 42, 53, 66, 71, 73–76, 88, 90, 95–97, 100, 104, 109, 112, 117–121, 144, 147, 154
Erziehung 26, 51, 79, 81 f., 85 f., 89, 94, 101 f.
Evaluation 143, 149, 154
Exekutive Funktionen 74, 118–120

F

Familie 25, 29, 34, 58, 61, 69, 83, 86, 91, 100, 104
Faustlos 133, 136, 138–142, 146–149
Freude 15, 18 f., 33, 36 f., 40–45, 50, 52 f., 66 f., 71, 77, 90, 129, 159
Freundschaft 28, 34, 43, 61–63, 65, 67, 96, 98 f.
Furcht 63

G

Geschlecht(-sunterschiede) 49 f., 63, 69, 71, 74, 76 f., 87, 94 f., 103, 111, 117 f., 148
Geschwister 34, 44, 87, 94 f., 100
Gesundheit 12, 79, 86, 89, 101, 123 f., 143, 156, 160 f.

I

Intelligenz 21, 23 f., 75, 113, 117, 120
Intervention 107, 120, 123–127

K

Kernelemente von Emotionen 13

Kindergarten 34, 80, 83, 93, 95, 106, 108, 117, 119, 121, 123 f., 127 f., 130 f., 133 f., 136 f., 139, 143, 146 f., 149 f., 155, 159 f.
Kindergarten plus 127, 130, 138–143, 149
Kindertageseinrichtung 107, 128, 133
Kultur(-unterschiede/-einflüsse) 15, 25 f., 29, 32, 35, 38, 50, 62, 69, 84, 87, 102–104, 127

M

Moralische Emotionen 35, 54 f., 71, 77, 111

P

Papilio 130 f., 138–142, 145, 149
Peer-Beziehungen 25, 27 f., 34, 44, 57, 64, 66, 69, 81 f., 95–97, 146
Prävention 123–125, 127, 130, 133, 143, 145 f., 149, 160
Problemverhalten 82, 84, 90, 117, 131
Problemverhalten, Externalisierendes 79 f., 89, 101, 126, 139, 141, 144 f., 148 f., 154, 157–159
Problemverhalten, Internalisierendes 23, 64, 80, 99, 101, 126, 158 f.
Psychische Probleme 157

S

Scham 36, 38, 55, 57 f., 65, 71, 78, 89 f., 111
Schule 9–10, 27, 83, 89, 93, 96, 106–108, 110, 115, 119, 121, 126 f., 133, 136 f., 139, 148, 157, 160
Schulerfolg 24, 86, 107, 110 f., 113, 115, 122, 124, 126, 161
Selbstregulation 68, 79, 82, 114, 118 f.
Soziale Bezugnahme 61, 84
Soziale Kompetenz 27, 29, 32
Sozialisation 33, 37, 84, 104
Sozioökonomischer Status 69, 100 f., 112, 116–118, 120
Sprache 40, 49, 61 f., 70, 72, 88, 97, 112 f., 116, 120

T

Temperament 58, 69, 78–81, 86, 88, 94
Theory of Mind 45–47, 49, 51, 63, 77, 95, 118
Traurigkeit 15, 19, 36 f., 40–45, 63, 66 f., 71, 76 f., 79, 85, 87, 94, 96, 101, 129, 160

V

Vorakademische Fähigkeiten 116, 118, 120